영적인 파산

행동을 요청하는 예언자적 외침

영적인 파산

지은이/ 존 캅
옮긴이/ 박 만
펴낸이/ 김준우
초판 1쇄 펴낸날/ 2014년 4월 15일
펴낸곳/ 한국기독교연구소
등록번호/ 제8-195호(1996년 9월 3일)
경기도 고양시 일산구 장항2동 730, 우인 1322호 (우 410-837)
전화 031-929-5731, 5732(Fax)
E-mail: honestjesus@hanmail.net
Homepage: http://www.historicaljesus.co.kr
표지 디자인 / 김보령
인쇄처/ 조명문화사 (전화 02-498-3015)
보급처/ 하늘유통 (전화 031-947-7777, Fax 031-947-9753)

Spiritual Bankruptcy: A Prophetic Call to Action
by John B. Cobb, Jr.
Copyright ⓒ 2010 Abingdon Press
All rights reserved. Korean Translation copyright ⓒ 2013 by Korean Institute of the Christian Studies. The Korean translation right arranged with Abingdon Press through EYC. Printed in Seoul, Korea.

이 책의 한국어판 저작권은 EYC를 통한 Abingdon Press사와의 독점계약으로 한국어 판권을 한국기독교연구소가 소유합니다. 저작권법에 따라 국내에서 보호받는 저작물이므로 무단전재와 무단복제를 금합니다.

ISBN 978-89-97339-15-0 94230
ISBN 978-89-87427-87-4 (세트)

값 14,000원

영적인 파산

행동을 요청하는 예언자적 외침

존 캅 지음 · 박 만 옮김

한국기독교연구소

Spiritual Bankruptcy

A Prophetic Call to Action

by
John B. Cobb, Jr.

Korean Translation
by
Mann Park Ph.D.

이 책은 김종순 목사님(화양감리교회)이
은퇴를 기념하여 출판비를 후원한 책입니다.

Korean Institute of the Christian Studies

목차

서론 __ 7

1장. 대재앙 앞에서 누가 도울 수 있을 것인가? __ 17

2장. 그리스와 이스라엘로부터 물려받은 유산들 __ 39

3장. 교회 안의 종교성과 세속화 __ 71

4장. 세속주의의 등장 __ 103

5장. 근대철학의 세속주의적 의도 __ 135

6장. 세속주의적 교육 __ 165

7장. 경제학과 경제지상주의의 승리 __ 197

8장. 세속주의에 대한 반발 __ 229

9장. 철학에서의 새로운 시작 __ 259

10장. 미국의 세상 변혁적인 기독교 __ 289

서론

우리가 알고 사랑해 왔던 개신교의 형태는 이제 소멸되어 가고 있는 것 같다. 하지만 내가 이 책을 쓰는 것은 이 사실을 애도하기 위해서가 아니라 개신교가 그동안 나름의 고유한 역할을 감당해왔고 또한 앞으로도 그런 역할을 감당할 필요가 절실하게 있음을 보여주기 위함이다. 개신교는 미쳐가고 있는 세상 속에서 비교적 온전한 정신 상태를 유지하는 하나의 섬과 같았다. 지구 생명계 전체가 직면한 거대한 파멸의 위기가 임박해질수록 더욱 절실하게 필요한 것이 이런 온전한 정신 상태이다.

이런 형태의 개신교를 무엇이라고 불러야 할까? 사람들은 때로 그것을 **자유주의**(liberal)라고 불렀다. 실제로 자유주의적 전통은 근래 들어 개신교 안에서 중심적 역할을 감당해왔다. 하지만 그 안의 가장 통찰력 있는 많은 구성원들은 자유주의에 대한 가장 강력한 비판자들이기도 하였다.

때로 그것은 **옛 노선**(old-line) 혹은 **이전의 주류**(the former mainline)라고 불리기도 한다. 이런 용어들은 이런 형태의 개신교를 번성케 했고 이끌어 왔던 교단들을 가리킨다. 하지만 이런 교단들에는 이들뿐 아니라 다양한 다른 형태의 개신교들도 속해 있다. 더 나아가 내가 귀하게 여기는 이런 형태는 다른 맥락들, 가령 오늘날의 새롭게 등장한 교회 운동(the emerging church movement)에서도 나타난다.

내가 이 책에서 제시하는 이름은 **세속화하는**(secularizing) **개신교, 즉 이 세상의 변혁을 위해 신앙 전통을 재구성하는** 개신교이다. 나는 이 단어를 그 원래적 의미인 "이 세상적인 것으로 만드는"이란 뜻으로 사용한다. 내가 이 단어를 특별히 선택하여 사용하는 것이 도움이 될 뿐 아니라 많은 것을 분명하게 할 수 있기를 희망한다. 이 용어를 택한 이유 하나는 **세속주의**(secularism)를 강력하게 비판하고자 함이다. 나는 독자들이 **세속주의에 대한 거부가 결코 이 세상적인**(secular) **것에 대한 거부가 아님**을 알기를 바란다. 세속주의가 종교를 향해 대립각을 세울 때, 이 양 진영은 서로를 거부할 정당한 이유들을 많이 갖게 된다. 세속주의를 약간의 종교로 교정하거나 혹은 종교를 약간의 세속주의로 교정하는 것은 결코 도움이 되지 못한다. 중요한 것은 세상을 변화시키는 것이다.

나는 **세속적인**(secular)이란 말을 이 세상과 그 진정한 가치, 그리고 세상의 진짜 문제들을 가리키는 것으로 쓰고자 한다. 세상이라는 영역은 언제나 가장 중요하게 말해야 하는 것이었다. 우리는 이 세상의 삶과 내세의 삶을 다 같이 말하는 전통을 가지고 있지만, 이런 전통을 세속화하는 것(secularizing that tradition)은 내세에 대한 관심보다 **현세에 대한 관심**을 이론적으로나 실천적으로나 더 중요하게 여기는 것을 의미한다. 그렇다고 해서 내세를 거부하는 것은 아니다.

세속적인 것에 대한 관심은 **이 땅을 떠나 있는 경험들**을 우선시하는 것을 거부한다. 물론 신비적이거나 여타 다른 대안적인 경험들도 가치가 있으나, 그런 가치는 이 세상의 일상인 삶과 적극적으로 연관되어야 한다. 신비적 경험이 이 세상에서의 삶을 더 강력하고 영향력 있게 한다면 환영해야 하지만, 이 세상에서 도피하게 만든다면 받아들일 수 없다.

세상의 변혁에 대한 책을 2010년도에 출판하면서 찰스 테일러(Charles Taylor)가 쓴 『세속 시대 A Secular Age』를 고려하지 않는 것은 무책임한 일일 것이다. 하지만 내가 이 책에서 표현하는 생각은 2007년 이전부터 내 마음에 계속 있었고 또한 내 나이 이미 팔십이 넘어 너무 많은 것을 다시 생각하기에는 기존의 내 생각이 너무 고정된 것이 사실이다. 따라서 테일러와 나를 구별하는 것은 다소 인위적이다. 하지만 그의 목적이 나와 다르다고는 생각하지 않는다. 그와 마찬가지로 나 역시 세상에 관심을 갖는 것이 초월에 대한 지향성을 배제하는 것은 아니다. 사실은 우리 둘 다 개인적으로 초월에의 지향성을 중요하게 생각한다.

오늘날 세계의 모든 사람들은 세상을 '우리'와 '그들'로 나누어보려는 강한 성향을 가지고 있다. 이런 구별은 때로 적절하고 필요한 세속적인 기능들을 하기도 한다. 가정의 경우 가족들이 서로 특별히 돌보아 주며 공동체의 경우에도 그 참여자들이 서로 돌보아 주기 때문에 가정과 공동체는 계속 유지된다. 여기에 더하여 그룹이나 팀 사이의 적절한 경쟁은 삶의 즐거움을 더해주기도 한다. '우리'와 '그들' 사이의 경계선이 유동적이라면, 또한 사람들이 더욱 깊은 차원에서 '우리'뿐 아니라 '그들'에게도 진정한 관심을 가질 수 있다면, 세상에 대한 진지한 관심들이 더욱 지지를 받게 될 것이다.

하지만 실제적인 인간 삶에서는 '우리'와 '그들'을 구별하는 데에 일종의 종교적인 특성이 들어 있기 때문에 거의 언제나 폐해가 뒤따랐다. 즉 '우리'는 올바른 이상, 올바른 실천, 올바른 전통을 소유하고 있는 것으로 여겨진다. 반면에 '그들'은 이 모든 면에서 실패하며 따라서 '우리'보다 열등하고 결국 곧잘 위협적인 사람들로 경험된다. 세속화한다는 것은 이런 절대적인 차이를 무너뜨리고 '우리'와 '그들'을 더 넓은 관점에서 이해함을 뜻한다.

'우리'와 '그들' 사이를 구별하는 것은 이처럼 어떤 것들이 비판적인 논의나 평가를 넘어서 있다는 의미에서 그것들을 성스러운 것으로 취급하려는 경향과 긴밀히 연관되어 있다. 많은 공동체들이 자신들의 거룩한 경전을 가지고 있다. 과거나 현재의 어떤 특정한 개인들이 성스러움의 후광을 옷 입고 있기도 하고, 때로는 특별한 장소들이 이런 특성을 갖고 있기도 한다. 어떤 것들을 성스러운 것으로 여기는 것에는 때로 세속적인 이점이 있기도 하다. 하지만 '우리'와 '그들' 사이를 완고하게 차별하는 것은 다원적인 사회에서 특히 위험하며, 이런 위험을 극복하려면 성스러운 것을 세속화하는(secularize the sacred) 것, 즉 세상 변혁적인 것으로 재구성하는 것이 중요하다. 이 말은 우리가 전통적으로 성스러운 것으로 간주되어왔던 것을 우습게 여기거나 함부로 대하라는 말이 아니라, 그것을 비판적 평가 아래 검토해야 한다는 것이다.

세속화론자들(secularizers)[1]은 과거에 대한 충성심 때문에 자신들의

---

[1] 역자주: 이 책에서 저자는 secularizers와 secularist를 완전히 서로 다른 개념으로 사용한다. 전자는 초월적 실재를 인정하지만 신앙인의 주된 과업은 이 세상을 그런 초월적 실재의 빛 안에서 변혁하는 데 있다고 보는 사람을 가리키는 반면에, 후자는 초월적 실재를 인정하지 않고 이 세상적인 가치만을 절대화하는 사람을 말한다. 이 책에서는 문맥에 따라 전자는 '세속화론자'나 '이 세상의 변혁을 위해 전통을 재구성하는 사람'으로 번역하였고 후자는 '세속주의자'로 번역했다. 세속화는 전통 기독교의 영성생활spiritual life이라는 것이 성스러운 것을 하늘에 속한 것, 초자연주의적 영역, 혹은 내면의 심리적 영역에서 찾는 데만

원천의 오류 가능성을 인식하지 못하고 그것들을 비판적으로 다루지 못하는 사람들과 다르다. 또한 세속화론자들은 그들 자신의 전통에 충실하기보다 현세에서 다른 사람들에게 배우는 것에 너무 열려 있어서 더 넓은 문화에 너무 쉽게 동화하는 사람들과도 다르다. 그들은 또한 현재의 문제들을 다루는 데 너무 몰두해 있어서 그렇게 행동하도록 한 원천들에 관심을 갖지 않는 사람들과도 다르다.

세속화론자들 가운데 어떤 사람들은 자유주의적이고 어떤 사람들은 보수적이며, 어떤 사람들은 정통주의적이고 어떤 사람들은 신정통적이며, 어떤 사람들은 해방주의적이며 어떤 사람들은 진보주의적이다. 나는 나 자신을 이런 이해의 제일 마지막 곧 진보주의자로 이해한다. 하지만 오늘날 진보주의자들이 최선의 세상 변혁적 재구성을 이룰 수 있는 사람들이라면, 이때의 진보주의자들은 자유주의의 최선, 보수주의의 최선, 정통주의의 최선, 신정통주의의 최선, 그리고 특히 현재에는 해방신학들의 최선으로부터 배우려는 사람들로 이해된다.

세속화(secularizing)라는 단어와 달리 **종교**(religion)라는 단어는 우리에게 아주 친숙하다. 그런데 이 단어의 문제점은 사용되는 맥락에 따라 너무나 많은 것을 의미한다는 데 있다. 이 단어의 가장 흔한 용례는 지난 2000년, 3000년 동안 세계를 형성해 온 위대한 전통들, 특히 힌두교, 불교, 유교, 도교, 유대교, 기독교, 이슬람교를 가리키는 것이다. 나는 종교들이라는 말 대신 이런 저런, 그리고 더 작은 운동들을 **길들**(Ways), 혹은 **인류의 전통적인 길들**(Ways)이라 부르자고 제안해 왔다. 이 책에서도 나는 이 용어를 계속 사용할 것이다. **길들**(Ways)이란 말을 대

관심을 집중하여 오늘날 인류가 이 땅에서 직면한 세계의 절박한 여러 위기들을 외면하거나 회피하며, 그런 위기들에 대한 책임과 해결책을 하나님에게 혹은 재림 예수에게 떠맡기는 무책임한 경향으로 인한 인류문명의 "영적인 파산"을 극복하기 위한 것이다.

문자로 사용할 때는 이런 전통들을 가리킨다는 것을 기억해 주기 바란다.

내가 **종교들**이란 말 대신 길들이라는 말을 쓰는 이유는 종교라는 명칭으로 인해 그것들의 주된 강조점이 종교성(religiousness)에 있는 것인 양 오해할 수 있기 때문이다. 곧 종교라는 말은 충실한 불교인이나 기독교인이 되려면 더 많이 종교적이 되어야 하는 것으로 오해하게 만든다. 뒤집어서 말하면, 이 세상의 삶의 조건들을 향상시키는 것에 가장 많은 힘을 쏟는 사람들보다, 지금 이곳에 있는 사람들에게 해가 되더라도 이 세상의 고통에서 도피하거나 영혼들을 지옥에 가지 않도록 하는 데 집중하는 사람들을 더 신실한 기독교인들이나 불교인들로 오해하게 만든다. 그것은 자신들의 길이 다른 길들보다 우월하다고 확신하는 사람들을 가장 신실한 불교인이며 기독교인이라고 생각하게 만든다. 또한 진실로 좋은 기독교인이 되기 위해서는 성경본문이나 공의회의 결정들 혹은 교황들의 어록의 성스러움을 아무런 의심 없이 받아들여야 하는 것처럼 만든다.

나를 비롯한 많은 불교인들과 기독교인들은 위의 관점과 완전히 반대되는 생각을 가지고 있다. 우리는 우리의 전통적인 길들의 가장 깊은 요소는 이 세계의 실제적인 삶의 조건들을 더 낫게 만드는 것을 강조하는 데 있다고 믿는 세속화론자들이다. 우리는 다른 사람들의 지혜에 열려 있을 때 우리 자신의 길에 가장 신실할 수 있다고 믿는다. 우리는 우리의 전통에서 풀려나서 그 모든 측면을 비판적으로 평가할 수 있다고 믿는다. 우리는 우리의 전통들을 세속화함으로써, 이전보다 더욱 임박해진 재난의 위협에 대해서 긴급하게 필요한 응답을 할 수 있다고 믿는다.

기독교라는 길(the Christian Way) 안에는 과거나 지금이나 종교성이 많이 들어 있지만 동시에 강력한 세속화 경향도 함께 들어 있다. 다른 모든 위대한 길들도 마찬가지이다. 종교성을 최우선으로 하는 사람들과 세속화를 최우선으로 하는 사람들은 계속해서 대립해 왔다. 그런데 오늘날 세계의 구원에 공헌하는 능력을 기준으로 본다면 세속화가 무엇보다 중요하다. 종교성 역시 나름의 가치가 있지만, 현재의 가장 심각한 문제들과 연관해서 볼 때 그것은 기껏해야 모호한 기능을 수행할 뿐이다.

물론 세부적으로 들어가면 이런 구별에는 많은 차이와 복잡성이 있다. 그 중에서도 즉각적인 관심을 가져야 할 것이 하나 있다. 가장 중요한 공헌을 할 수 있는 길은 어쩌면 아메리카 원주민들의 길(Way), 혹은 **원시 종교들**(primal religions)이라고 흔히 불리는 길일 것이다. 우리처럼 밖에 있는 사람들이 그들의 지혜를 얼마나 받아들일 수 있느냐 하는 점은 우리가 얼마나 세속화를 위해 헌신할 수 있느냐에 달려 있다. 이 길의 참여자들에게는 우리의 노력이 그들의 관점과 헌신에 반대되는 것일 것이다. 세속화에 대한 나의 강력한 주장의 일부는 그들에게는 해당되지 않을 것이다.

위대한 전통들을 종교들 대신 길들(Ways)이라고 말할 때 우리는 그것들 안에 있는 종교성이 어떤 역할을 하는지 평가할 수 있게 되며 더 나아가 이런 종교성은 그 추종자들 밖에서도 발견될 수 있다고 말할 수 있게 된다. 종교성은 국가주의들 안에서 명확히 발견되며 심지어 세속주의의 어떤 표현들에서도 흔적처럼 발견된다. 세계를 '우리'와 '그들'로 나누는 것처럼, 종교성은 많은 상황 속에서 자발적으로 발생하는 인간적 특성이다.

나는 이 책의 앞부분에서 위대한 길들 안에 종교적인 사람들과 세속화론자들이 함께 있다고 말하였다. 이렇게 구별하는 이유는 위대한 길들 속에 있는 이런 두 집단을 분리하기 위함이 아니라 그 안에 있는 서로 다른 성향들을 지적하기 위함이었다. 이 책의 2장과 3장은 이런 두 가지 성향들이 이런 길들 안에, 특히 기독교 안에서 어떻게 작동해 왔는지, 또한 세속화론자들이 어떻게 그 전통들을 신선하고 생기 있게 만들어 왔는지를 서술할 것이다. 하지만 인류가 극적인 변화를 만들 필요성 앞에 서 있고, 또한 그런 변화에 필요한 지혜를 구하고 있는 오늘날에는 종교성보다 세속주의가 더 큰 장애물이 된다. 이런 점에서 이 책의 4장에서 7장까지는 세속주의가 근대 세계에서 나타난 주된 모습들을 다루며, 8장은 세속주의의 지배에 대한 응답들과 그에 거부하는 반응들에 대해 살펴볼 것이다.

세속화론자들은 어떤 전통적인 길에 속해 있는지에 관계없이 그들 시대의 최고의 사상가들의 지식과 이해를 배우려고 한다. 나는 오늘날 모든 영역의 전문가들이 세속화론자들이 되기를 희망한다. 하지만 세속주의는 전통에 대한 비판적인 수용을 통해서보다는 현재 이용할 수 있는 자료들에 근거하여 지식과 정보를 얻는다. 그 결과 근대 역사는 엄청난 양의 정보를 축적하였지만, 지혜는 갖지 못하게 되었다.

세속주의가 지배하게 되면서 전통을 세속화하려는 사람들의 일은 더 어려워졌다. 그들 중 많은 사람들이 너무나 쉽게 세속주의적 세계에 동조하였고, 그들만이 할 수 있는 구별된 공헌들을 타협해버렸다. 이제는 세속화론자들이, 그들이 살고 있는 세속주의적 문화로부터 자신들을 구별하라는 부르심에 응답해야 할 때이다. 세상의 구원을 이루는 길은 세속주의가 아니라 세속화에 있다. 하지만 세상의 변혁을 위해서는 기독교인들이 다른 사상가들의 도움을 필요로 한다. 이 책의 9장은 이런 도움을 약속하는 20세기와 21세기의 신선한 발전들에 대해 논의한다.

만일 전통적인 여러 길들 속에서 세속화론자들이 자신들의 운동에 들어 있는 독특한 잠재성을 깨닫게 되면 더욱 활발하고 확신 있게 그 일을 할 수 있을 것이다. 개신교의 경우 더 많은 확신으로 사기가 올라가, 약해져 가는 교세를 새롭게 할 수 있을 것이다. 이것이 나의 희망이다. 이것을 희망하는 이유는 내가 이런 종류의 개신교를 사랑하기 때문이며, 이 세계의 운명에 대해서는 그보다 더 많이 사랑하기 때문이다. 나는 세속화하는 개신교(secularizing Protestantism), 즉 세상의 변혁을 위해 전통을 재구성하는 개신교가 인류의 가장 긴급한 위기에 제대로 응답하는 데 유별날 정도로 잘 준비되어 있다고 본다. 10장은 세속화하는 개신교가 기독교 일반에게 줄 수 있는 약속을 다시 한 번 천명할 것이다.

많은 사람들이 이 원고를 부분적으로 읽고 도움을 주었으며 그런 조언들을 듣고 나는 그 중의 일부를 여러 번 바꾸어 썼다. 이 책의 구성을 바꾸고 다시 쓰는 데 와드 매카피(Ward AcAfee)의 조언이 가장 큰 도움이 되었다. 또한 나는 이그나시오 카스투에라(Ignacio Castuera), 고든 더글라스(Gordon Douglas), 제인 더글라스(Jane Douglas), 헤르만 그린(Herman Greene), 캐서린 켈러(Catherine Keller), 김애라(Ai Ra Kim), 리 맥도날드(Lee McDonald), 그리고 스티븐 로우(Stephen Rowe)에게 감사한다. 그들과의 관계를 통하여 나의 생각은 더 명확해졌고 표현은 더 향상되었다. 물론 나의 입장과 있을 수 있는 실수에 대해서는 그들이 아니라 나에게 책임이 있다.

1장

대재앙 앞에서 누가 도울 수 있을 것인가?

1. 집단적인 광기

1969년 여름에 나는 인류가 전례 없는 큰 위기 앞에 서 있다는 사실을 알게 되었다. 나는 나의 아들 클리프(Cliff)의 권유로 폴 에리히(Paul Ehrlich)가 쓴 『인구 폭탄 The Population Bomb』을 읽었다. 그 책은 많은 점에서 잘못되어 있었으나 아주 중요한 한 가지 점에서 옳았다. 곧 인간의 활동을 지탱해줄 지구의 제한된 역량을 볼 때 인구와 개인 소비량이 막다른 골목으로 치닫듯이 증가하고 있다는 점이었다. 우리의 소위 지성과 합리성은 '생활의 향상'에 맞추어져 있었고, 그 결과 우리들은 더 효율적인 행동을 한다는 명분 가운데 자기 파멸의 길을 달려가고 있었다.

몇 해 동안 우리는 합리적 행위를 하고 있는 듯 보였다. 1970년의 지구의 날(Earth Day) 행사가 진행되면서 언론들이 이를 자세히 보도했고 많은 사람들이 관심을 보였다. 많은 신문 기사들, 책들이 나왔고

회의들이 개최되었다. 중요한 입법들이 국회를 통과했고 리처드 닉슨이 서명을 했다. 유엔은 오슬로에서 중요한 회의를 열었고 도움 되는 프로그램들을 개설했다. 이런 운동이 지난 40여 년 동안 꾸준히 계속되었다면 세계는 지금쯤 아주 다른 장소가 되었을 것이다.

그러나 그런 일은 일어나지 않았다. 전면에 서 있던 미국과 세계의 의견, 혹은 적어도 주도적인 지도자들은 이 문제를 충분히 다루었으니 이제 정말 "심각한 문제"로 돌아가기로 결정했다. 물론 그 심각한 문제는 당연히 경제 문제였다. 돈벌이에 관심사를 가진 사람들로서는 사람들이 지구의 운명에 관심을 쏟았던 그 짧은 기간에 몇 가지 환경 관련법이 통과되어 자신들의 돈벌이를 간섭하게 된 것이 전혀 마음에 들지 않았을 것이다. 하지만 그들은 이 문제를 우회해 갈 수 있었다. 환경을 보호하는 법들을 통과시킨 나라들은 경제의 세계화 덕분에 아직 그런 환경 관련법이 없는 나라들로 자신들의 산업생산 기지를 이전할 수 있었다. 이제 인류는 전 세계의 생산량을 특히 부유한 사람들을 더 부유하게 만드는 방식으로 증가시켜야 했다. 대중은 이런 전환을 받아들였고, 생태적 관심은 단지 한때 유행했던 것으로 간주되었다.[1]

---

[1] 역자주: 기후변화로 인한 인류의 운명은 "닭장 속의 닭 몇 마리가 곡식 몇 알을 놓고 다투고 있지만, 몇 시간 후 모두 죽게 될 것이라는 걸 모르고 있는 것과 같다"(틱낫한). 1950년 이후 식물 플랑크톤이 40%가 줄어들었다. 먹이사슬의 기초부터 붕괴되고 있는 것이다. "기후변화의 할아버지" 제임스 핸슨에 따르면, 현재 지구가 더워지는 속도는 히로시마 원폭 40만 개가 매일 지구 전역에서 폭발하여 그 열이 더해지는 속도로서 "금성 신드롬"이 이미 시작되었다. 금성도 처음에는 지구와 비슷한 화학적 조건이었지만, 땅 속의 모든 이산화탄소가 방출되어 섭씨 450도에 이르게 되었다. 즉 지구 대기 중의 이산화탄소 농도는 2012년에 400ppm을 넘어섰으며, 매년 2ppm씩 증가하는 추세이기 때문에, 2037년에는 450ppm에 도달하여 지구평균기온이 산업혁명 이전보다 섭씨 2도 상승하게 되며, 2075년에는 530ppm에 도달하여 섭씨 4도 상승하게 되면 툰드라 지역의 메탄수화물이 탈주하여 추가로 5도 이상 상승할 가능성이 매우 높다. 21세기 말까지 섭씨 6도 상승하면, 생명체들의 90%가 멸종할 것이며, 대다수 인

일이 이렇게 전개됨에 따라 1970년대가 끝날 무렵 나는 우리가 집단적으로 미쳐 있다는 또 다른 깨달음에 이르게 되었다. 경제성장이 우리를 재난으로 이끌고 있음이 분명해졌음에도 불구하고, 더 빠른 경제성장률을 얻으려는 노력은 가속화되고 있다. 그저 인간의 기본적인 필요를 채우려는 요청 정도가 아니다. 인간의 기본적인 필요를 채우려면 어느 정도의 성장은 필요하며 또한 당연하다. 하지만 세계 생산량을 무조건 늘리는 성장이 주된 목표가 되었으며, 이런 목표는 인류의 행복과는 사실상 거의 아무런 관계가 없다.

도대체 왜 우리 인간들이 집단적으로 미쳐 있다고 말하는지를 이해하기 위해 하나의 이야기를 생각해 보자. 홍수가 자주 일어나는 들판에 룩셈부르크 정도의 작은 도시국가가 서 있다고 하자. 그 도시는 약 백여 년 전 홍수방지용 댐이 지어진 다음 건립되었다. 댐 공사는 아주 성공적이어서 도시와 인근 시골에 전기와 식수를 공급했고, 특히 농사지을 물을 얻게 해주었다. 댐으로 인해 만들어진 인공호수는 나라

류가 식량난과 식수난, 산소부족으로 인한 호흡 곤란과 기후전쟁으로 인해 사망하게 될 것으로 학자들은 예상한다. 지구 역사에서 2억5천만 년 전에 페름기가 끝날 때 생명체들의 90%가 멸종한 것은 대규모 화산 폭발로 인해 이산화탄소가 메탄 얼음을 녹여 섭씨 6도 상승한 때문이며, 6천5백만 년 전에 백악기가 끝날 때 공룡 등 지구 생명체들의 50%가 멸종한 것 역시 소행성이 떨어져 막대한 양의 가스와 먼지를 발생시켜 성층권에 형성된 에어로솔이 몇 년 동안 태양 광선을 차단시켜 광합성을 방해하고 지구 평균온도를 떨어뜨렸기 때문이다. 또한 5천5백만 년 전에 효신세-시신기에 대멸종이 일어난 것은 수천 년에 걸쳐 섭씨 5~9도 상승한 때문이었다. 따라서 지금은 고작 2백 년 동안에 섭씨 6도 상승할 것으로 예상되기 때문에, 현재 진행되는 대멸종 사태는 "신생대의 마지막 단계"(토마스 베리)로서, 미국과 영국의 안보 전문가들조차 "인류문명이 63-75년을 넘기지 못할 것"으로 예상한다. 이처럼 인류 역사상 최대의 위기에 봉착했지만, 정치, 경제, 교육, 종교계 대다수가 이 위기를 외면한다. 세계 굴지의 에너지 재벌들과 군산복합체들의 여론조작이 개인주의를 강화하기 때문이다. 이런 위기 앞에서 기독교 신앙은 이기적(egological)인 것인지, 아니면 생태적(ecological)인 것인지가 관건이다. 김준우, 『기후붕괴의 현실과 전망 그리고 대책: 지구의 현실과 인류의 미래를 위한 과학적 예언자들』(2012)을 보라.

전체의 대표적 휴양지가 되었다. 시민들은 홍수를 걱정하지 않고 일상적인 삶을 사는 데 익숙해졌다. 그들은 자신들의 안정된 경제성장과 부요한 삶을 자랑스러워했다.

강과 그 강의 지류들이 흘러가는 넓은 언덕 지역에는 한때 울창한 숲이 있었고 지금도 그 숲은 도시에 나무를 공급하고 있다. 댐이 지어질 때의 도시의 경제는 주로 그 숲의 나무들로 만든 가구 판매 수입에 의존하고 있었다. 물론 그 숲은 목재와 화목으로도 쓰였다. 인구가 증가함에 따라 숲의 더 넓은 지역이 농경과 여름 별장들로 사용되었다. 가구 산업이 성장했고 이에 따라 남아 있는 숲에 대한 의존도 더욱 커졌다.

이제 댐을 지은 지 오래되었기 때문에 정부가 전문가들에게 그것을 점검하도록 했다고 가정해 보자. 전문가들의 보고는 충격적이었다. 댐 내부에 침적토가 계속 쌓여서 물을 저장할 수 있는 댐의 능력이 이미 현저하게 줄어들어 있었다. 실상 언젠가는 이런 일이 일어날 줄 모두 알고 있었지만 가까운 미래에는 아닐 것이라고 생각하고 있었다. 하지만 강이 발원하는 언덕 지역의 숲의 황폐화로 인해 진흙이 쓸려와 인공호수를 메우는 속도가 매년 급격하게 빨라지고 있음을 알게 되었다. 현재 속도라면 홍수를 조절하는 댐의 능력은 20년이 못가 끝이 날 것이다. 그 속도가 더 빨라진다면 홍수는 더 임박해질 것이다. 예상 못한 폭풍우가 온다면 지금이라도 가벼운 홍수는 일어날 것이다. 전문가들은 또한 댐에 균열이 생겨서 물이 조금씩 새고 있음을 발견하였다. 그 정도는 더 심해질 수 있으며 그러다가 갑자기 댐이 무너질 수도 있다고 하였다.

그 보고서로 인해 큰 소동이 일어났으며 사람들은 즉시 대책을 세울 것을 요구했다. 정부는 숲을 더 푸르게 하고 댐의 균열을 손질하는 데 드는 예산을 책정했다. 씻겨 내려오는 진흙들을 붙잡아 두기 위해 새로운 댐을 만들자는 제안도 있었다. 하지만 이런 제안을 하는 사람들 사이에서도 그것을 어디에 세우는 것이 좋은지에 대해서는 의견이 분분했다. 새로 댐을 만들면 강 주변의 집들과 산업들이 물에 잠길 것이다. 이 집들은 대부분 가장 부유하고 영향력 있는 시민들이 살고 있는 곳이었다. 무엇보다 댐을 만드는 데 엄청난 비용이 들 것이었다.

다른 사람들은 호수의 침적토를 파내어 호수를 더 깊게 만들어 더 오랫동안 댐 구실을 하게 하자고 했다. 하지만 이 경우에도 거기에 들어가는 엄청난 비용과 파낸 침적토 처리문제, 또한 그것을 파내는 동안 물과 전기의 공급은 어떻게 할 것이냐 하는 문제가 있었다. 그래서 이 문제에 대한 결정은 미루어졌다.

몇 가지 법령이 통과되었다. 숲의 가장 중요한 부분에서는 벌목이 금지되었다. 그 지역에서는 새로운 농업과 건물 건축을 못하게 했다. 숲을 되살리는 계획들이 수립되었다. 하지만 1년이 지나지 않아 도시를 위협하는 이 문제에 대해 어떻게 대응할 것인가 하는 질문은 신문의 1면과 주된 텔레비전 프로그램에서 사라졌다. 어쨌든 위험에 대처했다는 희미한 의식과 함께 도시는 다시 정상으로 돌아갔다. 가구산업은 번창하였고, 실업은 거의 없었으며 모든 것이 좋아보였다.

몇 년 후 예산이 빠듯해짐에 따라, 숲을 되살리기 위한 예산을 삭감하는 것이 세금을 올리지 않고도 재정균형을 맞추는 가장 손쉬운 방법으로 드러났다. 가구산업에 필요한 목재 수요가 늘어남에 따라 보호지역의 나무를 자르는 문제에서 타협안이 만들어졌다. 새로운 여름 별장들과 농장의 확장을 금하는 법들이 느슨해졌다. 땅의 침식화가 가속화되었지만 눈에 잘 보이지 않았고, 이런 사실은 매스컴을 통해 알려지지도 않았다.

벌목에 대한 규정들이 완화되어졌음에도 불구하고 가구를 만들 나무들이 점점 희귀해졌으며 이로 인해 비용이 증가했다. 가구업자들은 더 싼 나무로 가구를 만드는 다른 지역의 업자들과 경쟁할 수 없다고 불만을 늘어놓았다. 그들은 숲에 대한 보호정책을 비난했다. 규정들을 더 완화되었지만, 가구 생산을 위한 목재의 영구적인 감소를 잠시 늦추는 정도에 불과했다. 가구산업은 쇠퇴하였고 도시의 경제 역시 쇠퇴하기 시작했다.

그런 가운데 산에 예외적으로 큰 비가 내리게 되면 홍수가 발생했다. 도시의 어떤 부분은 더 이상 사람이 살 수 없게 되었다. 이런 지역에 살던 사람들은 인구밀도가 덜한, 강이 발원하는 지역으로 옮겨갔다. 몇 사람이 나서서 이런 정책은 문제의 근본적인 원인인 침적토를 더 증가시킬 뿐임을 지적했다. 어떤 사람은 근본적인 대책이 이루어져야 한다고 했다. 하지만 대다수 도덕적인 사람들은 댐의 저수능력 이나 강의 발원지 주변 숲의 황폐화 문제보다 집과 일터를 잃어버린 사람들의 즉각적인 문제들에 대처하는 것을 더 좋아하였다. 그들은 이상 기후 때문에 이런 일이 일어나고 있다고 말하는 사람들의 말을 믿고 싶어 했다.

대대적인 대책을 요청한 사람들은 이 나라가 다른 댐을 건설하거나 호수 밑 침적토를 제거하는 데 드는 비용을 마련할 수 없다는 말을 들었다. 납세자들은 이 문제의 해결을 위해 세금을 더 내야 한다는 사람에게는 무조건 화를 내었고 정치가들은 이 문제를 회피했다.

이 문제의 해결에 관심을 가진 시민들은 걱정에 사로잡혔다. 그들은 돈을 모금하여 그 도시의 가장 유명한 대학교에 갔다. 그들은 존경받는 학자들이 종합계획을 내어 놓는다면 여론이 좋은 방향으로 움직일 것이고 정부도 따라올 것이라고 희망했다. 그들은 공공정책학과를 방문했다. 하지만 이 학과의 교수들은 자신들이 도움을 줄 만한 처지가 아니라고 했다. 정부가 통상적인 업무를 진행하는 도중 일어나는 정치적 문제들은 다룰 수 있지만, 완전히 다른 환경에서 일어나는 문제들에 대해서는 대처할 수가 없다고 했다. 시민들은 그럼 대학교의 어느 부서에서 도움을 받을 수 있는지 물었고, 그들이 원하는 도움을 대학교의 어느 단일 부서가 줄 수는 없지만 도시의 미래에 대해 개인적으로 걱정하고 있는 학자들의 학제간 연구팀이라면 도움이 될 것이라는 말을 들었다.

시민들은 대학 행정부를 다시 찾아갔다. 그 곳에서 그들은 만일 충분한 기금이 마련된다면 대학교는 그런 팀을 조직할 의향이 있지만, 이전에 있었던 이와 유사한 학제간 연구들이 신통한 결과를 얻지 못했다는 말도 함께 들었다. 부서간의 구조를 연결해서 이루어지는 이런 연구는 돈을 내겠다는 사람이 있어야 조직될 수 있다. 이와 같은 전반적인 계획에 대한 연구는 대학의 역할이 아니다. 결국 많은 존경을 받아온 이 연구와 교육의 중심 센터는 도시가 직면한 가장 중요한 질문들에 대한 답변을 발견하는 데 아무 도움이 되지 못했다.

나는 이제 이 이야기를 과거형으로 계속 말하지는 않겠다. 미래에 어떤 일이 있을지에 대해서는 두 가지 시나리오가 가능하다. 첫째 시나리오는 이렇다. 홍수는 점점 심해질 것이고 그 때마다 재산과 사람들의 생명을 잃게 될 것이다. 이런 비극들을 다루는 비용이 늘어갈 것이고 도시의 경제적인 토대는 점점 약해질 것이다. 어떤 일을 할 필요를 더 많이 자각하겠지만, 해야 할 일에 드는 비용을 지불하는 능력 역시 점점 약화될 것이다. 재산이 위협 받고 있는 사람들과 더 높고 안전한 곳에서 살고 있는 사람들 사이에 갈등이 커져갈 것이다. 이제 홍수가 빈번해지면서 사람들이 죽을 뿐 아니라 질병이 증가하고 집을 잃은 사람들이 많이 생길 것이다. 댐은 도시와 농업에 필요한 물을 충분히 저장하지 못할 것이다. 식량 공급이 줄어들 것이다. 줄어든 자원을 놓고 사람들이 경쟁함에 따라 정부가 이들 사이의 의견 일치를 이루어내는 것이 갈수록 어려워질 것이다. 폭력이 훨씬 자주 일어날 것이다. 결국 사람들이 도시를 떠나버리고 오직 소수의 사람들만 도시 너머 좀 더 높은 지대에서 살아남을 것이다. 이 재난에 대해 서로를 비난하는 사람들의 분쟁은 더욱 신랄해질 것이다.

다른 가능성은 댐이 어느 날 갑자기 터져버리는 것이다. 물과 침적토가 도시의 대부분을 뒤덮어서 많은 사람들이 죽을 것이다. 농사를 짓지 못하게 됨에 따라 남아 있는 사람들이 먹고 살기에도 식량이 부족할 것이다. 전기도 수돗물도 없어지고 문명화된 삶이라고 사람들이 알고 있는 모든 것은 끝이 날 것이다.

나는 도시를 구하려는 행동이 어떻게 실패하게 되는지를 이해할 수 있도록 말해보았다. 어쨌든 나는 독자들이 이것이 미친 짓이라는 데 동의하리라고 생각한다. 어떤 면에서는 사람들이 가구산업을 확장하는 것보다 댐에 대해 어떤 근본적인 행동을 취하는 것이 훨씬 중요함을 안다. 그들은 도시를 구하려면 경제적 희생이 필요하며 그렇게 하는 것이 합리적임을 안다. 하지만 실제로는 이런 문제가 없는 듯 행동하기를 선택한다. 미래의 재난을 무시하면서까지 지금 눈앞의 경제적 이익을 최우선시 하는 것은 이해는 되지만 사실상 미친 짓이다.

정치가들과 경제지도자들이 이끄는 집단적인 인간의 광기 서린 행동에도 불구하고 지구의 운명에 대한 걱정이 일시적 유행이 아닌 우리의 생각과 행동의 최우선 순위가 되어야 한다고 생각하는 수십만, 어쩌면 수백만의 사람들이 있다. 이 문제에 계속 집중해 온 그룹들도 있다. 회의들이 열렸고 점점 악화되어 가고 있는 상황에 대해 알고 싶고 또한 무엇을 해야 할지 알고 싶어 하는 사람들을 일깨우는 책들도 계속 출판되었다. 전체 인류의 말도 안 되는 행동을 미친 짓이라 말하든 중독이라 말하든, 어쨌든 그저 인간의 본성을 비난하는 것으로 끝나서는 안 된다. 사람들은 세계를 똑바로 보고 똑바로 행동할 수 있다. 그렇게 하는 사람들과 그렇게 하지 않는 사람들의 차이는 어디에 있는가?

이 질문에 대한 답은 어느 정도는 관념의 세계에 사는 사람들과 즉각적인 필요의 세계에 사는 사람들과의 차이에서 찾을 수 있다. 왜 그토록 많은 사람들이 지구의 필요에 완전히 부합되지 않는 방식으로 행동하는가? 왜 권력을 쥔 대부분의 사람들이 그 권력을 지구의 전망을 악화시키는 방향으로 행사하는가? 그리고 무엇이 어떤 사람들로 하여금 책임 있게 행동하도록 만드는가? 인류 최대의 위기에 합당한 응답을 하도록 촉진하는 공동체는 어디에서 찾을 수 있는가?

2. 종교성의 광기

멸망해 버린 도시의 시민들이 아주 종교적인 사람들이었으면 그들은 좀 더 합리적인 행동을 취했을까? 별로 그랬을 것 같지 않다. 종교적인 사람들은 근본적인 혁신을 시도하기보다 이전부터 해온 행태나 조상들의 전통을 따라가기 쉽다. 종교적인 사람들은 다른 세상에 대해 생각하거나 영적 훈련들을 통해 **세상 현실로부터 도피하는 방법**을 찾음으로써 위로를 받으려 했을 것이다.

종교성은 상투적으로 올바른 믿음 체계와 행위를 주장하는 '우리'와 그렇지 않은 '그들' 사이를 구별하는 방식들로 그 자체를 표현한다. 이런 구별은 침례교인과 다른 개신교인, 개신교인과 로마 카톨릭 교인,

기독교인과 비기독교인 사이에 그어질 수 있다. 몰락해 버린 이 도시의 경우 그 구별은 강가에 사는 사람들과 언덕에 사는 사람들 사이에 그어질 수 있다. 사람들은 종교적이 될수록 '우리'에게 더 많이 헌신한다. 다른 사람들에 대해서는 그저 참거나 강력하게 거부하거나 아니면 개종의 대상으로 삼는다. 종교성은 이 도시로 하여금 통일된 행동을 취하도록 하기보다 집단들 사이의 적개심을 더 강화시켰을 것이다.

실상 오늘날은 내가 여기에서 위대한 길들(great Ways)이라고 부르는 대부분의 전통 종교들 속에서 작동하는 **초자연주의**(supernaturalism) 때문에 상황이 더욱 악화되고 있다. 세속주의자들은 위대한 길들은 처음부터 완전히 초자연주의적이라고 생각한다. 가령 하나님을 믿는 것은 원래 초자연주의적인 것으로 여겨진다. 하지만 나는 지금 이 용어를 그런 의미로 사용하지 않는다. 하나님에 대한 믿음이 있었기에 그리스도 교회 지도자들은 자연 세계에 대한 그들의 무관심을 회개할 수 있었다. 물론 하나님이 세상의 사건들에 관여하신다는 믿음은 초자연주의**이며**, 또한 기독교의 아주 많은 부분, 또한 다른 위대한 길들의 많은 부분 역시 이런 생각을 중심적인 것으로 가지고 있는 것도 사실이다. 근대성modernity은 자연 속에 하나님이 현존하고 계속 일하고 있음을 거부했는데, 그로 인해 기독교인들은 하느님이 때때로 자연 속에 간섭하실 수 있다는 생각을 더욱 강화시켰다. 실제로 오늘날 대다수의 종교성은 초자연주의적이며, 이로 인해 지구의 문제들에 대해 책임적으로 응답해야 한다는 필요를 느끼지 못하게 만든다.

세속주의자들은 또한 전통 종교의 길들이 본래 **타계지향적**(other-worldly)이라고 생각한다. 이들은 기독교 신앙의 핵심이 죽음 이후에도 계속되거나 새롭게 되는 삶을 믿는 데 있다고 여긴다. 실제로 종교성은 이런 생각들을 더 강화시킬 수 있다. 하지만 이 땅의 삶 외에 다른 삶이 있다고 믿는 것이 항상 타계지향적인 것이 아닐 수도 있다. 오히려 다른 세계에 대한 믿음이 있기 때문에 지금 여기 있는 사람들을 더 중요하게 여기고 존귀하게 **대할 수도** 있다. 물론 이곳의 삶에 대한 관심을 다른 삶에 대한 관심으로 대체해 버리고 지금 여기에서 일어나는 일들의 중요성을 무시해버릴 **수도** 있지만 말이다.

종교성의 또 다른 문제는 한때 의미가 있었으나 지금은 그렇지 않은 과거의 생각이나 규범에 사람들을 예속시킬 수 있다는 점이다. 예를 들어, 고대의 경우 대부분의 인간 공동체들은 다산(多産)을 축복으로 생각했다. 많은 아이들이 유아 때 죽었고 또한 살아남은 사람들의 기대 수명도 짧았기 때문이다. 인구가 일정하게 유지되기 위해서는 출산이 많아야 했기에, 아이들의 출산을 방해하는 것은 사회에 해가 되는 것으로 여겨졌다. 따라서 결혼이 강요되었고 결혼하면 대가족을 만드는 것이 고대 사회에서 좋은 일이었다. 이런 시대로부터 전해 내려온 전통들은 당연히 과거의 그런 상황을 반영하고 있다.

하지만 오늘날 세계의 인구는 지구가 감당할 수준을 이미 넘어버렸다. 현재의 이런 전 지구적 위기를 해결하는 데는 이 사실을 아는 것이 극히 중요하다. 이제는 지구의 인구증가는 가능한 한 빨리 멈추어져야만 한다. 그러나 종교적인 태도는 다산을 축복으로 여기는 고대의 가르침을 계속 장려하려는 성향을 가지고 있다.

미국 개신교 안에는 이런 종교성이 깊이 들어 있다. 하지만 이 세상에 초점을 맞추는 형태 역시 들어 있다. 그런데 미국 개신교인들 대부분은 자신들을 일반 문화의 한 부분으로 동일시한다. 이런 생각은 개신교인이 되는 것이 곧 일반적인 미국인이 되는 것의 한 부분이던 시대에 뿌리를 두고 있다. 이전에는 개신교인이 된다는 것과 미국인이 된다는 것은 거의 분리되지 않았다. 개신교인들은 미국 국기와 십자가 둘 다에 강한 종교적인 감정을 가지고 있었다. 실제로 이들은 지금도 이 두 상징을 그들의 교회에 함께 비치하는 경우가 많다. 그런데 미국의 문화가 바뀜에 따라 그 보수적인 차원과 진보적인 차원도 함께 바뀌었고 개신교인이었던 많은 미국인들의 문화도 바뀌었다. 하지만 미국에서 진보주의자와 보수주의자 모두 세상이 대재앙을 향해 치닫고 있다는 깨달음에 대해 진지한 응답을 하지 못하는 것처럼, 보다 종교적인 개신교인들 역시 제대로 된 응답을 하지 못하고 있다.

상당히 최근까지 대부분의 종교적인 미국인들은 정치적으로 침묵을 지켰다. 자신들의 부르심 받은 역할은 기존 질서(status quo)를 유지하고 또한 그 질서 안에서 자신들의 자리를 받아들이면서 권위 있는 이들에게 순종하는 것이라고 믿었기 때문이다. 이 때문에 그들은 탈세상적으로 있고자 했고 이 세상의 상황에 너무 몰두하는 것이 적절치 않다고 보았다. 심지어 사회복음 운동과 흑인민권운동이 일어나 교단들이 활발하게 움직였지만, 종교적인 사람들은 이 모두에 대해 그저 조용히 저항하기만 했다.

하지만 **종교적 우익**(religious right)이 일어나 보수적인 종교와 보수적인 정치가 서로 충분히 연합하게 됨에 따라 이런 상황은 극적으로 변했다. 제프 샬렛(Jeff Sharlet)은 그의 책 『가족 안에서*In the Family*』(Harper, 2008)에서 경제 대공황 시대에 개신교적 경건이 반공주의와 결합하는 과정을 서술한다. 아쉽게도 그는 이 운동 모두를 **근본주의**(fundamentalism)라는 이름으로 통칭하는 잘못을 범하고 있다. 어쨌든 그에 의하면, 이 운동은 그 에너지를 사회정치적인 변화에 집중한다. 이 운동은 성경이나 전통이 실제로 가르치는 것이 아니라 대중적인 개신교가 키운 종교성을 정치적 활동 무대로 가져온다. 그것은 비판적인 성서적, 역사적 연구를 무시하며, 때로 전통적인 가르침과 반대되는 목적으로 종교성을 활용한다. 이런 기독교 우파는 세계를 '우리'와 '그들'로 분리하는 종교적 특성을 보존하고 강화하며, 또한 '우리'를 기독교뿐 아니라 자본주의, 가부장제도, 제국주의 같은 전통적인 미국적 가치의 수호자로 둔갑시킨다.

샬렛은 신학적, 윤리적으로 느슨한 이런 종교성이 미국과 전 세계의 소위 '가족'들의 기도모임(prayer cells) 네트워크 안에서 양육 받은 정치·경제 엘리트들 사이에서 시작되었다고 말한다. 여기에서는 엘리트의 지배, 정부와 노동운동의 간섭을 받지 않는 사업상의 자유가 중시된다. 여기에서 예수는 이런 목적들을 촉진하시는 분이자 무조건적 순종을 요구하는 분으로 이해된다. 샬렛은 이와 동맹을 맺고 있지만 상당히 다른 대중적 부흥운동, 텔레비전 부흥사, 대형교회, 대학생선교회의 종교성에 대해서도 간단히 언급한다. 여기에서는 개인적 도덕을 강조하고, 특히 낙태 및 동성애를 반대하는 보수 신학이 더 중요한 역할을 하지만, 역시 동일한 정치적, 경제적인 목표들을 지향하는 데 많은 에너지를 쏟는다는 점에서 서로 일치한다.

물론 종교적 우파를 포함하여 종교적인 사람들에 의해 촉진되는 모든 실천들이 다 해로운 것은 아니다. 그들의 종교로 인해 많은 사람들이 탁월한 개인적 습성을 개발했고 많은 선한 일을 해왔다. 그들은 대부분 좋은 시민들이며 올바르게 살고 있다. 종교성은 때로 그것에 동의하는 사람들이 탁월한 공동체적인 삶을 살 수 있게 하며, 또한 도움이 필요한 사람들에게, 특히 위기 상황일 때 다른 사람들보다 더 자비롭게 행동하게 만든다.

따라서 종교성을 무조건 정죄할 수도 없고 무조건 긍정할 수도 없다. 인간의 삶이 대체로 그렇듯이 종교성은 모호하다. 하지만 문제는 오늘날 우리가 처한 극히 위급한 상황과 연관시켜 볼 때 종교성은 절실히 시급한 행동을 하도록 만들기보다는 방해가 된다는 데 있다.

나는 앞에서 우리 인간들이 집단적으로 미쳤다고 말했다. 그런데 이런 광기의 많은 부분이 종교에서 발견된다. 행동의 변화가 필요함을 보여주는 정보를 무시하거나 거부하는 것은 비합리적이며, 지구의 미래가 위기에 빠진 지금에는 미친 짓이다. 어떤 고대적인 전설들이 문자 그대로 사실이라고 믿을 뿐 아니라 더 나아가 다른 전설들을 문자적 진리로 믿는 사람들을 차별하게 만든다면, 그것은 미친 짓이다. 더 나아가 종교성이 세계의 필요에 정반대되는 목적들을 위해 협력한다면, 그 때의 광기는 사악한 것이 된다.

3. 세속주의(Secularisim)의 광기

종교적 태도가 해롭기는 하지만 그것이 세계를 광기에 휩싸이게 한 주된 원인은 아니다. 이스라엘과 일부 이슬람 국가들을 제외하면 고대로부터 내려온 길들은 오늘날의 세계에서 주도적인 영향력을 갖고 있지 않기 때문이다. 오늘날 대부분의 국가들은 여러 길들을 받아들이지만 그 중 어느 길에도 헌신하지 않는다는 점에서 모두 세속적이다. 대부분의 국가들은 초자연적인 권위나 타계적인 어떤 것에 의존하기보다 합리적 논의에 근거해서 결정을 내린다고 자랑한다.

지난 몇 백 년 동안 세속주의는 자신이야말로 종교의 어리석음을 대신할 수 있는 건강한 대안이라고 주장해왔다. 오늘날 미국 사회의 세속주의는 위대한 길들을 공적 영역에서 축출하는 모습으로 나타나고 있다. 세속주의는 이 세상과 세상 안에서의 인간 삶의 조건에 초점을 맞춘다. 그것은 비판적 사고를 막는 것은 무엇이든 거부한다고 주장한다. 물론 우리의 문제를 해결하려면 반드시 이 세상에 관심을 가져야 하고 비판적 합리성을 작동시켜야 한다! 따라서 세속주의가 강화될수록 지구와 지구 위 거주자들의 운명에 대한 진지한 관심 역시 깊어지고 합리적인 응답이 이루어지리라고 기대할 수 있다. 하지만 그런 일은 결코 일어나지 않았다. 도대체 왜 그런가? 세속주의적 세계에 무엇이 결여되어 있는 것일까?

이 질문에 답하기 위해 나는 근대세계에 나타난 세속주의의 주된 표현들을 살펴보려고 한다. 오늘날의 사고와 행동을 형성하는 데는 네 가지가 중요한 역할을 했다. 과학, 철학, 고등교육, 경제지상주의다.

첫째로, 과학은 그 관심을 전적으로 이 세계에만 돌렸고 세계를 연구하는 방법들을 개발했으며 그 가운데 놀랄 만큼 풍성한 결과를 얻었다. 과학자들은 우리의 행동이 환경에 파괴적인 결과를 가져오고 있음을 누구보다 잘 일깨워주었으며, 어떤 과학자들은 우리에게 절실하게 필요한 리더십을 개인적으로 보여주기도 했다. 하지만 전체적으로 볼 때 과학자 집단은 이런 위기의 영향을 거의 받지 않으면서 각자 하던 일을 계속 해왔다. 과학자들이 우리가 필요로 하는 길을 안내하기도 하지만 그때 그들은 과학자로서의 원래 역할에서 벗어나 엉뚱한 일을 하는 것처럼 간주되고 있다.

둘째로, 철학은 데카르트 이후 완전히 세속주의자들이 되기 위해 신학으로부터 철저히 분리되어 나갔다. 그것은 매혹적인 역사를 만들었고 여러 면에서 사회 전체에 영향을 미쳤다. 그러나 오늘날의 주도적인 철학 학파인 언어 분석철학은 정말 절실하게 필요한 응답은 거의 하지 않는다. 다행스럽게도 일군의 철학자들이 환경과 연관되어 있는 주제들을 다루기 위해 그들의 분석 기술을 사용하고 있다. 하지만 그들은 철학자 공동체에서 용인은 되지만, 그 공동체 전체는 이런 하위

그룹이 하는 일을 심각하게 받아들이지 않고 있다. 이 하위그룹의 사람들 대부분은 자신들의 철학 때문이 아니라, 철학에 부여한 열정으로 환경 문제들에 관심을 기울이고 있다.

셋째로, 근대 이후 대학은 철저히 세속주의적인 기관이 되었다. 연구 대학교들은 자연과학을 포함한 아카데믹한 학문들 중심으로 조직되어 있으며 이런 학문들은 가치중립을 지향한다. 지식을 이렇게 조직화한 이유는 연구 영역을 넓히기 위함이었고, 그 결과 놀라운 성공을 거두었다. 이런 연구 중 일부는 환경 위기를 이해하고 응답하는 데 도움이 된다. 그러나 그보다 훨씬 많은 부분이 회사 제품의 질을 높이고 양을 늘리는 데 사용된다. 하지만 회사를 섬기는 것은 지구를 구원하는 데 거의 공헌하지 못하며, 오히려 재난이 더 빨리 닥치게 만든다. 대학은 그 자체의 가치를 확장시키지 못하기 때문에, 연구는 돈이 주어지는 곳을 따라간다. 전체적으로 보아 대학의 연구는 지구의 문제를 해결하기보다 더 어렵게 만들고 있다.

넷째로, 오늘의 세계를 움직이는 이데올로기는 **경제지상주의**(economism)이다. 이것은 철저하게 세속주의적인 사고방식이다. 학문 분과의 하나인 경제학이 그 원리들을 가다듬고 있으며 그 결과는 철저한 세속주의이다. 경제지상주의는 경제학을 학문의 여왕으로 선택함으로써 가능하게 되었다. 지구의 건강한 미래의 가능성을 없애면서까지 경제성장에 매진하는 것이 경제지상주의의 기본 방향이다.

나는 인간 사회가 전체적으로 미쳐 있다고 말해왔다. 여기서 사회라 함은 그 리더십을 가리키는데, 그 리더십은 현재의 정책이 가져올 끔찍한 재난을 충분히 알고 있음에도 불구하고 그런 정책을 계속 유지한다. 나는 종교성이 이런 광기에 일정 부분 공헌했지만, 종교성이 세계의 일들의 주된 결정 요인은 아니라고 지적했다. 그럼 세속주의가 답이 될 수 있을까? 나는 세속주의의 주된 형태들이 우리를 더 합리적인 길로 이끌어 갈 수 있을지 살펴보았지만 그 결과는 실망스럽다.

4. 위대한 길들을 이 세상의 변혁을 위해 재구성하기

종교는 과거의 어떤 특성들을 절대화하려는 성향을 가지고 있다. 개신교인들은 어떤 것이 성경적이라면 더 이상 논의할 필요가 없다고 생각한다. 아주 종교적인 로마 카톨릭 기독교인들은 공의회나 교황의 회칙이 최종적 권위가 있다고 여긴다. 많은 기독교인들은 십계명이 아주 특별한 권위가 있다고 본다. 기독교인들에게 예수님의 이런 혹은 저런 이미지는 언제나 중심이 된다. 대부분의 다른 전통들 역시 고대의 문헌들을 경외하며, 때로는 그 선언들이 신적인 영감으로 이루어졌다고 하여 권위를 확언하기도 한다. 아브라함 전통 속에 있는 종교들은 하나님의 명령에 대한 순종을 강조한다. 오늘날의 종교적 우파들은 이런 믿음들과 더불어 자유무역과 미국 제국주의를 신성불가침한 것으로 여기기도 한다.

반면에 세속주의자들은 과거의 어떤 권위도 부인한다. 이들이 볼 때 물리학에서 아리스토텔레스의 관점을 인용하는 것은 말도 안 되며 오직 경험적 자료와 성공적 예측만이 중요하다. 데카르트 이후의 철학자들 역시 이와 비슷하게 과거와 단절했다. 데카르트는 모든 사람들 역시 그러하리라고 생각하면서 그 자신의 경험으로부터 논의를 시작했다. 그는 그 자신의 경험을 의심의 여지없이 자명한 첫 단계로 여기면서 그 위에 모든 철학적 논의들을 세워 가려고 했으며, 이렇게 할 때 그 결과는 신뢰할 수 있고 확실할 것이라고 믿었다. 다른 사람들은 이와 같은 세속주의적인 철학의 목표를 수백만 년 동안의 인간 경험을 통해 발전된 여러 이해들로부터 해방되는 것으로 설정함으로써, 남는 것은 더욱 줄어들었다. 그러다 보니 세속주의적 철학은 어떤 당위(ought)를 제시하는 데 어려움을 갖게 되었고, 규범적인 진술(normative discourse)을 주로 개인적인 선호의 표현으로 간주했다.

만일 우리가 종교와 세속주의라는 양극단 중의 하나를 선택해야 한다면, 그 결과는 실망스러울 수밖에 없다. 하지만 세 번째 선택이 있다. 곧 우리는 과거의 지혜를 재발견하고 정련하고 채택하여 그것과 현재와의 연관성을 찾아낼 수 있다. 근대성 이전의 대부분의 비판적 사고는 이런 특성을 가지고 있었다. 플라톤과 아리스토텔레스는 수세기 동안의 헬레니즘적인 문화 경험이 만들어낸 사상들에 기초하여 자신들의 철학을 정립했다. 그들은 이전의 자료들에서 가치 있는 것을 찾아내어 그 의미를 분명히 하고, 그런 사상들을 새롭게 조직하는 가운데 자신들의 철학을 발전시켰다. 인도와 중국의 대부분의 전통 사상 역시 이런 성격의 것들이다. 사람들은 과거를 버리지 않았지만 동시에 그 어떤 과거의 유산도 비판적 논의에서 자유로울 수 없다고 보았다. 사상가들은 내재된 사상들을 비판적으로 검토하고 그 의미를 분명히 했으며, 실제 세상의 삶을 위해 사용했고 그런 결론적인 생각들이 서로 통합될 수 있도록 조직했다. 나는 이것을 **전통의 세속화, 즉 전통을 이 세상의 변혁을 위해 재구성하기**(secularizing of tradition)라고 부른다.

최근에 나는 중국의 탈근대화(postmodern) 작업을 지원할 기회가 있었다. 수천 년 동안 중국은 변화하는 환경에 응답하는 가운데 아주 조금씩 수정되어온 고대의 가르침을 따라 살았다. 19세기에 접어들면서 서구의 과학과 기술, 그리고 그로 인한 서구의 군사적 우위로 인해 중국은 변화되어야 한다는 압박 앞에 서게 되었다. 서구 열강들이 중국을 나누어먹을 위험이 있었다. 이 사실은 계속해서 그 정복자들을 흡수해 왔던, 세계에서 가장 오래 유지된 문명권의 사람들이 결코 용납할 수 없는 일이었다.

중국의 주도적 사상가들은 서구 열강들이 걸어간 길을 따라 큰 진보를 이루지 않으면, 머지않아 서구 열강들은 말할 것도 없고 일본에게도 종속될 것을 알았다. 그들은 중국을 서구적 계몽과 산업화라는 의미에서의 **근대적** 국가로 변화시키는 야심찬 프로그램을 시작했다.

진짜 변화는 20세기에 시작되었으며, 그 중 가장 극적인 것은 중국식 공산주의를 도입한 것이었다. 공산주의는 전통 종교들을 거부한다는 점에서 철저히 세속주의적이었다. 하지만 모택동의 공산주의는 개인 윤리를 강조하는 가운데 개인은 공동체의 선을 위해 살아야 한다고 계속 강조했다.

하지만 모택동의 조그만 붉은 책은 시간이 지남에 따라 한 쪽으로 밀려났다. 사람들은 중국이 서구와 효과적으로 경쟁하기 위해서는 서구의 세속주의적인 교육과 경제 시스템을 받아들여야 한다고 생각했기 때문이다. 서구 국가 중 미국이 가장 성공한 나라라고 생각했기에 중국은 미국의 주립대학 모델을 따라 엄청나게 많은 학교들을 세웠다. 하지만 이 큰 대학들에서 통하는 유일한 윤리는 어떻게 남보다 앞설 것인가, 특히 경제적인 의미에서 그렇게 될 수 있을까 하는 점이었다. 고등교육은 더 이상 공동체의 선을 위해 살라고 말하지 않는다.

중국은 서구와 경쟁하기 위해 전통적인 가치들을 포기했으며 그 가운데 놀라운 성공을 이루었다. 하지만 중국이 이런 경쟁에서 성공하는 중에 지구의 건강에 공헌했느냐고 물으면, 그 답은 분명히 부정적이다. 급격한 근대화로 인해 중국 내부의 생태계와 사회 환경은 파괴적인 것이 되어 버렸다. 중국이 지금 가고 있는 길을 계속 걸어가면,

전 세계가 크게 고통 받을 것이다.

이 문제를 해결하는 하나의 방법은 유교와 도교를 통해 표현된 중국의 고대 종교 전통들이 그것들을 대체해 버린 세속주의적인 서구의 계몽주의보다 더 낫다고 판단하는 것이다. 하지만 고대의 길로 그냥 되돌아가는 것 역시 미친 짓일 것이다. 고대 중국의 현인들의 지혜가 중국 사회에 미친 긍정적인 효과에도 불구하고 중국 사람들 전체가 새로운 문제들과 연관하여 이런 유산을 창조적으로 생각할 정도로 그 유산에서 해방되어 있는 상태는 아니다. 실상 중국인들 대부분의 일상의 삶은 현인들의 진정한 지혜보다 미신의 영향을 더 많이 받고 있다.

하지만 다른 선택이 있다. 곧 자연과 사회에 대한 깊은 지혜를 가진 과거의 전통을 비판적으로 재검토하는 길이다. 우리는 근대성의 과학적이고 기술적인 성취들을 포기하지 않고도 그렇게 할 수 있다. 과거의 지혜의 도움을 받아 이런 근대적 성취들이 지금 중국 정부가 지향한다고 말하는 '조화로운 사회'를 포함하는 '생태적 문명'을 만들어 가도록 할 수 있다. 이처럼 비판적으로 수용한 고대 전통의 전반적 비전과 지혜와 근대적인 요소들을 통합하는 것이 종교성과 세속주의라는 양자택일 이외의 다른 선택이 될 수 있다.

세계의 모든 위대한 길들 속에는 세상 변혁적 사상가들이 있으며 그들은 자신들의 전통에서 현재의 지구적 위기에 적절하게 반응할 수 있는 자원들을 발견할 수 있다. 이 점은 메리 에블린 터커(Mary Evelyn Tucker)와 존 그림(John Grim)이 생태 이슈들을 논의하기 위해 여러 전통들로부터 온 사상가들을 모아 조직한 일련의 놀라운 회의에서 잘 나타났다. 이들의 모임의 결과는 10권으로 된 『세계의 종교들과 생태학 *Religions of the World and Ecology*』(Harvard University Press)에서 찾아볼 수 있다. 이 책들에 표현된 사상은 때로 잘못되기도 했고 일방적이며 또한 너무 단순한 것일 수도 있다. 하지만 그것은 결코 미친 생각이 아니다. 저 회의들에서 시작된 일은 〈종교와 생태계 포럼Forum on Religion and Ecology〉의 결성과 같은 많은 좋은 조짐을 보여주고 있다.

5. 기독교를 이 세상의 변혁을 위해 재구성하기

성경의 핵심에는 옛 길을 이 세상의 변혁을 위해 재구성하는 내용이 들어 있다. 오늘날 가장 신실한 기독교의 형태는 이처럼 그 길을 세속화하는 전통(the tradition of secularizing the Way)에 참여하는 것이라고 할 수 있다. 이것이 이 책의 중심 주제이다.

구약성경 속의 세속화 과정은 예언 문서들에서 가장 극적으로 나타난다. 고대 이스라엘의 예언자들은 자신이 하나님의 말씀을 선포하고 있다는 주장으로 예언 활동을 시작했다. 세월이 지난 뒤에 보면 대부분의 예언자들이 거짓으로 판명되었다. 그런데 일반적으로 보아 거짓 예언자들은 가장 종교적인 사람들, 곧 당시의 문화의 가치를 믿고 그것에 가장 헌신하는 사람들이었다. 하지만 그들의 저술들은 우리가 성경이라 부르는 거룩한 문헌집에 포함되지 않았다.

참된 예언자들로 판명된 사람들은 당시의 사회와 경제 구조, 특히 그 종교성을 가장 비판했던 사람들이었다. 그들은 하나같이 인기가 없었고 곧잘 박해를 당했지만 그들의 말씀들은 기억되고 보존되었다. 그들은 정의와 자비를 요청했고 하나님이 예식과 희생을 기뻐하신다는 사상을 격렬하게 거부했으며, 하나님의 능력으로 인해 히브리 사람들은 외적의 침입으로부터 안전할 것이라는 생각이 틀렸다고 경고했다.

예수는 바로 이런 전통에 서 있었다. 그는 당시의 정치적 종교적 권위들을 비판했고 대항문화적인(countercultural) 공동체를 만드셨다. 옛적 예언자들처럼 그는 박해를 받아 그 이전의 사람들처럼 당대의 정치적 종교적 구조들의 위협 속에 처형되었다. 그 이후 예수의 메시지는 슬프게도 그를 높이고자 했던 사람들의 종교성으로 인해 오히려 숨겨졌고 왜곡되었다. 하지만 그 가운데서도 세상 변혁을 위한 세속화 과정은 거듭하여 계속 표출되어 나왔다.

다음의 장들에서 나는 기독교 역사에서 종교와 세속화를 위한 노력 사이의 투쟁이 어떻게 전개되었는지를 추적해볼 것이다. 그런 다음 세속주의가 어떻게 등장했으며 그것이 과학, 철학, 고등교육, 그리고 경제지상주의에서 어떻게 표현되고 있는지 살펴볼 것이다. 마지막 장들에서는 최근의 문화와 기독교 안의 희망적인 발전들에 대해 논의할 것이다.

2장

그리스와 이스라엘로부터 물려받은 유산

1. 그리스에서의 세속화

이 책은 오늘날 연구, 교육, 국내와 국제 관계를 지배하고 있는 세속주의로부터 돌아설 것을 강력히 촉구한다. 이 책에서 나는 세속주의를 대체하는 길을 종교성 아니라 오랫동안 인간 역사를 만들어 온 위대한 길들의 지혜를 세속화하는 것(secularizing the wisdom of the great Ways), 즉 이 세상의 변혁을 위해 그 지혜를 재구성하는 데서 찾고자 한다. 전통에 대한 세속화 과정은 수천 년에 걸쳐 이루어졌다. 칼 야스퍼스(Karl Jaspers)는 인류의 사고와 문화생활에서 위대한 변혁이 이루어진 시기를 "차축시대(axial age)"라고 부른다. 그것은 중국, 인도, 페르시아 그리고 이스라엘과 그리스에서 발생했다. 이스라엘과 그리스의 전통들은 주로 이런 차축 시대의 변혁에 기초하고 있으면서, 오늘날 전 지구적으로 중요한 역할을 하는 서구 문명의 근간을 제공했다.

차축시대에 발생했던 변혁은 이 책에서 **세속화**(secularizing), 혹은 세

39

상 변혁을 위한 재구성이라고 부르는 것의 패러다임이 된다. 차축시대에는 물론 세속주의도 약간 이루어졌지만 그다지 중요한 역할은 하지 않았다. 이 책의 4장은 세속주의의 초기 발전을 다루며, 5장에서 8장은 그 정신적, 문화적 결과들을 기술한다. 먼저 이 장에서는 그리스와 이스라엘의 차축시대에 대해 말하고자 한다.

그리스의 차축시대의 세상 변혁 과정은 다른 곳보다 잘 알려져 있다. 그 시기의 문헌들이 풍부하게 남아 있고 또한 오랫동안 많은 연구가 이루어져 왔기 때문이다. 그리스의 시인 호메로스(Homeros, 기원전 7세기 혹은 8세기)의 서사시에서는 신들이 비록 완전히 세속적 사고방식에 속하는 역할을 하지는 않으나 그들의 신인동형론적인 특성(anthropomorphic character)을 부각시킴으로써 그 신들을 이미 상당할 정도로 탈신성화시키고 있다.

시인 헤시오도스(Hesiod, 750-650 BCE)는 이런 흐름을 더 확장한다. 그는 남신들과 여신들에 대한 이야기들이 모든 도시에 있음을 알았다. 그 이야기들은 부분적으로 상호 독립적으로 발전되는 가운데 그 이야기들 속의 신들이 어떻게 서로 다른지, 또 같은 신이 언제 다른 이름을 가지게 되었는지는 명확하지 않았다. 여기에 더하여 사람들이 생각한 신들의 관계들과 성격들, 역할들은 일관성이 없었다. 헤시오도스는 이런 혼란을 질서 있게 정리했다. 그는 남신들과 여신들의 역사를 올림포스 산의 신들 이야기에서 정점에 이르는 여러 세대들의 이야기로 체계화했다.

이 일은 그리스 문화를 세상에 초점을 맞추는 것으로 만든 전역사(prehistory)에 불과하다. 위대한 드라마 작가들의 작품들에서 신들은 여전히 어떤 역할을 하지만, 이야기의 중심은 신들의 영역에서 인간의 영역으로 옮겨졌다. 인간의 동기에 대한 깊은 이해를 보여주는 이야기들이 전면에 나섰고 신들의 간섭에 의해 이루어지는 일들은 부차적인 것이 되었다.

그리스 문화의 이 세상 중심화는 철학의 등장을 통해 가장 많이 이루어졌다. 프란시스 콘포드(Francis Conford)는 이 과정을 그의 책 『종교에서 철학으로*From Religion to Philosophy*』(New York: Longmans, Green, and Co., 1912)에서 서술하고 있다. 이 책에서 그는 전통적 그리스 사상과 새로운 철학자들 사이에 연속성이 있음을 보여주면서도, 그 새로운 철학자들을 구별 짓는 이 세상 중심화 과정을 강조한다. 위대한 철학자들은 자신들의 문화에서 다루어진 모든 질문들에 관심을 가졌다. 그들은 신적인 것에 대해서도 깊은 관심을 가졌다. 이 세상 중심화는 전통적 사상에 대한 완전한 거부를 의미하지 않았다. 하지만 그것은 전통적인 사상들을 이성적으로 살피고 이 세상에 관심을 집중했다.

철학이란 단어는 오늘날 아주 다른 특성을 가진 학문 분과를 가리키는 말이지만 그 원래 의미는 "지혜에 대한 사랑"이다. 철학자들은 지혜를 사랑한 사람들이었고, 이 사랑 때문에 지혜를 추구했다. 그들은 삶의 의미가 무엇인지, 또 좋은 삶이란 어떤 것인지를 집중적으로 추구했고, 그것들을 세계와 인간 사회에 대한 통전적인 관점이란 맥락에서 탐색했다. 그들은 자신들의 문화 속에 이미 있던 이해를 다듬고 창조적으로 변혁하고자 했다. 그들은 문화가 의존하던 그 어떤 과거의 권위도 결코 비판할 수 없는 것으로는 여기지 않았다.

플라톤의 대화록에 따르면, 소크라테스(470/469-399 BCE)는 소피스트들(Sophists)이 사회적 지위와 영향력을 갖고 있는 상황에서 활동했다. 소크라테스가 그들에게 제기하는 질문들에 제대로 대답하지 못하는 것으로 서술되어 있기에, **소피스트들**은 좋은 평판을 받지 못하고 있다. 하지만 그들의 지성과 자신들의 공동체에 대한 관심이란 면에서 긍정적으로 본다면, 그들은 우리 시대의 탁월한 대학 교수들과 비슷하다고 할 수 있다.

소피스트들은 남자 자유 시민들만 참여할 수 있었던 아테네의 민주주의에 중요한 역할을 하고 있었다. 아테네 사람들 중 소수만 이런 시민계급에 속했고, 이들은 토론과 투표를 통해 여러 사항들을 결정했다. 많은 사람들이 어떻게 투표할지 결정하지 못한 채 회의에 참여했기 때문에 결정을 하기 전에 논점들이 무엇인지를 알고 싶어 했다.

논증의 능력은 논증의 논리성뿐 아니라 그 전개 방법에도 달려 있다. 많은 젊은이들이 민주적 회합에서 이루어지는 결정들에 영향을 미침으로써 권력을 얻기를 원했고, 그렇게 하려면 연설 능력을 개발할 필요가 있었다. 이들은 이런 기술을 가르치는 선생들의 도움을 받고자 했고 그 도움에 대해 수업료를 지급했다. 이 일은 곧 아테네에서 중요하고 존경받는 새로운 직업이 되었으니 이들이 바로 소피스트들이다.

소크라테스와 소피스트들은 그리스 문화와 전통을 이 세상 중심으로 바꾼 사람들이다. 이들은 모두 도시의 복지에 공헌하고자 했다. 대부분의 소피스트들은 누구나 통상적인 덕들을 분명하게 알 수 있다고 생각했기 때문에, 그것을 탐구하기보다는 수사학적 기술을 가르치는 데 집중했다. 하지만 소크라테스는 수사적 기술이 언제나 좋은 목적으로 쓰이지는 않음을 보았다. 그는 선에 대한 지식과 헌신이 수사학적 기술보다 훨씬 중요하다고 보았지만, 그가 볼 때 소피스트들은 선이 무엇인지에 대해 충분히 생각하지 않고 있었다. 그는 이런 선생들이 덕들(virtues)에 대한 일관된 설명을 할 수 없음을 보여주고자 했다.

어떤 소피스트들은 덕들이란 그저 관습적인 것에 불과하기 때문에 진정 지혜로운 사람은 그런 것들에 매일 필요가 없다고 생각했다. 소크라테스와 그의 논적들의 대화에서는 트라시마쿠스(Thrasymachus)가 이런 생각의 대변자로 나온다. 플라톤의 『국가The Republic』에서 그는 **정의**(justice)를 강자가 약자에게 자신들의 힘을 행사하는 것이라고 정의하며, 지혜롭고 올바른 행동 양식은 사실상 전적으로 이기적인 것이라고 확언하는 사람으로 나타난다. 만일 이런 묘사가 맞는다면 그가 공언하는 것은 세속주의이다. 하지만 플라톤의 글에서 세속주의를 공언하는 것은 트라시마쿠스뿐이며, 그 외의 토론들은 주로 전통들을 세상 변혁을 위해 재구성하는 사람들 사이에서 이루어진다.

대부분의 소피스트들처럼, 소크라테스 역시 인간이 마땅히 따라야 할 본래적인 덕이 있다고 생각했다. 하지만 그는 트라시마쿠스와 마찬가지로 그런 덕들이 존재한다고 단순히 전제하기만 하는 것은 의미가 없다고 보았다. 그는 관습적인 사고방식 이면에는 진정한 직관이 있다고 확신했다. 그의 동시대 사람들과 달리 소크라테스는 이 직관들을 이끌어내어 그것들이 관습 아닌 다른 것에 근거해 있음을 보여줄 필요가 있다고 생각했다. 이런 생각으로 인해 소크라테스는 이상적 실재의 영역(a realm of ideal reality)이 있다고 생각하게 되었다.

비록 세속화 과정은 세상에 대한 관심을 분산시키는 다른 세상에 대해서는 관심을 갖지 않지만, 우리가 보통 **이 세계**라고 이해하는 것 외의 다른 실재가 있을 수 있음을 부인하지 않는다. 이 세상에서의 삶을 이해하기 위해 다른 세계를 확언하는 것이 필요하다면, 또한 권위에 대한 작위적인 호소가 없다면, 이런 확언은 진정한 이 세상 중심화의 한 부분이 될 수 있다. 여러 세기 동안 계속된 플라톤주의자들(Platonists)의 사고 가운데는 이 유한한 세계를 무시하는 경우들이 있었지만 플라톤의 목적은 이 세상적이었다.

플라톤(428/7-348/7 BCE)은 정상적인 인간의 진술과 믿음의 의미를 이해하기 위하여 이데아(ideas) 혹은 형상(forms)의 세계를 설정했다. 그에 의하면 사람들은 대개 어떤 행위는 다른 것들보다 진실로 우월하다고 믿으며 또한 여러 형태의 사회 조직 중에 더 나은 것이 실제로 있다고 생각한다. 사람들은 이런 것들이 작위적인 판단이라고 믿지 않는다. 만일 그것들이 작위적이 아니라면 덕들이라는 관념, 더 나아가 선이라는 관념은 인간 의견에 의존해 있지 않는 실재임에 틀림없다. 여기에서 플라톤은 진실로 선한 것은 원래 있고, 인간은 그것을 창조해내는 것이 아니라 발견하는 것이라고 생각했다.

플라톤은 이상적인 가치들과의 관계가 수학적 형상들과의 관계와 비슷하다고 보았다. 수학적 형상들은 인간이 만든 것이 아니라 이미 별개로 존재한다. 정삼각형의 비율은 수학자들이 만든 것이 아니라 이미 있는 것을 발견한 것이다. 마찬가지로 그는 진, 선, 미 같은 관념들 역시 인간이 만든 것이 아니라 원래 존재한다고 생각했다. 그는 어떤 행동들은 사람들이 그것을 받아들이느냐 아니냐와 상관없이 정의롭거나 정의롭지 않다고 보았다.

플라톤은 형상에 대한 이해를 완전히 일관되게 서술하지는 않았으며, 또한 형상의 지위에 대한 논의 역시 그 이후 계속되었다. 여기에서 관건은 플라톤이 옳았느냐의 여부가 아니다. 우리가 보아야 하는 것은 그가 한 일이 가치들이 타당하고 중요하다고 보았던 문화적 유산을 이 세상을 중심으로 바꾼 좋은 예라는 점이다. 그것은 사회에서 작동하는 가치들을 비판적으로 검토하지 못하고 그저 단순히 답습하기만 하는 널리 퍼진 태도와 덕과 선에 대한 전통적인 이해를 완전히 거부하고 자기 이익만을 추구하고자 하는 세속주의적 태도와 분명히 구별된다.

아리스토텔레스(384-322 BCE)는 이런 두 극단이 아닌 중용의 길을 선택했다. 플라톤과 마찬가지로 그 역시 한 사람의 현재의 경험에서부터 발생할 수 있는 것만을 받아들이는 세속주의를 선택하지 않았다.

그는 전해 받은 사상을 이 세상 중심으로 재구성하는 일을 했다. 실상 그는 사상들이 정상적인 공동체적 삶에서 발생하고 판단되는 방식에 대해 플라톤보다 더 마음을 쏟았다.

아리스토텔레스는 똑똑한 사람들의 공동체는 비록 정의를 잘 내릴 수는 없으나 사람들이 덕스러운 행위를 할 때 그것을 잘 인식할 수 있으며, 그런 다음 이런 덕들이 이 사람들의 특성이 되는 방식에 대해 말할 수 있다고 보았다. 아리스토텔레스는 이런 관점을 덕들의 의미를 특수한 문화적 상황에만 해당되는 것으로 여기는 상대주의적인 환원으로 여기지 않았다. 그는 덕들이 아주 객관적이라고 생각했고, 그 객관성은 인간 공동체 안에 충분히 들어 있으며, 다른 영역을 상정할 필요가 없다고 보았다.

여기에서 다시 질문은 아리스토텔레스가 옳았느냐 아니냐의 문제가 아니다. 어떤 사람들은 그의 해결책은 공동체 안의 확고한 태도들에 의존하고 있고, 여러 공동체가 있는 다원적 상황에서는 해당되지 않기 때문에 결국 진정한 도덕적 진술을 가로막는 상대주의로 빠질 수 있다고 생각한다. 그렇다면 플라톤주의이든지 아니면 엄격한 세속주의든지 둘 중의 하나를 선택하는 길밖에 없다. 하지만 어떤 사람들은 아리스토텔레스의 접근방법을 만족스러워 한다.

아리스토텔레스가 행한 그리스 사고의 이 세상 중심화는 이 세상을 넘어선 모든 실재들이란 관념을 부인하도록 하지 않는다. 그는 천상의 존재들은 지상의 존재들과 근본적으로 다른 본성을 가지고 있다고 생각했다. 그는 천상의 존재들의 운동들은 오직 제1 원인(the first cause)에 의해 설명될 수 있으며, 그는 이것을 신이라고 불렀다. 천상적 존재들의 우월성과 운동의 제1 원인을 그가 확언한 이유들은 성격상 이 세상적인 것이었고, 이런 사상에 대한 확언은 이 세상의 현실에 관심 갖는 것을 방해하지 않는다. 아리스토텔레스의 사상에는 잘못된 부분들이 있으나 그것은 다른 문제이다.

세계의 그 어디에서도 이에 비견할만한 철학들은 일어나지 않았을 정도로 그리스의 사상은 놀라운 성취를 이루었다. 이전이나 지금이나 세계의 어디에서라도 철학을 공부하는 사람은 그리스 사상, 특히 플라톤과 아리스토텔레스를 진지하게 다루어야 한다. 그들은 이미 세워진 전통을 이 세상을 위해 재구성한 열매들이 다른 전통에서 살아온 사람들에게도 설득력이 있을 수 있음을 보여준다. 보편적 연관성(universal relevance)은 세속주의자의 프로그램에 의지해 있지 않다.

2. 이스라엘에서의 세속화

그리스의 세속화 과정은 오랜 시간을 두고 분명하게 이루어졌지만 이스라엘의 경우는 그렇지 않다. 우리에게 전해진 이스라엘의 저술들은 그 저작 시기별로 배열되어 있지 않고 그 말하는 내용에 따라 구성되어 있다. 따라서 성경은 창세기에 수록되어 있는 다른 이야기들보다 훨씬 뒤에 작성된 창조 이야기부터 시작한다. 더 나아가 많은 본문들은 그것들이 시간이 지남에 따라 후대의 편집자들에 의해 계속 수정되어 왔음을 보여주고 있다.

먼저 우리들은 성경에서 이스라엘 사상의 초기의, 아주 신화적인 단계를 보여주는 몇 구절들을 발견할 수 있다. 그 중 가장 명확한 것은 창세기 6:1-2, 4절로서 새개정표준성경(New Revised Standard Version)은 이를 다음과 같이 번역하고 있다(역주: 이 책에서 성경 인용은 모두 한글 개역 개정판을 따랐다).

사람이 땅 위에 번성하기 시작할 때에 그들에게서 딸들이 나니 하나님의 아들들이 사람의 딸들의 아름다움을 보고 자기들이 좋아하는 모든 여자를 아내로 삼는지라... 당시에 땅에는 네피림이 있었고 그 후에도 하나님의 아들들이 사람의 딸들에게로 들어와 자식을 낳았으니 그들은 용사라 고대에 명성이 있는 사람들이었더라(창 6:1-2, 4).

아마도 '아들들'의 초기 형태는 한 분 하나님이 아닌 신들의 아들들이었을 것이다. 어쨌든 하나님을 단수로 표현한다고 해도 이 구절은 고전 그리스 신화론과 비슷한 생각의 상태를 반영하고 있다.

신이 여럿이 있지 않고 오직 한 분만 있다는 사상으로의 변화는 성격상 이 세상의 변혁을 위한 작업이라고 할 수 있다. 그 첫 단계는 단일신론(henotheism), 곧 수많은 신들이 있지만 이스라엘은 오직 한 신만 섬겨야 한다는 사상이었다. 단일신론자들은 다른 신들의 존재를 부인하지 않으며, 그 신들은 다른 사람들에 의해 적절히 숭배될 것임을 말한다.

예를 들어 십계명은 하나님에 대한 생각에서의 이런 단계의 발전을 반영하고 있다. 출애굽기 20:2-3은 이렇게 말한다. "나는 너를 애굽 땅, 종 되었던 집에서 인도하여 낸 네 하나님 여호와니라. 너는 나 외에는 다른 신들을 네게 두지 말라." 이스라엘이 야훼만을 섬기고 다른 신들을 섬겨서 안 되는 이유는 그 다른 신들이 존재하지 않아서가 아니라 야훼라는 고유명사로 표현되는 '주님'에게 모든 것을 빚지고 있기 때문이다.

주전 6세기경 예언자들은 그들이 섬기는 하나님이 유일한 하나님, 하늘과 땅을 만드신 분임을 명확하게 알게 되었다. 그들이 볼 때 신들로 이해된 다른 존재들은 인간이 솜씨 좋게 만들어낸 우상들에 불과했다. 예레미야는 하나의 참된 하나님 곧 이스라엘의 하나님과 우상에 불과한 다른 모든 신들을 분명하게 대조하고 있다. 예레미야서 10장 3-5절은 이렇게 말한다.

> 여러 나라의 풍습은 헛된 것이니 삼림에서 벤 나무요 기술공의 두 손이 도끼로 만든 것이라. 그들이 은과 금으로 그것에 꾸미고 못과 장도리로 그것을 든든히 하여 흔들리지 않게 하나니 그것이 둥근 기둥 같아서 말도 못하며 걸어 다니지도 못하므로 사람이 메어야 하느니라. 그것이 그들에게 화를 주거나 복을 주지 못하나니 너희는 두려워하지 말라 하셨느니라.

성경의 창조 이야기는 이런 새로운 이해를 당연한 것으로 받아들이며, 창조 이야기의 배경이 된 바빌론의 신화들을 철저히 비신화화(demythologize)한다. 그 신화들은 젊은 신들의 우두머리인 마르둑(Marduk)이 그의 할머니 신 티아맛(Tiamat)을 어떻게 죽였는지에 대해 말한다. 그는 그녀의 몸을 두 조각으로 잘라서 그 한 부분으로 하늘이 되게 하고 다른 부분으로 땅이 되게 한다. 여기에서 티아맛은 마르둑이 질서를 잡기 이전의 원초적인 혼란을 표상하는 것으로 이해될 수 있다.

성경의 이야기는 하나님이 깊은 어둠 속에 있는 무정형(formlessness)의 원초적인 상태로부터 빛과 살아있는 생명체들을 만들었다고 한다. 여기에서 성경 이야기는 바빌론 이야기에 일정 부분 빚을 지고 있다. 그러나 성경의 창조 이야기는 이 세상의 변혁을 위해 재구성하는 큰 걸음을 내딛은 것이다. 분명히 성경 이야기는 완전히 고대 우주론을 전제하고 있으며, 오늘날의 물리학에 근거한 이야기와는 현저하게 다르다. 따라서 오늘날 그 이야기로 충분하다고 말하는 것은 이 세상의 변혁에 초점을 맞추는 것에 대한 종교적 거부에 불과하다. 하지만 이런 이야기를 처음으로 말했던 사람들은 당시 상황에서 할 수 있는 최선의 이 세상의 변혁을 위한 재구성을 한 것이다.

이 기간 동안의 그리스 사람들은 펠로폰네소스 전쟁(431-404 BCE) 같은 특정 사건들에 대해 탁월한 역사 서술을 이루었다. 하지만 그들은 역사를 자신들과 그들의 세계를 이해하는 포괄적인 범주로 생각하지는 않았다. 대체적으로 보아 그들은 자연 세계를 끊임없이 순환(circular)하는 것으로 보았고 또한 인간사의 사건들 역시 이런 우주론적 관점에 종속되는 것으로 보았다.

하지만 한 분 창조주 하나님에 대한 히브리인들의 교리는 다른 발전을 이끌어내었다. 히브리인들은 창조부터 시작하는 사건들의 과정에 어떤 목적이 있다고 생각했다. 그들이 볼 때 이 목적은 역사 전체를 선적으로(linear) 진행되어 가는 것으로 볼 때만 발견될 수 있었다. 그들이 볼 때 반복은 없으며, 모든 사건에는 역사적 맥락이 있고 연이어 일어나는 사건들의 맥락에 영향을 주었다. 그들은 현재의 의미는 과거로부터 기억되는 것뿐 아니라 미래에 오리라고 예상되는 것과 연관되어 있는 것으로 보았다.

히브리 사람들은 하나님과의 계속되는 언약들(covenants)이라는 관점에서 역사를 몇 개의 시대로 나누어 생각했다. 그 첫 시대는 하나님과 아담과의 관계에 의해 이루어졌다고 생각했다. 그 다음은 홍수 이후 노아와 맺은 분명한 언약의 시대였고, 그 다음에는 아브라함과 맺은 언약이 뒤를 따랐다고 보았다. 그들이 볼 때 가장 중요한 것은 모세와 맺은 언약이었다. 이런 언약들은 모두 하나님 편에서 하신 약속들과 이 약속들에 대한 사람들의 응답에 대한 하나님의 기대로 특징 지워진다. 이 기대는 처음에는 인간 전체, 그 다음에는 아브라함의 후손들, 그리고 마지막에는 야곱의 후예들에 대한 기대로 이해되었다. 각각의 언약은 하나님이 인도하시는 미래에 대한 그 나름의 기대를 갖게 했고 이는 다시 현재의 사건을 해석하는 데 영향을 미쳤다.

물론 우리는 이런 시대 이해가 바로 역사에 대한 완전한 세상 중심화는 아님을 쉽게 알 수 있다. 그럼에도 불구하고 그것은 그 방향을 향한 큰 움직임이었다. 그것은 사건들의 과정을 만들어 가는 인간 행위에 의미를 부여했다. 실상 일반 역사를 인간 의미의 근본적 맥락으로 이해하게 된 것은 19세기에 이루어졌지만, 이와 같은 역사의식은 이스라엘에서 처음 시작되었다. 하지만 뒷날 세속주의가 역사 연구를 지배하게 됨으로써 의미를 주는 것으로서의 역사라는 생각은 대학에서 사라져버렸다. 세속주의적 관점도 이제는 역사가 거의 종국에 이르렀음을 희미하게 인식은 하지만, 그렇다고 해서 그 사실이 보편 역사를 새롭게 서술하도록 하지는 않는다.

오직 학문적인 세계 밖에서만 새로운 보편 역사가 기록될 수 있었다. 가장 좋은 예는 토마스 베리(Thomas Berry) 신부와 물리학자 브라이언 스윔(Brian Swimme)이 함께 쓴 『우주 이야기: 태초의 찬란한 불꽃으로부터 생태대까지 Universe History: From the Primordial Flaring Forth to the Ecozoic Age』(HarperCollins, 1992년, 대화문화아카데미, 2010년)로, 이 책은 우리 시대 최고의 과학적이며 역사적인 학문적 업적에 기초한 책이다. 이 책은 인간 역사를 우주 역사와 다시 연결시킨다. 그것은 성경적 사고를 이 세상의 변혁을 위한 재구성의 탁월한 예이지만, 세속주의적인 학자들은 그것을 역사로 인식하지도 못하고 있다.

이스라엘인들이 역사의식을 가지게 되면서 그들의 윤리 역시 세상 변혁적인 것이 되었다. 그들의 윤리적 사고는 하나님에 대한 사고와 긴밀히 연결되어 있었다. 그들은 한 분 하나님은 공의롭고 의로우신 분으로서 이스라엘 백성이 의롭게 살기를 원하신다고 믿었다. 이런 믿음에 기초한 윤리의 세상 변혁적 재구성 과정의 첫 번째 단계는 다양한 교훈들과 금기들을 하나님이 주시는 것으로 여겨진 율법 체계로 바꾸는 것이었다.

하나님과 율법에 대한 이런 이해는 율법을 순종하는 이는 상을 받고 불순종 하는 이들은 벌을 받을 것이라는 기대를 낳았다. 이스라엘 역사의 많은 부분은 이런 단순한 도덕주의적인 범주들 안에서 이야기 되었다. 심지어 지금도 아주 종교적인 유대인들은 유대인들이 하나님께 더 순종했다면 유대인 대학살(홀로코스트)은 일어나지 않았으리라고 생각한다. 이런 도덕주의적인 이해와 연결되어 있는 것 하나는 유대-기독교적 사고에 깊이 들어 있는 하나님에 대한 두려움이란 사상이다. 여기에서 하나님을 두려워하는 자는 하나님의 진노를 피하기 위해 율법을 지킬 것으로 여겨진다.

유대인들이 볼 때, 순종과 불순종에 상과 벌이 따른다는 것은 역사 속에서 또한 이 땅을 살아가는 사람들의 개인적 삶 속에서 널리 발견된다. 하지만 고대로부터 이런 틀에 맞지 않는 많은 일들이 일어나는 것은 분명하다. 구약 욥기는 이 문제를 가지고 아주 치열하게 씨름하고 있다.

기독교인들의 경우 현세의 삶에 분명히 부정의가 있다는 사실로 인해 일찍부터 죽음 이후의 삶을 강조했다. 하지만 죽음 이후의 삶의 문제는 성경에서는 아주 부차적인 내용에 불과하다. 기독교인들의 경우 이웃을 미워하는 것은 도덕적으로 볼 때 살인이나 마찬가지라는 하나님의 말씀을 내면화함으로써 이 문제는 더 강조되었다. 이런 기준들로 평가하면, 거의 모든 사람이 순종하기에 실패하고 따라서 죽음 이후에 끔찍한 처벌을 받을 수밖에 없다. 이런 두려움과 타계지향성으로 인해 기독교인들은 지금 필요한 세상 변혁 과정으로부터 멀리 벗어나 버렸다. 이 책의 3장은 이런 결과들의 일부를 서술하겠다.

고대 유대인들 역시 욥기가 강조하는 고난의 문제들을 가지고 있었지만, 그들은 뒷날 기독교인들을 힘들게 했던 타계지향성으로 빠지지는 않았다. 대신에 그들은 바빌론 유배와 유배 이후의 유대교에서 발생한 삶의 의미 문제로 인해 율법을 열정적으로 연구하게 되었다. 계속 바뀌는 상황에 지혜롭게 대처하려면 율법을 충분히 알아야 했다. 이 점은 오늘날의 정통 유대교에서도 여전히 근본적인 문제이다.

보상과 처벌이라는 단순한 도덕주의적 관점이 유대교와 기독교에서 중요한 역할을 했지만, 또 다른 발전 역시 이루어졌다. 앞에서 인용한 십계명의 구절들이 분명히 보여주듯이 사람들은 보상과 처벌 때문만이 아니라 하나님이 자신들을 위해 행하신 일들 때문에 율법을 주신 분에게 순종하기도 했다. 처벌에 대한 두려움과 보상에 대한 희망 때문에 올바르게 행동하는 것에서부터 율법을 주신 분이 자신들에게 행하신 일들에 대한 감사의 표시로 올바르게 행동하는 것으로 강조점이 일부 바뀐 것이다.

성경 전체는 이런 다른 동기를 요청한다. 다니엘서 3장은 바빌론 시대의 유대인들이 하나님께 순종하기 위해 기꺼이 치르고자 했던 대가에 대해 이야기한다. 즉 느부갓네살 왕은 높은 자리에 있던 세 명의 유대인들에게 우상을 섬길 것을 요구했고 그들은 거부했다. 그들의 응답은 흥미롭다. 그들은 하나님이 자기들이 빠질 극렬한 불구덩이에서도 자신들을 구원해주시겠지만, "그렇게 하지 않으시더라도 우리는 왕의 신들과 왕이 만들어 세운 황금 신상을 경배하지 않을 것이다"고 말한다(다니엘 3:18).

하박국서의 마지막 부분에서도 우리는 이와 비슷한 감정을 보게 된다.

> 비록 무화과나무가 무성하지 못하며 포도나무에 열매가 없으며 감람나무에 소출이 없으며 밭에 먹을 것이 없으며 우리에 양이 없으며 외양간에 소가 없을지라도 나는 여호와로 말미암아 즐거워하며 나의 구원의 하나님으로 말미암아 기뻐하리로다.(3:17-18)

율법에 대한 순종이 이제 여기에서는 보상이나 처벌과 관계 관계 없이 이루어진다.

이 세상의 변혁을 위한 재구성 과정은 대예언자들에 의해 한걸음 더 앞으로 나아간다. 그들은 하나님의 의로움에 기초하여 사회의 질서를 세우는 데 관심을 두었다. 그들은 하나님이 부유하고 힘 있는 자가 가난한 사람들을 약탈하고 속이지 못하는 정의로운 사회 건설에 우선적인 관심을 가지고 있다고 보았다. 그들은 사람들이 종교예식과 의식을 너무 중요하게 여기다 보니 인간의 행복에 정말로 중요한 것을 놓치고 있다고 생각했다. 이사야 1장의 말씀은 전형적인 예언자적 열정으로 그 시대의 종교성을 비판한다.

> 너희 소돔의 관원들아 여호와의 말씀을 들을지어다. 너희 고모라의 백성아 우리 하나님의 법에 귀를 기울일지어다. 여호와께서 말씀하시되 너희의 무수한 제물이 내게 무엇이 유익하뇨. 나는 숫양의 번제와 살진 짐승의 기름에 배불렀고 수송아지나 어린 양이나 숫염소의 피를 기뻐하지 아니하노라. 너희가 내 앞에 보이러 오니

이것을 누가 너희에게 요구했느냐 내 마당만 밟을 뿐이니라. 헛된 제물을 다시 가져오지 말라. 분향은 내가 가증히 여기는 바요 월삭과 안식일과 대회로 모이는 것도 그러하니 성회와 아울러 악을 행하는 것을 내가 견디지 못하겠노라. 내 마음이 너희의 월삭과 정한 절기를 싫어하나니 그것이 내게 무거운 짐이라. 내가 지기에 곤비했느니라. 너희가 손을 펼 때에 내가 내 눈을 너희에게서 가리고 너희가 많이 기도할지라도 내가 듣지 아니하리니 이는 너희의 손에 피가 가득함이라. 너희는 스스로 씻으며 스스로 깨끗하게 하며 내 목전에서 너희 악한 행실을 버리고 행악을 그치고 선행을 배우며 정의를 구하며 학대받는 자를 도와주며 고아를 위하여 신원하며 과부를 위하여 변호하라 하셨느니라.(1:10-17)

예레미야 역시 하나님이 원하시는 것이 따로 있다는 이런 확신을 공유한다. 그는 문서화된 율법체계들에 의해 움직이는 미래가 아니라 그런 율법들의 정신과 목적이 사람들의 마음에 깊이 내면화되어 외적인 법이 필요 없게 되는 미래를 꿈꾼다.

여호와의 말씀이니라. 보라 날이 이르리니 내가 이스라엘 집과 유다 집에 새 언약을 맺으리라. 이 언약은 내가 그들의 조상들의 손을 잡고 애굽 땅에서 인도하여 내던 날에 맺은 것과 같지 아니할 것은 내가 그들의 남편이 되었어도 그들이 내 언약을 깨트렸음이라. 여호와의 말씀이니라. 그러나 그 날 후에 내가 이스라엘 집과 맺을 언약은 이러하니 곧 내가 나의 법을 그들의 속에 두며 그들의 마음에 기록하여 나는 그들의 하나님이 되고 그들은 내 백성이 될 것이라. 여호와의 말씀이니라.(31:31-33)

이러는 가운데서도 가장 종교적인 유대인들은 열심히 율법을 준수했다. 1세기에 이런 집단은 바리새인으로 알려졌으며, 그들 가운데 일부는 율법의 복잡성들을 더 세상 변혁적인 방식으로 이해하고자 했다. 이들은 고대의 본문들에 근거하여 율법의 정신은 하나님과 이웃을 사랑하는 것으로 압축될 수 있다고 주장했다.

3. 예수

예수는 로마가 통치하던 세상에 태어났다. 그가 출생했을 때 로마제국은 지중해 지역 대부분을 지배하고 있었으며, 사람들은 이것을 현실로 받아들였다. 로마제국은 로마의 평화(*Pax Romana*)를 말했으며, 실제로 그 넓은 땅에는 지역의 군대들이 서로 전쟁을 하지 않았고, 로마에 대한 반역도 없었다.

로마의 지배 아래 있던 많은 사람들은 로마의 정복 이전에 이미 제국적인 혹은 군주적인 통치에 익숙해 있었다. 사람들은 힘 있고 부유한 엘리트들이 그렇지 못한 다수의 사람들을 착취하는 것을 자연적인 질서처럼 여기고 있었다. 제국 내의 사람들은 이것을 당연하게 여기면서 그 가운데서 살아남기 위해 최선을 다했다.

오직 유대인들만이 나름 의미 있는 저항을 할 뿐이었다. 로마의 지배자들과 평화롭게 지내는 엘리트 집단이 없지는 않았지만 대부분의 유대인들은 그렇게 하기를 거부했다. 그 주된 이유는 그들이 궁극적인 순종은 로마 황제가 아닌 하나님께 돌려야 한다는 강력한 의식을 가지고 있었기 때문이다. 유대인들은 자신들을 하나님의 선민이자 하나님과의 언약을 따라 살도록 부름 받은 사람으로 이해했다. 이런 믿음은 로마가 황제 숭배를 요구하게 되면서 가장 격렬하게 충돌했다. 많은 유대인들은 로마의 강요를 용인하거나 동조하기를 거부했다.

로마의 법은 반역하는 백성들에게는 특히 가혹했다. 때로 그것은 부분적으로 순전한 공포에 근거해 있었다. 하지만 공포도 저항을 멈추게 하지는 못했다. 예수의 사역 전후에 걸쳐서 유대인들의 혁명이 있었으나 모두 실패했고, 예수 역시 로마의 평화를 위협하는 자로 처형되었다.

일반 대중들은 로마에 맞대놓고 저항하는 사람들에게 상당히 호의적이었다. 하지만 대부분의 유대인들은 자신들이 정치적인 속박으로부터 풀려날 수 있을 것이라고 기대하지 않았다. 그러나 그들은 지배적인 로마 문화에 동조하기를 거부할 수는 있었다. 모세의 율법을 연구하고 따름으로써 많은 사람들은 로마 문화에 저항했다. 이런 저항의 분위기 속에서 리더 역할을 한 사람들은 바리새인들이었다.

예수는 바리새인들 중에서 사랑의 명령이 가장 우선된다고 믿었던 진보파의 일원으로 가장 잘 이해될 수 있다. 하지만 그는 그 누구보다도 사랑의 중심성이 함의하는 바를 철저하게 발전시켰다. 그는 근본적으로 중요한 율법들과 비교적 사소한 율법들 사이의 차이를 인식하지 못한 채 그저 율법에 대한 순종만을 강조한 그의 많은 동료 바리새인들을 비판했다. 그는 이웃 사랑이 율법의 세부 사항에 구애됨 없이 행동으로 나타날 수 있다고 보았다.

복음서들은 예수가 세금 징수원들과 죄인들과 함께 식사를 함으로써 그의 동료 바리새인들을 화나게 했다고 이야기한다. 그는 또한 안식일 법도 깨트렸다. 안식일에 논밭을 지나는 중에 제자들은 곡식알갱이를 따서 먹으려 했고 예수는 반대하지 않았다. 이로 인해 비판을 받게 되자 예수는 제자들을 옹호했다. 그는 안식일에 한 손이 마른 사람을 치료했다. 마가복음 2:27에서 예수는 자기의 관점을 이렇게 요약했다. "안식일이 인간들을 위해 있는 것이지 인간들이 안식일을 위해 있는 것이 아니다." 그에게는 율법 전체가 사람을 위해 있는 것이었다. 그는 율법이 인간의 필요를 간섭할 때 문자 그대로 순종할 필요가 없다고 보았다. 그에게는 모든 법들보다 중요한 법이 사랑의 법이었다.

유대인들 사이에는 하나님이 역사 속에서 어떻게 또 언제 활동하는지에 대한 다양한 관점들이 공존했다. 표준적인 것으로 널리 받아들여진 관점은 하나님의 공의(God's justice)를 강조했다. 그것은 하나님을 악한 자를 처벌하고 의로운 자를 상주시는 분으로 보았기 때문에 고난 당하는 사람들은 스스로 그 고난을 자초한 것이며 따라서 책임이 있다고 생각했다. 물론 욥기가 정경에 포함된 것을 볼 때 이런 표준적인 가정들에 대한 의심 역시 있었다고 할 수 있다. 하지만 여전히 사람들은 희생자들이 당한 어려움은 그 당사자의 책임이라고 곧잘 정죄했다. 그러나 예수는 하나님이 의로운 자와 악한 자를 동일하게 모든 사람을 축복하신다고 가르쳤다. 예수는 죄가 고통을 가져오며 모든 사람이 회개해야 한다는 점은 의심하지 않았다. 하지만 어떤 일이 사람들에게 일어나면 그들이 그런 일을 당해 마땅하다는 생각은 강력하게 거부했다. 그가 볼 때 사고나 질병의 희생자들이 다른 사람보다 더 죄가 커서 그렇게 된 것이 아니었다. 누가복음 13:1-5절은 이 점을 분명히 한다.

> 그 때 마침 두어 사람이 와서 빌라도가 어떤 갈릴리 사람들의 피를 그들의 제물에 섞은 일로 예수께 아뢰니 대답하여 이르시되 너희는 이 갈릴리 사람들이 이같이 해 받으므로 다른 모든 갈릴리 사람보다 죄가 더 있는 줄 아느냐 너희에게 이르노니 아니라 너희도 만일 회개하지 아니하면 다 이와 같이 망하리라. 또 실로암에서 망

대가 무너져 치어 죽은 열여덟 사람이 예루살렘에 거한 다른 모든 사람보다 죄가 더 있는 줄 아느냐? 너희에게 이르노니 아니라 너희도 만일 회개하지 아니하면 다 이와 같이 망하리라.

예수 당시의 이스라엘 사람들은 종교적이 되는 것은 무엇보다 먼저 율법을 충실하게 따르는 것이라고 생각했다. 따라서 예수의 바리새인들에 대한 비판은 그 자체로 종교성에 대한 비판이었다. 바리새인의 반대편에는 로마 당국에 영혼을 팔아넘긴 수전노로 정죄 받고 있던 세리들이 있었다. 예수가 말한 바리새인과 세리의 비유는 그가 종교성의 가치를 거의 인정하지 않았다는 좋은 본보기이다.

두 사람이 기도하러 성전에 올라가니 하나는 바리새인이요 하나는 세리라. 바리새인은 서서 따로 기도하여 이르되 하나님이여 나는 다른 사람들 곧 토색, 불의, 간음을 하는 자들과 같지 아니하고 이 세리와도 같지 아니함을 감사하나이다. 나는 이레에 두 번씩 금식하고 또 소득의 십일조를 드리나이다 하고 세리는 멀리 서서 감히 눈을 들어 하늘을 쳐다보지도 못하고 다만 가슴을 치며 이르되 하나님이여 불쌍히 여기소서 나는 죄인이로소이다 했느니라. 내가 너희에게 이르노니 이에 저 바리새인이 아니고 이 사람이 의롭다 하심을 받고 그의 집으로 내려갔느니라. 무릇 자기를 높이는 자는 낮아지고 자기를 낮추는 자는 높아지리라 하시니라.(누가 18: 9-14)

로마가 지배하는 세상에서 예수는 정의로운 사회에 대한 예언자적 열망을 새롭게 피워냈다. 공관복음서들 모두에 의하면 예수의 중심 메시지는 다른 질서 곧 '바실레이아 테우(*basileia theou*)'가 임박했다는 것이다. 이 말은 보통 "하나님의 나라"로 번역된다. 하나님의 나라는 모든 사람이 익히 알고 있는 땅 위의 왕국들과 대조된다. 하지만 그리스어 '바실레이아'는 정치적인 단위만을 가리키지 않는다. 예수 세미나(Jesus Seminar)는 여기서 '하나님의 바실레이아'는 로마의 '바실레이아'와 대조되는 것이라고 올바르게 이해하면서, 이 용어를 '제국(empire)'이라고 번역했다. 예수는 이 제국에 위협이 되었기에 십자가 처형을 당했다.

바리새인이었던 예수는 군사적 혁명을 이끌거나 그 스스로 지상의 통치자가 되려는 의도를 가지고 있지 않았다. 이런 의미에서 그의 십자가 처형은 실수였다. 예수의 제자들은 그의 죽음에 대한 책임을 최대한 유대 지도층에게로 돌림으로써 이 사실을 강조했다. 그들은 반역 지도자의 추종자들이라는 낙인을 피하고자 했다. 하지만 어쨌든 예수는 위협적 존재였고 로마 지도자들은 이 점에서는 제대로 본 것이었다.

'바실레이아'를 '왕국(kingdom)'이나 '제국(empire)'으로 번역하는 문제점은 '바실레이아 테우'에 대한 예수의 서술이 이런 용어들이 가지고 있는 뜻, 즉 모든 것을 통제하는 하나님의 능력이라는 뜻을 강조하고 있지 않다는 데 있다. 새로운 질서는 설사 그것이 성공한다고 해도 로마에 대한 저항을 통해 만들어질 수 있는 것이 아니었다. 그런 운동은 성공한다 해도 로마의 지배자를 유대의 지배자로 대체하는 것에 불과할 것이다. 그로 인해 생기는 것은 다른 사람을 지배하는 권력과 힘 없는 자들에 대한 착취로 특징되는 정부일 것이다.

예수는 왕국이나 제국의 기본구조와 완전히 대립되는 질서를 선포했다. 그것은 모든 사람을 받아들이는 질서이며 사회 일반에서 사람들이 받아들이는 지위를 배제하는 질서이다. 이 '바실레이아'에서의 삶은 상호 사랑과 나눔을 특징으로 한다. 여기에서는 먼저 된 자가 나중 될 것이고 나중 된 자가 먼저 될 것이다. 예수는 이처럼 새로운 질서가 그의 제자들과 모든 사람을 초청하는 식탁 공동체에 이미 현재하고 있을 뿐 아니라 계속 확장되고 성장해 갈 것이라고 주장했다.

'바실레이아'의 체제전복적 특성은 예수의 삶을 통해 철저하게 구현되었다. 그는 제자들의 발을 씻기신 다음 참다운 지도력은 섬기는 데 있음을 가르쳤다. 그는 여인들과 아이들을 동일한 인간으로 진지하게 받아들였고, 죄인과 불결한 이들로 여겨진 사람들과 어울렸다. 그는 현 질서에서 편안하게 살고 있는 부유하고 도덕적으로 올바른 사람들이 그가 선포하는 '바실레이아'의 특징인 전복적인 가치들을 받아들이기 위해서는 가장 낮은 자가 되어야 한다고 했다.

'바실레이아 테우'는 "하나님의 민주국가(commonwealth of God)"로 번역할 수 있다. '바실레이아'는 군주제도 될 수 있고 민주국가도 될 수 있다. 민주국가란 말의 함의는 그것이 모든 사람을 위해 운영된다는 것이며 의사결정에 다수가 참여한다는 말이다. 이것이 왕적 통치라는 말보다 예수의 이해에 더 가깝다.

'바실레이아'를 다르게 번역하는 또 다른 이유는 예수가 하나님을 군주적인 용어로 서술하지 않았기 때문이다. 군주적 언어는 당시의 이스라엘에도 충분히 있었다. 예수는 그의 말을 듣는 사람들이 하나님을 인간 군주 모델을 따라 이해하는 것을 원치 않았던 것 같다.

예수 자신은 하나님을 아빠(Abba)라고 불렀다. 여러 문화에서 아기가 처음으로 발음하는 말은 주로 부모를 가리키는 말이다. 영어에서는 아이들이 그들의 아버지를 파파(papa)라고 부른다. 이 말은 친밀감과 사랑의 언어로서 군림하는 황제의 이미지와 엄청나게 다르다. 예수가 아빠라고 부른 분을 향해서 우리는 새로운 '바실레이아'가 오게 해 주소서 하고 기도하는 것이다.

예수는 군사적 반란이나 모세 율법에 복종하는 공동체를 만들려했던 바리새인들과 다른 방식으로 로마에 저항하라고 사람들을 초대했다. 그는 로마제국 속에서도 하나님은 제국적인 방식과는 정반대되는 원리로 움직이는 공동체들을 활성화할 수 있다고 선언했다. 예수의 선포는 당시 이스라엘에서 아주 강력했던 메시아에 대한 희망을 세상 변혁적인 것으로 만들었다.

4. 바울

전 세계의 모든 기독교인들에게 예수 다음으로 중요한 인물은 바울이다. 우리는 예수의 원래 모습과 그에 대한 후대의 저작들 속의 다양한 해석들을 구별할 필요가 있다. 하지만 바울의 경우에는 상당히 잘 입증된 저술들이 있다. 바울은 예수가 이룬 유대교의 형태로 가는 문을 우리들에게 열어주었다. 예수는 자신의 사명을 "이스라엘의 길 잃어버린 양들"을 찾는 것으로 이해했다(마태 10:6; 15:24). 바울이 없었다면 예수를 따르는 사람들은 한동안 유대교 안의 분파로 남아 있다가 결국 유대교 가족의 주류 안으로 다시 흡수되었을지도 모른다. 바울은 오늘날 우리가 속해 있는 기독교를 이해하는 데 결정적으로 중요하다.

바울의 편지들 대부분은 그가 관계 맺고 있던 교회들의 구체적인 문제들에 대한 응답으로 작성되었다. 우리는 이 편지들에서 그의 사고의 많은 부분을 배울 수 있다. 하지만 그는 로마에 보내는 편지(로마서)에서 그의 입장을 광범위하게 서술했다. 이 편지에서 중심이 되는 논제는 보통 믿음(faith)으로 번역되는 '피스티스'(*pistis*)이다. 모든 개신교 교단들에게 믿음은 핵심적인 자리를 차지하며, 이 점은 다른 기독교인들도 마찬가지이다. 종교개혁자 마틴 루터는 주로 이 편지에 근거하여 믿음에 의한 칭의(justification by faith)를 기독교 신앙의 핵심 교리라고 가르쳤다.

일반적인 개신교의 이해에 따르면, 의롭게 하는 믿음은 예수 안에 나타난 하나님의 행위, 특히 예수의 십자가 죽음과 연관되어 있다. 우리는 여기에서 보통 하나님이 우리 죄를 위해 예수를 희생하는 교환(transaction)이 이루어졌다고 생각한다. 그런 다음 이 사실을 믿음으로 받아들이면 마땅히 당해야 하는 영원한 심판의 광야에서 고통당할 필요가 없고 대신에 하나님과 함께 영생을 보낼 것이라고 배운다.

이런 사상은 예수의 가르침보다 훨씬 세상 변혁적인 것이 아니다. 만일 이것이 바울의 사상이라면 그는 예언자들과 예수의 세상 변혁적 운동의 한 부분이라고 할 수 없다. 이런 생각들은 이 세상에서 어떻게 살 것인가에 대한 인간 예수와 그의 메시지에서 벗어나, 우리를 다른 세계에 살게 만드는 초자연적인 신적 행위에 관심을 집중하게 만든다.

바울의 글에 대한 영어 번역에 의지해 있는 사람으로서 나는 이 문제를 여러 해 동안 고민해 왔다. 나는 많은 점에서 바울에게 감사하지만 우리가 어떻게 예수를 통하여 구원 받을 수 있는가에 대한 그의 기본적인 이해는 받아들일 수 없다고 생각해왔다. 그러다가 나는 데이비드 럴(David Lull)과 함께 『로마서 주석*Romans*』(Chalice Press, 2005)을 쓰는 가운데 나름의 돌파구를 찾게 되었다. 나는 그리스어로 쓰인 바울의 글과 영어 번역 사이에 차이점이 있음을 깨달았다.

바울에 대한 일반적인 이해에 도전하는 첫 단계는 '피스티스'(*pistis*)에 대한 그의 용례를 다시 검토해보는 것이다. 그가 '피스티스'를 예수와 빈번히 연결시키고 있다는 사실에는 의심의 여지가 없다. 번역자들은 바울이 예수의 내적인 삶에는 관심이 없었기 때문에 예수 자신의

'피스티스'에 대해 쓰려고 하지는 않을 것이라고 보아서 이 구절을 "예수에 대한 믿음(faith in Jesus)"으로 번역했다. 하지만 새개정표준성경(NRSV)은 "예수에 대한 믿음"이 나오는 곳마다 "예수의 믿음(faith of Jesus)" 역시 가능한 번역임을 각주로 밝히고 있다. 이제 많은 성서학자들은 이 그리스어에 대한 자연스러운 독해는 바울이 예수의 '피스티스'(the *pistis* of Jesus)에 아주 관심이 많았음을 보여준다는 데 일반적으로 동의한다. 오늘날 영어 번역이 "예수에 대한 믿음"이라고 번역하는 부분 중에는 원래 바울이 예수 자신의 '피스티스'를 말하고자 했을 부분이 들어 있을 개연성이 아주 높다.

두 번째 질문은 '믿음(faith)'이 '피스티스'란 단어에 대한 최선의 번역인가 하는 점이다. 물론 믿음이란 번역은 분명 가능할 뿐 아니라 어떤 곳에서는 올바른 번역이다. 하지만 '피스티스'는 때로 '신실성(faithfulness)'으로 번역되기도 한다. 바울이 하나님의 '피스티스'를 말할 때(롬 8:3), 그것은 "하나님의 신실성"으로 번역되었다. 인간의 신실성, 그리고 아마도 예수의 신실성 역시 하나님에 대한 신뢰와 확신을 뜻하면서 동시에 거기에서 기인하는 삶의 전체 방식도 포함한다. 그것은 믿음이 곧잘 그렇듯이 행위와 대립되지 않는다. 이는 모든 신실성은 그 자체로 이미 하나의 행동 방식이기 때문이다. 따라서 이 두 번째 의미로 번역된다면 우리는 바울이 원래 생각한 것에 상당히 가깝게 다가간다. 곧 **바울은 우리를 의롭게 이끄는 것은 예수에 대한 우리의 믿음이기보다 예수의 신실성이라고 생각했다.**

바울은 예수의 신실성 안에서 또 그것을 통하여 우리는 하나님의 공의나 의를 새롭게 이해하기에 이르렀다고 말했다. 우리는 이전에는 이 공의를 인간의 우상숭배로 인한 인류를 향한 하나님의 의로운 진노와 정죄로 이해했다. 하지만 이제는 하나님의 의로움을 예수의 신실성의 빛 안에서 사랑으로 이해한다. 따라서 이런 새로운 계시를 받아들인 사람들은 더 이상 두려움 때문에 하나님에게 복종하지 않는다. 그들은 사랑 때문에 하나님을 섬긴다.

바울은 구원을 단순히 하나님에 대한 새로운 이해로만 보지 않았다. 그는 강력한 참여(participation) 의식을 가졌다. 그는 우리 모두가 한 지체(members)라고 선언했다. 그는 우리가 그리스도 **안에**(in Christ) 있고 또한 그리스도와 성령은 우리 **안에**(in us) 있다고 가르쳤다. 그는 또한 우리가 예수의 고난과 죽음에 참여하며 이 참여로 인해 그의 부활에도 참여할 것이라고 말했다. 마찬가지로 우리는 예수의 신실성에 참여한다. 하나님은 우리의 계속되는 죄 많음의 관점에서가 아니라, 그 참여라는 관점에서 우리를 대하신다.

그럼 예수의 고통스러운 십자가의 죽음에는 무슨 뜻이 있는가? 바울은 그것이 구원을 가져오는 것이라고 말하고 있지 않는가? 이 점은 이렇게 이해될 수 있다. 먼저 예수의 신실성은 아주 완벽하여 십자가에서의 죽음까지 받아들인다(예수는 십자가에 죽기까지 하나님에 대한 신실성을 유지한다는 뜻 - 옮긴이). 더 나아가 신실하신 예수는 죄인들을 위하여 죽기까지 한다. 바울은 예수가 그처럼 가치 없는 자들을 위하여 자신을 희생했다는 데 감동했다. 그리고 그는 이제 우리는 우리를 위해 신실하게 자신을 희생한 예수의 신실성에 참여할 수 있을 뿐 아니라 이를 통해 또한 그의 죽음에서 극점에 도달한 예수의 고난에 참여할 수 있다고 말한다. 여기에서 중요한 것은 죽음 그 자체가 아니라 죄인들을 위한 자발적인 죽음을 통해 드러나는 놀라운 사랑이었다. 이 사랑은 하나님에 대한 우리의 이해를 변화시키며, 그 부르심이 설사 죽음의 길이라 할지라도 우리로 하여금 그 길을 따라가게 만든다.

이런 설명은 기독교인들이 보통 갖고 있는 십자가 이해와 아주 다르기 때문에, 나는 중요한 핵심 구절인 로마서 3:21-26을 먼저 새개정표준성경(NRSV)으로 표기한 후 새로운 이해를 반영하는 번역을 제시하겠다(여기에서는 한글 개정개역판과 저자가 제시하는 번역을 병기한다).

이제는 율법 외에 하나님의 한 의가 나타났으니 곧 율법과 선지자들에게 증거를 받은 것이라. 곧 예수 그리스도를 믿음으로 말미암아 모든 믿는 자에게 미치는 하나님의 의니 차별이 없느니라. 모든 사람이 죄를 범했으매 하나님의 영광에 이르지 못하더니 그리스도 예수 안에 있는 속량으로 말미암아 하나님의 은혜로 값없이 의롭다 하심을 얻은 자 되었느니라. 이 예수를 하나님이 그의 피로써 믿음으로 말미암는 화목 제물로 세우셨으니 이는 하나님께서 길이 참으시는 중에 전에 지은 죄를 간과하심으로 자기의 의로우심을 나타내려 하심이니 곧 이 때에 자기의 의로우심을 나타내사 자기도 의로우시며 또한 예수 믿는 자를 의롭다 하려 하심이라.

우리가 제시하는 번역은 다음과 같다.

하나님의 의로움은 비록 율법과 선지자들에 의해 증명되기는 했지만 율법과 별도로 나타났습니다. 이런 하나님의 의로움은 신실한 모든 사람을 위한 예수 그리스도의 신실성을 통하여 이용 가능하게 되었습니다. 이는 모든 사람들에게 해당됩니다... 왜냐하면 모든 사람이 죄를 지었고 하나님의 영광에 이르지 못했기 때문입니다. 모든 사람은 예수 그리스도에 의해 이루어진 해방을 통한 선물로서의 하나님의 은혜에 의해 의롭게 되었습니다. 하나님은 죽음에 이르기까지 신실하셨던 예수 그리스도의 신실성을 통하여(또한 인하여) 그리스도 예수를 화해의 행위로 제시했습니다. 하나님이 그동안은 이전의 죄들을 눈감아 주심으로써 인내를 보여 왔지만, 이제는 하나님이 의로우시며 또한 예수의 신실성에 참여하는 자들을 의롭게 하심을 보여주시는 새로운 계시가 드러났습니다.

바울의 이런 이해는 그가 정녕 예수의 삶과 가르침에 깊은 관심을 가지고 있었음을 보여준다. 더 나아가 바울의 가르침은 예수의 가르침에 깊이 영향을 받고 있음도 보여준다. 예수는 율법을 존중했으나 그것에 순종하는 것이 사람들에게 해로울 때는 따르지 않았다. 예수에게 율법은 하나님과 이웃을 사랑하라는 명령 안에 요약되어 있었다.

바울의 가르침도 마찬가지였다. 하지만 그의 지도력을 따르던 사람들 중에는 이방인도 많이 있었기에, 율법에서 문제가 되는 것은 할례 문제를 중심으로 하여 더 복잡했다. 예수를 따르는 이들 중 어떤 사람들은 메시아(Messiah)가 유대인들만을 위해서 왔고 유대인이 되기 위해서는 할례를 받아야 한다고 생각했다. 하지만 바울은 할례를 오직 사랑의 명령이란 관점에서 이해되어야 하는 율법의 한 부분으로 보았다. 하지만 이런 주장을 하려면 먼저 유대교의 핵심은 율법에 대한 순종이 아니라 '피스티스'의 문제임을 말해야 했다. 여기에 근거하여 그는 이방인들은 '피스티스'를 통하여 아브라함의 자녀들, 약속의 후손들, 그리고 메시아가 찾아오신 그 공동체의 일원이 된다고 주장할 수 있었다. 실상 이런 논증 덕분에 우리 이방인들은 이런 성경적 전통에 참여하는 빚을 진 것이다.

예수는 여성들의 참여를 환영했고 그들을 온전한 인간으로서 대하셨다. 하지만 이 점에서 바울은 한 걸음 뒤로 물러났다는 비난을 받는다. 특히 바울은 노예제도를 없애려고 하지 않았고 또한 가부장적인 결혼에 대해서도 마찬가지였다는 비난을 받기도 한다. 그런데 이런 비난은 크게 보면 잘못된 것이다. 바울이 당시의 제도들을 개혁하려고 하지 않은 것은 사실이지만, 예수 역시 그렇게 하지는 않았다.

바울이 결혼에 대해 호의적이지 않았던 것은 사실이다. 하지만 당시 사회에서 여인이 결혼을 선택하면 그녀는 사회 일반 속의 가부장적 결혼 상태에서 벗어날 수 없었다. 예수를 따르는 사람들은 결혼 관계의 내적 정신을 사랑으로 바꿀 수 있었지만 세상의 지위에 대해서는 어떻게 할 수 없었다. 하지만 자세히 보면 이런 지위는 바울이 세운 제자들의 공동체에서는 중요하지 않았다. 공동체 안에서는 여인들이 권위 있는 자리를 차지했으며, 어떤 공동체들은 여인들이 이끌어갔다. 심지어 바울은 한 여인을 '사도'라고 부르는데 이는 그의 시대의 교회에서 그 이상을 생각할 수 없는 최고의 역할이었다. 더 나아가 그의 공동체에서는 노예들도 지도자의 역할을 할 수 있었다. 바울이 세운 공동체들은 주변의 제국의 지위를 무시했으며, 이런 모습은 예수가 선포한 하나님의 민주적 나라와 연결된다.

물론 바울은 당시 문화의 가부장적 모습을 일부 수용했으며 이로 인해 교회 안에서 가부장제도가 다시 확산되는 문을 열었다고 할 수도 있다. 하지만 후대의 사람들이 바울이 책임이 있다고 말하는 이유 중 하나는 바울이 아닌 누군가가 가부장적인 가르침을 그의 진짜 편지들, 특히 고린도전서 14:33-36에 삽입해 넣었기 때문이며, 또한 가부장적인 관점을 가진 후대의 사람들이 그의 권위를 갖고 말하기 위해 그의 이름으로 된 편지를 썼기 때문이다.

바울에 대한 주된 비판은 그가 예수의 종교(religion of Jesus)를 예수에 대한 종교(religion about Jesus)로 둔갑시켰다는 비난에 있다. 물론 바울은 예수의 위상과 그의 삶과 죽음, 부활의 효과들에 대해 예수가 하지 않았던 방식으로 말했다. 후대의 교회가 예수를 신격화시켜 세상의 변혁을 가로막는 방식으로 높인 데 비해, 예수는 그 자신을 인간 아닌 그 어떤 것으로는 결코 생각하지 않았다. 이 변화에서 바울은 어디에서 있었는가?

바울은 로마서의 첫 번째 몇 절에서 예수의 위상과 역할에 대해 자세히 설명한다. 거기에서 그는 예수가 "우리의 주님"이며 그 자신은 예수의 종 혹은 노예라고 선언한다. 그는 예수가 바로 메시아라고 단호하게 역설한다. 또한 예수는 "죽음에서 부활하심으로써 성결의 영에 따른 능력으로 하나님의 아들로 선언되었다"라고 말한다(롬 1:4).

유대인들의 사고에서 메시아는 지극히 높여진 명칭이기는 했으나 하나님과 혼동되지는 않았다. 바울이 한 말 중 신격화로 이끌어 갈 수 있었던 유일한 용어는 **하나님의 아들**이었다. 하지만 유대인들의 사고에서 이 말은 하나님의 큰 인정을 받은 사람을 의미하며 신적인 존재를 의미하지 않는다. 이런 종류의 호칭은 그 당사자를 지극히 높이기는 하나 신격화라고 할 수는 없다.

바울은 처녀 탄생에 대해서는 전혀 몰랐다. 오히려 그는 예수가 "육신을 따라 다윗의 후예로 태어났다"고 분명하게 선언한다(롬 1:3). 이 문장은 요셉이 그의 생물학적 아버지라는 말이다. 메시아는 다윗의 후손으로 기대되고 있었고, 따라서 그 예언의 성취가 중요했기 때문에 바울은 이 사실을 언급하고 있다.

예수가 부활했다는 것은 바울에게 아주 중요했다. 예수를 따르는 자들을 박해할 계획으로 가고 있던 다메섹 길에서 그는 하늘에 나타난 영광스럽게 된 예수의 환상을 보았고 이로 인해 예수가 메시아임을 확신하게 되었다. 그는 예수를 직접 따라다녔던 사람들 역시 부활한 예수를 보았음을 알게 되었다. 그는 그들의 경험이 어떠했는지에 대해서는 아무 말도 하지 않으나, 거의 틀림없이 그들의 경험 역시 자신의 경험과 비슷한 것으로 생각했을 것이다. 그가 본 것은 '영적인' 혹은 '영화롭게 된' 몸으로 나타난 예수였다. 바울의 환상에서 이 부활한 몸은 하늘에 있었다.

바울은 예수가 이미 경험한 영화(glorificaiton)는 예수의 신실성에 참여하고 또한 그의 부활에 참여할 희망 속에 사는 사람들에게 곧 이루어질 것이라고 기대한다. 바울은 예수의 신실성에 참여하는 사람들은 이미 성령을 통하여 영화의 첫 열매들을 경험한다고 단언한다. 하지만 그들은 지금은 아직 영화롭게 되지 않는 몸으로 살아야 한다. 바울은 이 몸들의 영광 곧 부활된 혹은 영적인 몸들로의 변화를 기대했다. 그는 이런 변화와 함께 전 창조 세계의 구속(redemption)이 시작될 것이라고 보았으며, 이런 것이 바울의 확신에 찬 희망이었다(롬 8:18-25). 그런데 이런 생각은 내가 볼 때 구원을 이 세상이 아닌 다른 곳에서 이루어지는 것으로 여기게 만든다. 내 판단에는 결국 그것은 기독교 안에서 이 세상의 변혁을 위한 재구성과 정반대가 되어 버린 발전을 지지하게 만들었다.

3장

교회 안의 종교성과 세속화

1. 들어가는 말

기독교 역사에서 주된 자리를 차지한 것은 모호한 여러 형태로 나타난 종교성이었다. 하지만 그 가운데에서도 기독교 신앙의 중심에는 세속화의 원리(a principle of secularizing)가 계속 작동해왔다. 2장에서 우리는 세속화, 즉 이 세상을 변혁시키기 위해 전통을 재구성하는 과정이 고대 그리스와 이스라엘의 예언 운동에서 어떻게 나타났는지, 예수가 그런 예언 운동을 어떻게 대변했고 발전시켰는지, 또한 바울이 예수의 목적을 어떻게 현실화시키려고 했는지를 살펴보았다.

21세기에서 보아도 고대 그리스와 이스라엘의 예언자들이 이룩한 업적은 경탄을 불러일으킨다. 많은 사람들이 이런 모습은 오늘날의 기독교의 모습과는 별 관계가 없다고 생각하지만, 세속화의 전통은 여러 세기 동안 모호한 역할을 했던 종교성과 뒤섞이면서도 꾸준하게 흘러내려왔다.

교회를 형성했던 예수의 추종자들이 그의 메시지를 제대로 이해하고 거기에만 마음을 두었다면 더 이상의 세속화는 거의 필요 없었을 것이다. 하지만 바울을 비롯한 많은 사람들이 기독교 신앙에 타계적 요소를 도입했다. 물론 바울의 관점은 세속화 과정을 크게 방해하지는 않았지만 어쨌든 타계적인 가르침은 이 세상의 필요를 보지 못하게 하거나 심할 경우에는 끔찍한 행동을 하게 할 수도 있다.

예수는 하나님의 나라, 즉 하나님의 민주 국가(the commonwealth of God)라고 그가 부른 새로운 형태의 공동체적 삶을 선포했다. 바울은 그의 추종자들을 예수가 가르친 많은 대항문화적(countercultural) 특징들을 가진 공동체로 불러 모았다. 하지만 그 다음의 여러 세기 동안 기독교 공동체들을 특징지은 가치들은 예수의 추종자들이 처음에 거부했던 것들이었다. 다음 두 절에서는 이런 움직임을 먼저 추적한 후, 교회의 타계지향성이 그 원래적 성격을 얼마나 깊이 변질시켰는지를 살펴볼 것이다.

2. 문화적 동화

바울 이후 교회의 대항문화적 특성은 약화되었다. 로마제국 내의 사회적 신분들이 교회의 시작부터 그 태도들에게 영향을 미쳤다. 바울은 이런 위험에 대해 경고했으나 시간이 지남에 따라 문제는 커져갔다.

우선 가부장적 원리들과 실천들이 아주 급속하게 교회 안에서 다시 주장되었다. 예수와 바울은 여성에 대한 개방성이라는 점에서 당시 문화에서 아주 예외적인 분들이었다. 물론 예수나 바울이 당시의 문화와 그들이 호소했던 성경의 지배적인 가부장주의로부터 완전히 자유로웠다는 말은 아니다. 그들은 결혼하지 않았고 전통적인 가족생활을 고상한 것이라고 말하지 않았으나, 그렇다고 해서 결혼을 정죄하거나 가부장제도를 근본적으로 개혁하려고 하지도 않았다. 로마서 1장에서 바울은 우상숭배로 인해 생긴 사회적 왜곡의 예로 동성애를 말함으로써 그의 가부장적인 배경을 드러내고 있으며 이것은 뒷날 끔찍스러운 결과를 가져왔다. 하지만 바울을 따른 사람들은 주변 사회보다는 애초에 훨씬 덜 가부장적이었다. 가부장제로의 전환은 원래 가부장적 지배에 저항하던 어떤 공동체에게 보낸 바울의 고린도전서에 삽입된 다음의 구절들에서 분명하게 나타난다.

> 모든 성도가 교회에서 함과 같이 여자는 교회에서 잠잠하라. 그들에게는 말하는 것을 허락함이 없나니 율법에 이른 것 같이 오직 복종할 것이요. 만일 무엇을 배우려거든 집에서 자기 남편에게 물을지니 여자가 교회에서 말하는 것은 부끄러운 것이라. 하나님의 말씀이 너희로부터 난 것이냐 또는 너희에게만 임한 것이냐?(14:33-36)

4세기에 들어와 운명적인 전환이 이루어졌다. 콘스탄티누스 황제 이전의 교회는 박해와 관용 사이를 왔다 갔다 했으나, 콘스탄티누스 때부터는 제국의 용인을 받았고, 더 나아가 테오도시우스 황제 때는 기독교가 국가종교가 되었다. 교회의 지위가 극적으로 변함에 따라 교회의 내적인 삶에도 많은 변화가 나타났다. 전에는 기독교인이 되면 공적인 삶에서 엄청난 희생을 해야 했으나 이제는 오히려 특권을 누리게 되었다. 이로 인해 교회의 수는 늘어났지만 기독교인다운 삶은 약화되었다.

교회가 힘 있고 부유한 기관이 됨에 따라 교회는 예수의 가르침 따라 살고자 하는 사람들보다 권력과 부에 관심이 있는 사람들에게 더 매혹적인 것으로 보였다. 슬프게도 교회는 자신에게 주어진 새로운 권력을 그 자체의 이익을 키우는 데 사용했다. 간략히 말해서 교회가 사회에 더 잘 적응함에 따라 교회는 예수와 바울이 거부했던 제국적인 가치를 더 많이 반영하게 되었다. 교회의 성공은 원래 얼마나 문화대항적인 삶을 사느냐에 달려 있었지만 이제는 문화에 깊이 함몰되어갔다.

1장에서 나는 우리/그들의 구별은 보편적 현상이지만 특히 종교성에 의해 더 강화되고 악화된다고 했다. 초기 기독교 공동체의 사람들은 자신들과 주변 사회가 아주 다르다는 것을 충분히 인식하고 있었고, 이로 인해 구성원들 사이에 깊은 사랑의 관계를 유지할 것을 서로 촉구했다. 하지만 그들은 이런 우리/그들이란 사고방식을 이 세상의 모든 사람들이 하나님의 사랑받는 자녀이기 때문에 그들 역시 모든 사람을 사랑해야 한다고 배움으로써 어느 정도 이상 극복할 수 있었다. 그들은 특히 원수를 사랑해야 한다고 배웠다.

우리/그들 사고는 그것이 판단을 동반할 때 위험하게 된다. 예수와 바울은 다른 사람을 판단하는 사람들에 대해 경고했다. 바울은 우상숭배로 인해 세상에 들어온 타락의 표식으로서 동성애를 말하고 있다. 하지만 그 구절의 결론은 동성애나 성적인 죄 일반에 대한 비난이 아니라 서로 정죄하지 말라는 것이었다.

더 나아가 궁극적인 구속(ultimate redemption)에 대한 바울의 가장 중요한 선언에는 믿지 않는 자나 악한 자에 대한 정죄가 없다. 구속의 첫 열매로서 이미 위대한 영적 변화가 일어난 신실한 사람들은 다른 사람들을 인도할 책임이 있다. 마지막 날이 오면 그들의 육신은 홀연히 변하면서 완성된 구속에 참여할 것이며 그 때 온 세계 역시 구속될 것이다(롬 8:18-25). 여기에 나타나는 우리와 그들 사이의 구별은 위험하지 않다.

하지만 종교성은 옳고 그른 것을 확언하는 가운데 그들이 속한 공동체의 교리와 실천을 받아들이는 자들은 옳은 반면에, 그렇게 하지 않는 자들은 틀렸다고 말하고자 한다. 기독교인들이 더 종교적이 됨에 따라 그들은 다른 사람들을 더 많이 판단하게 되었다. 바울은 율법주의(legalism)를 거부했으나 이제 새로운 율법주의가 나타났다.

우리와 그들을 구별하는 이런 위험한 사고방식은 특히 기독교인들과 유대인들의 관계에서 표현되었다. 교회와 회당의 관계가 바뀌었다. 바울은 그 자신을 철저히 유대인으로 생각했고 유대인들의 운명에 큰 관심을 가지고 있었다. 그는 유대인들이 이방인들의 회심을 보게 되면 결국 메시아를 인식하게 될 것이라고 믿었다. 그는 또한 이방인 회심자들에게도 자신들이 유대인들보다 더 우월하다고 생각하지 못하게 했다(롬 9-11장).

바울은 메시아가 이미 왔음을 확신했으나 이 점이 그를 유대인 공동체를 떠나게 하지는 않았다. 분쟁은 예수를 메시아로 인식하지 않는 다수 유대인들과 그렇게 인식하는 소수 유대인들 사이에 있었다. 한동안은 지역의 유대인 지도자들이 예수를 따르는 사람들을 박해했다. 바울 자신도 그가 다마스쿠스로 가던 길에서 예수를 만나기 전에는 이런 박해에 참여했다. 대부분의 유대인들은 할례 받지 않은 이방인들을 유대교 공동체에 받아줄 수 있다는 주장에 강하게 반대했다. 바로 이런 이유로 인해 사도행전은 바울이 할례 받지 못한 유대인을 성전의 내부로 데리고 들어간 것 때문에 체포되었다고 전한다.

어쨌든 이런 저런 이유로 인해 어떤 기독교 공동체들은 **유대인**이란 단어를 부정적으로 쓰기 시작했다. 그들은 심지어 예수도 유대인들을 부정적으로 보셨다고 서술했다. 요한복음이 특히 이런 적대감을 표현하고 있다. 돌아보면 유대인과 기독교인의 관계에서 황금시대는 없었다.

하지만 여러 세대 동안 기독교인과 유대인들의 많은 공동체들은 자신들을 동일한 운동에서 나온 두 갈래로 생각했다. 그들은 동일한 성경을 쓰고 동일한 하나님을 예배했으며 둘 다 로마제국과 골치 아픈 관계 속에 있었다. 둘 다 황제 숭배를 거부했고 그런 거부의 대가를 지불했다. 성경 해석을 둘러싼 그들의 분쟁은 두 개의 완전히 다른 공동체 사이의 문제가 아니라 동일한 전통 안의 논쟁처럼 보였다.

어떤 기독교인들은 자신들을 유대인들과 완전히 구별할 수 없었고 이로 인해 오히려 반유대적 설교를 하게 되었다. 그들은 유대인들의 실패와 오류를 보여줌으로써 기독교의 우월성을 드러내려고 했다. 기독교 설교자들은 그들의 양떼들에게 메시아를 거부한 사람들과 어울리지 말라고 경고했다. 유대인들의 성경은 히브리인들에 대한 자기비판으로 넘쳐났기 때문에, 기독교 설교자들은 그 비판을 유대 공동체 전체를 향해서 쏟아 부었다.

교회의 반유대교적인 가르침이 가져온 해악은 처음에는 그다지 심각하지 않았다. 기독교인들이 힘이 없을 때는 그런 태도들이 별다른 피해를 주지 않았다. 하지만 교회가 정치적인 힘을 얻으면서 그런 가르침이 공공정책에 영향을 주기 시작했다. 가령 밀라노의 주교였던 암브로시우스는 불에 타버린 유대교 회당을 다시 짓지 못하도록 압력을 행사했다고 전해진다.

로마제국이 교회를 인정하기 전에도 이미 기독교인들은 교회가 주변 사회와 어떻게 관계를 맺어야 하는가 하는 문제로 골머리를 앓고 있었다. 비기독교 사회에서 먹고 살고 가족을 지키려면 여러 가지 타협을 하지 않을 수 없었다. 그리고 그 방법은 주로 종교성을 강화하는 것이었다.

어떤 기독교인들은 주변 문화에서 완전히 벗어난 보다 순수한 삶을 추구했다. 이를 위해 그들은 통상적인 기독교 공동체로부터 자신들을 분리했다. 그들 중 일부는 이집트의 사막지대로 가서 고독 속에 살았다. 어떤 사람들은 영혼의 정화를 위해 육체와 그 욕구를 부인할 것을 가르치는 금욕주의(asceticism)를 실천했다. 이것은 예수나 바울의 가르침과 거의 관계없는, 인간 본성에 대한 잘못된 이해의 표현이었다.

과도한 금욕주의와 고립을 피하려는 가운데 기독교인들이 한 데 모여 공동체를 형성했다. 이들은 사유재산과 결혼을 거부했고, 또한 일반 사회에서의 삶보다 엄격한 수도원에서의 삶을 보다 순수한 형태의 기독교라고 하여 추구했다. 그들은 육체노동을 했으나 고행은 추구하지 않았다. 어떤 사람들은 사유재산과 결혼을 포기하고 목회적인 돌봄에 종사했다. 이런 운동들이 예수와 바울이 시작한 대항문화적 공동체들을 지속하고 회복하기 위한 것이라면 그것들은 세상을 변혁시키기 위한 시도라고 해야 한다. 진지한 기독교인들이 직면했던 문제는 가족을 부양하려면 당시의 지배문화에 몸을 담아야 하는데 그렇게 하면서도 어떻게 대항문화적인 삶을 살 수 있느냐 하는 점이었다.

수도원과 수녀원은 서구 사회의 중요한 부분이 되었다. 수사들과 수녀들은 영적인 훈련과 자선의 행위에 진정 집중할 수 있었다. 수도원들이 좋은 평판을 받으면서 큰 재산을 기부하는 사람들도 나타났다. 이로 인해 부유하게 된 수도원은 다시 새로운 수사와 수녀를 이끌어 들이기도 했다. 하지만 재산으로 인해 부패가 일어났고 다시 새로운 개혁이 그 뒤를 따랐다.

사회와 제도화된 교회에서 도피하기 위한 노력으로 생긴 수도원 운동은 때로 그것이 피하고자 했던 문제를 답습하는 것으로 끝나기도 했다. 교회 전체와 수도원 내부에서 새로운 개혁운동들이 일어났다. 개혁가들은 교회와 그 고위 성직자들에게 그들이 서원했던 청빈한 삶을 살기 위해 부와 고위 공직을 포기하도록 요청했다. 교회의 지도자들은 이런 요구에 저항했고 때로는 그런 요청을 하는 사람들을 박해했다.

가장 영향력 있었던 개혁자는 아시시의 프란체스코(Francis of Assisi, 1181/2-1226)였다. 그는 교회의 정죄를 피하면서도 초기 기독교의 메시지를 회복하는 강력한 운동을 형성할 수 있었다. 그는 아주 성공적인 운동을 이끌었고 그것은 진정한 세속화 운동, 곧 세상 변혁 운동이었다. 프란체스코는 온 세계에 행복을 가져오려고 했을 뿐 아니라 그 범위를 자연계 전체까지 확장시켰다는 점에서 정녕 놀라운 사람이었다.

3. 타계성, 성, 폭력

리타 나카시마 브락(Rita Nakashima Brock)과 레베카 파커(Rebecca Parker)는 그들의 책 『낙원 구하기: 기독교는 어떻게 이 세상에 대한 사랑을 십자가 처형 및 제국과 교환했는가?*Saving Paradise: How Christianity Traded Love of This World to Crucifixion and Empire?*』 (Beacon, 2008년)에서 초기 교회의 지배적인 신앙 형태는 낙원(내세)에 집중하는 것이었다고 말한다. 그들에 의하면, 예수는 여러 세기 동안 십자가에 못 박힌 자이기보다 선한 목자(good shepherd)로 이해되어 왔지만, 시간이 지남에 따라 많은 사람을 지옥에 빠뜨리는 최후의 심판자(Last Judge)의 모습으로 그려졌다. 그 그림에서 교회는 낙원에 속한 것 혹은 낙원을 대변하고 구현하는 것으로 이해되었다. 그리고 이때의 낙원은 이 세상이 아닌 저 세상에서 발견되는 것이었다.

지금 이곳에서 기독교 공동체에 참여하는 것과 죽음 이후의 영원한 복락에 대한 기대가 완전히 연속되는 것으로 이해된다면 그것은 세속화를 거부하는 것은 아니다. 문제는 이런 연속성이 무너질 때이다. 이런 붕괴는 기독교 전체에 널리 퍼진 문제이기는 했으나 동방교회보다 서방교회에서 더 명확하고 날카롭게 발생했다.

이런 단절에는 여러 이유들이 있다. 기독교 공동체의 수준이 사회 일반과 비슷해짐에 따라 지금 이곳에서 낙원을 경험할 가능성이 약화된 것이 한 이유가 될 것이다. 하지만 나의 짐작으로는 성(sexuality)에 대한 부정적인 태도들이 확산된 것이 주된 이유일 것이다. 교회는 성적인 감정 일반을 죄된 것이라고 가르쳤고, 이로 인해 죄책감이 인간 경험에서 주도적인 요소가 되었다. 성적인 감정은 인간 존재 깊은 곳에 자연스럽게 있는 것이기 때문에, 이런 감정에서 자유해 보려는 노력은 성공할 수 없었다. 현세의 삶에서 죄책감을 떨어버릴 수 없었기 때문에 사람들은 구원을 현재의 삶이 아닌 아주 다른 곳에서 희망하게 되었다.

성을 이처럼 본래적으로 악한 것으로 생각하는 것은 유대 전통이나 예수 혹은 바울에서는 발견되지 않는다. 그들은 성적 본성을 하나님의 창조 질서의 한 부분으로 당연하게 여겼다. 예수와 바울은 모두 성이 잘못 표현될 수 있음을 알고 있었지만, 다른 관심사 아래 적절히 조절될 수 있다고 보았다. 실제로 성경 어디에도 성적인 행위가 필연적으로 불결하거나 죄스러운 것이라는 생각은 없다. 하지만 성이 불결하다는 관점은 이른 시기부터 기독교적 사고에 들어왔고, 특히 성 아우구스티누스(St. Augustine, 354-430)가 이런 생각을 더 발전시킴에 따라 그것은 여러 세기 동안 서구 기독교에 해로운 영향을 미쳤다. 그는 원죄가 성 행위를 통해서 대를 이어 계속 전해졌다고 가르쳤다.

특히 서방교회에서는 죄(sin)와 죄책(guilt) 및 죽음 이후의 심판에 대한 두려움이 서서히 중심적인 것이 되었다. 교회는 사람들이 하나님의 진노를 당하기에 합당하다고 가르쳤고, 이로 인해 사람들은 절망적일 정도로 자신들의 죄의 결과로부터 구원받을 필요를 느꼈다. 예수의 주된 역할은 더 이상 가르치고 인도하는 것이 아니라 필요한 구원을 성취하는 것이 되었으며, 이를 위해 죄인 된 인류의 자리에 서서(대신) 고난과 죽음을 당한 것으로 여겨졌다.

이로 인해 선한 목자라는 예수의 이미지는 십자가에서 고난당하는 이미지로 대치되었다. 예수가 하신 주된 행위는 선생님, 모범자, 인도자가 되기보다 고난의 죽음을 당하는 것이며, 이를 통해 사람들이 자신들의 죄의 결과들로부터 도망할 수 있는 길을 열어 주는 데 있었다. 이전에는 성례전들(sacraments)이 그리스도에게 참여하여 신적인 존재가 되기 위함이었지만, 이제는 죄의 끔찍한 결과로부터 도망하기 위해 필수적인 것으로 여겨졌다.

이와 함께 폭력에 대한 관점도 바뀌었다. 초기 교회의 대항문화적인 중요한 특징 하나는 폭력에 대한 반대였다. 초기 기독교인들은 그들의 교회에 폭력을 묘사하는 그림이나 조각을 두지 않았고, 폭력 행위에 반대했다. 기독교인들 역시 로마 군대에 복무했지만, 교회 공동체에 다시 허입되기 위해서는 먼저 그들의 폭력적 행위에 대해 속죄를 받아야 했다.

샤를마뉴(Charlemagne, 747-814) 대제 이전의 교회는 제국의 폭력 행위를 용인은 했으나 참여하지는 않았다. 교회는 폭력을 통해 기독교를 확장하는 것에 대해서도 반대했다. 하지만 9세기 초에 샤를마뉴 대제는 이것을 바꾸어버렸다. 색슨 지역(오늘날의 북부 독일 지역 - 옮긴이)을 정복한 다음 그는 자신이 생각하는 기독교의 형태를 이 지역에 강제로 주입했고 거부하는 사람들은 제거했다.

교회 지도자들 중 일부는 샤를마뉴의 새 정책에 반대했다. 하지만 결국 "참된 믿음"을 위해서라면 폭력을 사용할 수 있다는 생각이 승리했다. 교회는 그리스도를 위하여 싸우고 죽이는 군인들이 특별한 보상을 받을 자격이 있다고 가르쳤다. 결국 그리스도의 이름으로 십자군 전도(preaching of Crusades), 유대인 대량학살(pogroms), 종교재판에서 고문(torture), 아프리카인들의 노예화, 서구세계의 식민지 개척의 길이 열렸다.

사람들이 지금 이곳에서 어떻게 사느냐 하는 점이 죽음 이후의 영원한 구원에 영향을 준다고 보았다면, 그리스도의 이름으로 고문과 살육을 승인하지는 않았을 것이다. 잔인하고 야만적인 행위를 정당화하고 보상하기 위해서는 철저히 타계지향적인 형태의 기독교가 필요했다. 기독교인들은 자신들뿐 아니라 다른 사람들의 영원한 복락을 위하여 고약한 일을 하도록 부름 받았을 수 있다고 생각했다. 결국 미래의 행복을 지금 이곳에서 미리 맛보고자 했던 초기 교회의 모습은 사라지고, 그 자리를 천국에 대한 희망과 지옥에 대한 두려움이 차지했다.

교회가 한 사람의 운명을 영원히 결정할 수 있다고 봄에 따라 교회는 엄청난 권력을 갖게 되었다. 많은 사람들이 교회에 재산을 바치는 것이 내생에서의 번영을 약속한다고 믿고 재산을 헌납함으로 교회는 큰 재산을 얻게 되었다. 교회의 고위 성직자들은 이제 정치적 지도자가 되었다. 이제 사람들은 영적이기보다는 더 많이 정치적이며 경제적인 이유 때문에 교회의 직위를 추구했다.

4. 카톨릭 신학의 형성

　기독교인들이 볼 때 신학 작업은 아주 자연스러운 행위이고 또 분명한 필요가 있는 것처럼 간주되었기 때문에, 다른 길들(종교들)에는 이와 비슷한 것이 없다는 것을 알게 되면 깜짝 놀랄 것이다. 물론 유대교와 이슬람교의 학자들도 경전의 본문들과 그 본문에 대한 지난 시대의 해석들을 연구하며 해석의 과업을 감당한다. 불교 학자들 역시 많은 경전들과 그 경전들에 대한 주석들을 공부한다. 이런 경전들과 경전들에 대한 해석에는 많은 신학적 사상들이 들어 있으나 그것들은 기독교에서의 경우와 같이 높이 존중받거나 체계화되지는 않는다.
　하지만 기독교인들은 그들의 거룩한 본문들과 그 본문들에 대한 주석들을 연구할 뿐 아니라 일찍부터 하나님, 예수, 인간의 문제들, 구원, 교회의 본성, 그리고 성례전의 목적들 같은 질문들에 대답하는 문헌들을 만들어냈다. 이런 답변들을 하는 중에 성경을 많이 인용했지만 그저 이런 사상들을 통일된 형태로 조직화하는 데 집중하기도 했다.
　일찍부터 신학자들은 철학자들의 개념과 논리를 사용했다. 신학적 논쟁들이 교회의 공식회의를 통해 정리되면서 신학자들은 이렇게 정리된 내용 위에 자신들의 연구를 쌓아갔다. 이 점에서 신학은 성경과 전통과 철학에 근거해 있는 기독교적 믿음에 대한 질문들에 지적으로 의미 있는 답을 주고자 하는 노력이다.
　이런 점에서 신학은 그 자체로 세속화(secularizing)의 한 형태, 즉 세상의 변혁을 위해 전통을 재구성하는 한 형태라고 할 수 있다. 그것은 교회 구성원들의 삶을 형성했던 신념들을 이해 가능하도록(intelligible) 말하려는 노력이다. 물론 그것이 언제나 성공적이지는 않았으며 때로는 세속화를 강하게 거역하는 것이 되기도 했다. 가령 초기 시대의 신학적 논쟁들은 신조들(creeds)로 정리되었는데 그 신조들 중 어떤 것들은 지적인 설득력을 갖고 있지 못함에도 불구하고 지적 동의를 강압했으며, 어떤 신학들은 이해할 수 없는 것을 믿게 만들어야 하는 과제를 갖기도 했다.

신학은 세속화를 향한 것이지만 그런 역할은 두 가지 이유 때문에 분명하지 않을 때가 있었다. 첫째로, 어떤 신학은 이 세상과 이 세상에서의 삶의 중요성보다 다른 세상의 중요성을 옹호했다.

둘째로, 대부분의 신학들은 성경 본문이나 교회의 권위에 의해 설립된 고정된 교리들을 수용하도록 하는 정도로만 세속화를 국한시켰다. 물론 이 점에서는 어느 정도의 융통성이 있기도 했다. 곧 학자들의 저술들은 기독교 전통에 근거해 있을 때만 신학적인 것으로 간주되었으나, 그 전통을 벗어나지 않는 한 신학자들은 각자 필요한 것들을 강조하고 다양하게 해석할 수 있었다. 이는 성경 해석의 경우에도 마찬가지여서 신학자들은 처음부터 성경을 곧잘 창조적으로 사용했다. 성경 본문의 문자적, 역사적 의미는 알레고리적 해석이나 그것이 그리스도를 가리키는 방식에 예속되었다.

어떤 사람들은 기독교에서 신학이 중요하게 된 것은 올바른 믿음이 사람을 구원한다고 믿었기 때문이라고 보기도 한다. 실제로 교회들은 때로 그것이 정통주의이기 때문에 정통주의를 강조하기도 했다. 하지만 교회는 구원의 지성주의적인 근거(intellectual basis for salvation)를 확보하려는 시도는 거의 하지 않았으며, 또한 선행과 악행에 대한 보상과 처벌이라는 단순한 시스템을 말하려고 하지도 않았다.

이런 대안들을 배제하고 볼 때 더 정교하고 섬세한 성찰이 필요했다. 구원은 한 사람의 삶이 분명히 구별되는 내적이며 외적인 지향점과 얼마나 깊이 연관되어 있는가에 달려 있다고 보았다. 이 지향점은 예수와 하나님이었다. 이런 점을 지적으로 설명하려는 노력들은 넓은 의미에서의 세속화, 즉 세상 변혁을 위한 전통의 재구성에 속한다.

대부분의 경우 초기의 신학자들은 예수의 삶과 가르침 그리고 그것이 기독교인들에게 어떤 의미인지에 초점을 맞추었다. 그들은 아버지 하나님의 창조 사역과 아들의 구속 사역에 대해 말했다. 어떤 사람들은 그것이 왜 구원을 가져오는지, 또 믿는 자들이 어떻게 그 구원에 참여할 수 있는지에 대해 설명했다. 그들은 세례와 성만찬의 의미와 그 효과에 대해 말했다. 그 강조점은 인간 역사와 기독교인의 삶 가운데 어떤 일이 일어나는지에 있었다. 이 말은 그들이 세속화를 하고 있었음을 뜻한다.

다른 한편 초기의 어떤 신학들은 우주적인 맥락을 아주 강조했고 지금 이곳에서의 구체적인 삶의 문제들에 대해서는 별 관심을 보이지 않았다. 여기에서는 예수의 구원 사역은 하나님과 사탄 사이의 우주적 투쟁이라는 맥락 속에서 이해되었다.

신학적 관점들 사이의 차이는 예수의 신분과 연관하여 가장 강력하게 드러났다. 한 질문은 그의 인간성의 본성에 관한 것이었다. 다른 질문은 그가 기도했고 그가 세례 받을 때 하나님의 사랑 받는 아들이라고 선언했던 아빠(*Abba*)와 그가 어떤 관계 속에 있느냐 하는 것이었다.

어떤 신학자들은 예수는 인간이었는데 그 안에 하나님의 말씀이나 성령이 고유하고 완벽하게 내주했으며(indwelt), 이런 내주는 결코 그의 인간됨과 분리되지 않는다고 보았다. 이런 관점은 안디옥에서 주도적으로 나타났다.

반면에 알렉산드리아의 신학자들은 예수가 하늘로부터 내려왔다고 확신했다. 이 경우에 그는 하나님의 보내심을 입은 선재했던(preexistent) 신적인 피조물이며, 하나님에게 종속되는 신적인 존재로 간주되었다. 예수는 인간이 아니었다. 이것은 아리우스(Arius, c. 250-336)의 관점으로서, 이런 입장은 한때 세력을 얻었으나 결국은 실패하고 사라졌다. 아리우스에 대해 승리한 관점은 예수 안에서 진짜 하나님이 세상 속으로 들어오셔서 예수라는 한 인간 존재와 연합한 것이라고 주장했다.

어떤 의미에서는 알렉산드리아의 관점과 안디옥의 관점은 아주 비슷하다. 둘 다 아리우스를 반대했고, 그들이 예수 안에서 만났던 신성은 진실로 하나님이었다고 믿었다. 두 입장 모두 예수는 온전한 인간성을 가졌다고 보았다. 하지만 그들 사이에는 근본적인 차이도 있었다. 안디옥 학파에게는 예수가 완전한 인성(full humanity)을 가졌음은 의심의 여지없이 분명했다. 유일한 문제점은 하나님이 어떻게 예수 안에 들어오셔서 예수의 삶에 참여했느냐 하는 점이었다. 반면 알렉산드리아 학파는 예수를 무엇보다 먼저 인성을 입은 행위자로서의 하나님(God)에 초점을 맞추었다. 이 경우에 질문은 인성의 어떤 특성들이 여전히 예수 안에 남아 있었으며 인성의 어떤 특성들이 신적인 속성으로 대체되었는가 하는 점이었다.

예수에 대한 이런 관점들은 구원에 대한 서로 다른 관점들과 연관되어 있다. 안디옥 학파는 예수의 사역과 모범적 행위를 강조했다. 하지만 알렉산드리아는 구원을 신성화(deification) 혹은 오직 하나님에 의해 이루어질 수 있는 불멸화(becoming immortal)로 보면서, 성례전들을 거기에 참여하는 사람들이 성육하신 하나님 안에 참여했기에 이루어지는 불멸의 약(the medicine of immortality)이라고 가르쳤다.

이후의 역사에서 논의의 기초가 된 것은 예수가 신적인 과업을 이루기 위해 세상에 오셨다는 알렉산드리아 학파의 생각이었다. 하지만 안디옥 학파 역시 예수의 인간적 이성과 본성 및 의지를 부인하는 것을 방지했다는 점에서 성공적이었다. 이처럼 조정과 타협에 의해 이루어진 교리는 니케아 신조(325년)과 콘스탄티노플 신조(381년)를 통해 표현되었고, 그것은 예수의 완전한 신성과 완전한 인성을 함께 인정했다. 예수의 두 본성은 한 인격 안에 완전히 통전되어 있는 것으로 이해되었다. 하지만 슬프게도 그 마지막 에큐메니칼 회의 뒤에 신학자들은 그 한 **인격**(person)을 신적인 것과 인간적인 것의 연합으로 이해하기보다 단순히 신적인 것으로 이해해야 한다고 주장했다. 예수는 더 이상 한 인간이기보다 삼위일체의 세 인격 중의 하나로 이해되었다. 예수가 구현한 인성은 **비인격화**(impersonal)되었다. 기독교 신학의 전개 속에 이루어진 예수의 이런 신격화(deification)는 세속화(secularizing), 즉 이 세상의 변혁을 위해 전통을 재구성하는 세속화 과정에 방해가 되었다. 안타깝게도 기독교인이 되는 데서 예수를 하나님으로 믿는 것이 그의 신실함에 참여하는 것보다 더 중심적인 것이 되었다.

또 다른 중요한 신학 논쟁은 예수 안에 성육신한 신적 실재와 예수가 아빠(Abba)라고 기도했던 분과의 관계 문제였다. 그들이 서로 적절하게 구별될 수 있다고 해도 그들의 관계는 어떠한가? 그들은 하나이며 동일한 존재(Being)의 서로 다른 측면들이나 모습들인가, 아니면 실제로 서로 구별되는 신적 존재들인가? 만일 후자라면 그들은 아버지로부터 시작하여 위계질서적인 관계 속에 있는 것인가? 많은 논쟁 끝에 그들은 서로 구별되며, 비록 아들이 아버지로부터 출생하지만 아들은 아버지와 영원히 함께(coeternal) 있으며 함께 동등하다(coequal)는 입장이 승리를 거두게 되었다. 이 논쟁은 주로 아버지와 아들과 연관된 것이지만, 성령의 위치 역시 비슷한 방식으로 서술될 수 있었고, 결국 이런 모든 과정을 통해 정통적인 삼위일체 교리가 태어났다.

이 논쟁에 참여한 사람들은 믿는 자들 가운데 생겨나는 실제적인 문제들에 대하여 합리적으로 일관된 답변을 주고자 했으며, 이런 면에서 그들은 모두 교회의 사상을 세속화했다고 할 수 있다. 교회의 일치를 위하여 그들은 혼란스러울 뿐 아니라 때로 이해할 수 없는 언어들 사이를 조정하고 타협하는 데 동의했다. 이렇게 해서 정통적 입장이 확립된 다음에는 교회는 동의해야 할 내용을 정확하게 설명할 수 없음에도 불구하고 거기에 동의할 것을 요구했다. 이로 인해 교회의 삶에 새로운 시기가 시작되었다. 사람들은 교회의 권위에 기초하여 이해할 수 없음에도 불구하고 모호한 명제들에 대한 믿음을 가져야 했고, 이로 인해 교리적 가르침은 세속화와 반대 방향으로 나아가게 되었다.

신학자들은 전체적으로 볼 때 계속해서 삼위일체론처럼 서로 조정하고 타협한 명제들의 의미가 통하도록 표현해보고자 했다. 그들은 이 일을 다양한 방법으로 시도했다. 서방교회는 아우구스티누스의 뒤를 따라 삼위성(threeness)을 하느님의 단일성(unity)에 종속시켰다. 동방교회는 서로 명확히 구별되는 세 신적 인격들이 존재하고 있지만 세 신적 인격이 동시에 존재하며, 그들의 의지와 목적에서 완전히 연합되어 있다는 점에서 삼신론(tritheism)은 아니라고 주장했다.

또 다른 응답은 삼위일체는 신비라고 선언하는 것이었다. 세속화하는 기독교인들(secularizing Christians)은 우리가 하나님에 대해 무엇을 말하든지 하나님은 분명코 신비스러움을, 오늘날의 말로 표현하면 "곤혹스럽게 하는" 분임을 인식한다. 실제로 신비는 곳곳에 있다. 양자(quanta)는 아주 신비롭다. 빅뱅(Big Bang) 역시- 그런 것이 있었다면- 분명코 우리의 상상력을 넘어선다. 세속화하는 사상가들은 이 사실을 확실히 인정함과 동시에 가능한 한 그것을 이해해 보려고 시도한다.

하지만 인간이 만들어낸 혼란으로 인한 신비화(mystification)도 있다. 만일 우리가 이런 것까지 신비라고 부르면서 신성불가침한 것으로 여긴다면, 세속화 과정은 지체되어 버릴 것이다.

대체적으로 보아 이런 큰 신학적 논쟁들과 그 최종적인 결론들은 그 선한 의도에도 불구하고 세속화 기획(secularization project)에 큰 지장을 초래했다. 이제 많은 사람들은 신앙을 믿음의 내용을 제대로 이해하고 또 확신하고 있는지 여부와 상관없이 그저 교회의 권위를 받아들이는 것으로 이해하게 되었다. 이로 인해 기독교 사상을 진정으로 세속화할 필요성, 즉 이 세상을 변혁시키기 위해 전통을 재구성할 필요성 역시 커져갔다.

아우구스티누스는 삼위일체론에 대한 그의 사상 외에도 여러 면에서 많은 영향을 미쳤다. 그는 당시 최고의 철학인 신플라톤주의를 널리 사용했고 이로 인해 이 사상은 중세교회 속에 전수되었다. 그는 아주 명민한 사상가였고 철학적, 신학적 난제들에 대한 그의 해결책들은 오늘날에도 여전히 유용한 면이 있다. 그는 보편 역사에 대해서 썼고 그를 통해 역사적 사고를 널리 유포시켰으며, 또한 역사 속에서 하나님과 교회의 역할을 이해하는 기준을 설정했다. 또한 그는 자기 분석을 하는 가운데 자서전을 썼고 그것은 서방 기독교의 자기 성찰적인 성향을 강화시켰다. 그 대부분은 건강한 세속화였다.

하지만 아우구스티누스는 서구 기독교 역사 속에 건강하지 못한 경향들도 초래했다. 그는 그 이전 시대와 달리 예정(predestination) 교리를 우선적인 교리로 생각했는데, 그것은 가장 중요한 사건들이 세계 밖에서 이미 이루어졌다고 함으로써 세속화에 손실을 가져왔다.

11세기에는 캔터베리의 주교인 안셀무스(Anselm, 1033/34-1109)가 예수가 우리를 어떻게 구원했는지에 대한 자신의 이론을 정립했다. 그 이론은 하나님은 공의로우시지만 또한 인간을 사랑하신다는 기독교의 표준적인 믿음에서 시작했다. 그것은 이전의 이론들, 특히 아타나시우스(Athanasius, 293-373)의 이론에 일정부분 근거해 있다. 하지만 아타나시우스의 이론에는 여러 요소들이 들어 있음에 비해, 안셀무스의 이론은 하나의 주제를 아주 강력하고 생생하게 제시함으로써 새로운 이론이 되었다.

안셀무스는 『왜 하나님이 인간이 되셨는가 Cur Deus Homo』(이 책은 『인간이 되신 하나님』으로 번역되었다)에서 자신의 논지를 다음과 같이 전개한다. 먼저 하나님은 우리를 구원하시기 원하지만 그분의(안셀무스의 하나님은 명확히 남성이다) 거룩한 영예를 훼손시키면서까지 그렇게 할 수는 없다. 죄지은 인류가 그분에게 돌린 불명예는 엄청난 것이기에 인간들이 올바른 행위를 한다고 해도 그것만으로는 절대로 충분하지 않다. 인간이 그들의 죄의 결과들로 인한 고통을 당하지 않게 하면서도 깨어진 하나님의 영예를 회복할 대가를 지불할 수 있는 분은 오직 하나님뿐이다. 하지만 하나님은 이런 대가 지불을 오직 인간의 형태로만 할 수 있다. 따라서 하나님은 인간이 되셔야만 했고 실제로 인간의 형태로 고난당하고 죽었다. 하나님은 무한하신 분이기 때문에 온전히 무죄한 성육신 하신 하나님(wholly innocent incarnate God)의 고난과 죽음은 이제 모든 인간의 죄를 덮고 해결하기에 충분하고도 남음이 있다. 따라서 예수의 십자가 죽음 뒤에 하나님은 이제 인간을 용서하실 수 있게 되었다.

안셀무스의 기독론과 속죄론은 그 뒤에도 부분적으로 수정되어 나타나면서 이 영역에서 주된 이론이 되었다. 서구에서는 많은 사람들이 이것을 복음의 핵심으로 여겼다. 그러나 안셀무스의 사상은 세속화, 즉 세상의 변혁을 위한 전통의 재구성에 많은 지장을 주었다.

하지만 신학자들의 작업 중 많은 부분은 세속화 과정을 계속했다. 중세 서유럽은 이전의 사상가들을 존중하고 권위 있게 여겼다. 어떤 질문이 제기되면 신학자들이 모여서 성경의 연관 본문들과 초기 신학자들의 저술, 그리고 그리스와 로마의 고전들을 한데 모아서 검토했다. 그들은 이 논점이 제기하는 문제들을 모두 검토하면서 거기에 답이 될 수 있도록 이런 본문들을 조직한 후 앞에 말한 그 모든 권위들을 다 만족시킬 수 있는 답을 찾아냈다. 그들은 그 결론이 다른 권위들보다 특정한 어떤 권위에 더 부합되어야 한다는 전제 같은 것은 가지지 않고 이 일을 했다.

이 권위들 속에는 철학자들의 저술도 포함되었다. 하지만 아리스토텔레스의 가장 중요한 저술들은 13세기 들어서야 이슬람화된 스페인을 통해 도입되었다. 토마스 아퀴나스(Thomas Aquinas, 1224/25-1274) 같은 기독교 학자들은 아리스토텔레스에게서 실재에 대한 가장 통합적이고 설득력 있는 설명을 발견했다. 그들은 자신들의 신학을 형성하는 데 아리스토텔레스를 폭넓게 사용했다. 그렇게 함으로써 토마스 아퀴나스는 기독교적 사고를 13세기에 할 수 있는 한 최대한 세속화했다. 아리스토텔레스의 업적이 시간의 검증을 통과하고 많은 문화적 상황 속에 유용한 것임이 판명됨에 따라 토마스 아퀴나스의 업적 역시 살아남았고 많은 영역에서 유용하게 사용되었다. 심지어 그것은 오늘날까지 로마 카톨릭 교회와 여러 곳에서 중요한 것으로 남아 있다.

세상을 변혁하기 위해 전통을 재구성하는 기독교인들 사이에서는 기독교 인문주의(Christian humanism)가 현저하게 발달했다. 이전의 신학자들이 어느 사상을 그것들을 표현한 학자들과 분리하여 추상적으로 다룬 데 비해 인문주의자들은 사상을 표현했던 사람들을 이해하고자 했다. 그들의 비판적 태도는 사상들을 인간의 삶과 그 역사적 정황 속에서 이해하게 만들었고, 이로 인해 사람들은 그런 사상들이 나오게 된 이유들에 대해 생각할 수 있게 되었다.

이렇게 되자 본문들에 대한 다른 종류의 연구가 시작되었다. 학자들은 본문들이 주장하는 내용이 언제나 사실은 아님을 깨달았다. 예를 들어 교황들은 콘스탄티누스 황제의 증여서(Donation)라는 중요한 문서에 근거하여 이탈리아의 많은 부분을 통치할 권한을 갖고 있다고 주장했다. 하지만 15세기 전반기에 로렌조 발라(Lorenzo Valla, 1407-1457)는 그것이 거짓임을 보여주었다. 발라는 또한 신학적으로 더 연관되어 있는 것, 즉 사도행전에 나오는 아레오바고의 디오니시우스가 그 당시 극히 영향력 있는 저술의 진짜 저자가 아님을 밝혀내기도 했다.

인문주의 학자들은 성경 본문 안에 서로 다른 여러 목소리들이 들어 있음을 인식하게 되었다. 그들은 바울과 요한 서신의 저자 사이의 차이를 보게 되었고 바울을 통전적으로 이해하고자 했다. 그들은 또한 성경의 여러 사본들과 그 번역본들을 비교했다. 가장 널리 알려진 인문주의자는 에라스무스(Erasmus, 1469-1536)였는데 그는 성경본문에 대한 연구뿐 아니라 당시 기독교의 질병이라 할 만한 종교적인 미신을 통렬하게 조롱한 것으로도 유명하다. 그는 로마 카톨릭 교회의 여러 관행들을 비판했지만 새로 일어나는 개신교 종교 개혁에 참여하는 것은 거부했다.

5. 종교개혁

개신교 종교개혁자들은 인문주의자들이 시작한 새로운 성경 읽기의 영향을 받았다. 그들은 중세교회가 이룩한 이론적 통합이 복음을 왜곡시켰고 또한 교회의 가르침과 실천을 타락시키는 데 일조했다고 보았다. 그들은 인간의 문제와 구원에 있어서 아우구스티누스의 이해를 받아들였다. 그들은 토마스 아퀴나스가 은혜의 필요성을 확언하면서도 구원의 과정에서 인간의 의지에 너무 중요한 역할을 부여했다고 생각했으며, 그것이 교회가 구원의 수단을 통제할 수 있다는 주장과 결합됨으로 인해 구원을 얻으려면 면죄부를 사는 등의 일을 해야 한다는 잘못된 주장이 나왔다고 보았다. 그것은 심지어 돈을 내면 사랑하는 사람이 연옥에 머무는 기간을 줄일 수 있다고까지 말하게 했다.

마틴 루터(Martin Luther, 1483-1546)는 교회가 구원을 좌지우지할 수 있다는 주장과 인간 행위가 구원의 기초가 된다는 생각을 거부했다. 그는 하나님과 각 사람이 직접적으로 관계를 맺을 수 있음을 강조했다. 그는 인간 구원에서 하나님에 대한 전적인 신뢰(total trust)가 선행 등의 혼합물보다 훨씬 중요하다고 말했다. 그는 심지어 하나님에 대한 이런 신뢰조차 하나님의 선물로 이해했다. 루터는 선행은 하나님이 이루어 주신 일에 대한 감사의 표현일 뿐 결코 구원 얻는 길이 아니라고 가르쳤다.

인간의 덕행(virtue)이 구원에 필요한 요소가 아니라고 말함으로써 연옥 교리 역시 배제되었다. 믿음 외에도 덕스러운 삶이 요구된다면 도덕적인 중죄를 용서받지 못한 사람들은 바로 지옥으로 가서 영원히 거기 머무를 수밖에 없다. 하지만 그리스도를 믿고 그들의 죄를 고백한 사람들 역시 천국에 가기 전에 그들의 죄를 정화할 필요가 있고 이렇게 하는 곳이 연옥이다. 하지만 루터는 이런 모든 가르침들을 거부했다. 그는 우리의 영원한 운명을 결정하는 분은 오직 하나님뿐이기 때문에 연옥은 필요 없다고 주장했다.

따라서 교회에 대한 이해도 바뀌었다. 교회는 더 이상 성경과 성례전들을 통해 사람들의 구원 여부를 결정하는 기구가 될 수 없게 되었다. 그것들은 오직 신앙을 유지하기 위해 필요하다. 루터는 신앙을 격려하고 지탱해주는 공동체로서의 교회를 중요하게 여겼다. 그에 의하면 교회는 성경이 낭독되고 성례전이 집행되는 것이면 어디나 현존한다. 여기에 더하여 루터는 말씀을 전하고 성례전을 집례하기 위해 따로 구별된 사람들이라 해도 하나님의 은혜를 중재하는 독특한 영적 능력을 가지고 있지는 않다고 주장했다. 그에 의하면 기독교인들이라면 누구나 하나님의 은혜를 바로 접할 수 있고 그것을 다른 사람에게 전달할 수 있다. 특히 루터는 성경을 독일어로 번역함으로써 오직 사제들만이 독점하던 성경을 글을 아는 모든 사람들이 읽을 수 있게 했고 이로 인해 사람들의 독해력이 현저히 늘어났다.

루터는 이렇게 함으로써 위계질서적인 교회 이해와 구원을 가져오는 객관적인 능력(objective power)을 가진 것으로서의 성례 이해를 거부했다. 그는 평신도와 사제가 근본적으로 동일한 영적인 위치에 있음을 보여주었다. 그것은 세상을 변혁시키기 위한 세속화의 전진이었다.

루터는 독신서약을 하는 사람만을 신부로 세우는 것을 교회의 율법주의의 한 부분으로 보았다. 그는 복음이 신부들을 그들의 서원에서 해방한다고 보았기 때문에 신부들도 결혼할 것을 촉구했다. 그는 모든 기독교인들이 세상 속에서 그들의 소명을 이루어가라고 도전했다. 기독교인 중에 세상과 분리되어 우월한 형태의 삶의 방식을 추구해야 하는 특수한 계층의 사람들은 더 이상 있을 수 없다. 루터의 이런 주장으로 인해 개신교가 지배하는 지역에 있던 수녀단과 수도회는 문을 닫았다. 이 모든 것 역시 모두 세상 변혁을 위한 세속화 운동에 속한다.

하지만 전체적으로 볼 때 종교개혁이 그 선택한 모든 영역에서 중세 후기의 기독교를 모두 세속화한 것은 아니다. 로마 카톨릭의 가르침과 실천을 옹호하는 사람들과 종교개혁자들은 서로 격렬하게 논쟁을 하기는 했지만 둘 다 중세기에 발전했던 타계적 구원 이해를 유지하고 있었다. 루터의 가르침 역시 지금 이곳에서의 삶과 죽음 이후의 삶 사이의 불연속성을 강조했다.

더 나아가 교회가 구원 여부를 결정할 수 있다는 주장에 반대하면서 루터는 사람들이 그 자신의 힘으로는 그 어떤 선도 이룰 수 없다고 하면서 인간의 전적인 무능력(total incapacity)을 강조했다. 그는 인간의 자유를 부인했다. 아우구스티누스처럼 그는 하나님의 자유를 강조했고 예정에 대해 말했다. 이로 인해 그의 가르침은 각 사람의 운명이 자기 마음대로 하는 하나님의 손에 매달려 있는 것처럼 해석될 수 있었다.

개신교의 미래의 모습을 형성하는 데서 요한 깔뱅(John Calvin, 1509-1564) 역시 루터만큼 중요한 역할을 했다. 앞에 말한 부분들에서 깔뱅은 루터를 가깝게 따랐다. 사실상 외부자의 시각으로 보면 그들 사이의 차이는 별로 없다. 하지만 시간이 지남에 따라 이 차이들이 중요하게 되었다. 인간의 무능력에 대한 루터의 강조는 그의 후예들로 하여금 그들이 처한 정치적 상황을 그냥 받아들이게 했다. 반면에 깔뱅주의자들은 깔뱅이 제네바에서 한 개혁 행위를 모델로 삼아 사회를 기독교적인 방식으로 형성해 보려고 했다. 그의 후예들은 하나님이 지상의 권력들에 맞서서 하나님의 주권(God's sovereignty)을 세우시며 변화를 요구하신다고 확신했고 이런 확신 가운데 변화를 시도했다.

루터는 복음과 율법을 대조시켰고 이런 구별을 신약 및 구약과 연관시켰다. 이로 인해 루터파 국가들은 유대인들에 대한 부정적인 태도를 갖게 되었다. 깔뱅은 구약과 신약 사이의 구별을 훨씬 적게 했고 구원의 역사 속에서의 유대인의 역할을 좀 더 긍정적으로 평가했다.

이로 인해 많은 기독교 문화 중 깔뱅주의가 주도적인 곳에서는 그나마 유대인들에 대한 부정적인 태도가 가장 적었다.

종교개혁자들은 그들의 메시지를 성경에서 발견했고, 또한 성경 외의 교회가 갖고 있었던 권위의 다른 원천들은 그 메시지를 희미하게 한다고 보아서 "오직 성경"(sola scriptura)을 주장했다. 그들은 성경을 다른 고전적인 저술과 철저하게 다른 것으로 여겼다. 다른 것들이 그저 인간의 말인 데 비해 성경은 하나님의 말씀이라고 믿었다. 그러나 세속화라는 관점에서 볼 때는 교회의 권위를 성경의 권위로 대치하는 것은 아무런 이득이 없었다. 실상 특히 그 이후의 깔뱅주의의 형태에서는 성경과 다른 저서들 사이의 과도한 구별은 세속화, 즉 세상의 변혁을 위한 전통 재구성의 정반대 쪽에 서 있는 성경주의(Biblicism)를 낳았다.

6. 개신교 자유주의의 등장

종교개혁은 참된 믿음이 무엇인가 하는 질문들을 아주 의식적이며 고도로 논쟁적인 모습으로 공론의 장에 올려놓았다. 신학적인 차이들은 정치적인 차이들과 연결되었고 결국 끔찍한 전쟁으로 귀결되었다. 기독교인들은 이번에는 올바른 교리를 수호한다는 명목으로 서로를 살육했다.

17세기 전반에 30여 년에 걸친 끔찍한 전쟁의 결과 큰 사회적 변화가 일어났다. 교회들 사이의 신학적 차이로 인해 전쟁이 더 악화되었기 때문에 기독교인들은 이런 교회들이 정치적인 힘을 갖지 않도록 했다. 제후들이 어떤 교회를 지지할 것인지, 또 어느 수준까지를 관용할지를 결정하게 되었다.

교회가 국가에 종속되는 것은 사회를 세속화하는 주요한 발걸음이었다. 물론 국가에 대한 교회의 영향력이 모두 사라지지는 않았지만 다양성에 대한 관용은 크게 이루어졌다. 그것은 한 종교를 다른 종교들보다 우선하지 않는다는 점에서, 혹은 종교 일반을 세속주의보다 중요하게 여기지 않는다는 점에서 세속 국가의 발전의 문을 열었다. 세속화하는 기독교인들, 즉 세상의 변혁을 위해 신앙전통을 재구성하는 기독교인들은 이런 발전에 공헌했고 그것을 계속 지지했다. 교회의 정치적 힘이 약해짐에 따라 정치적 야심이 있는 사람들에게 교회의 직분은 점점 매력을 잃어갔으며, 이렇게 되다 보니 자신들의 신앙을 진지하게 여기는 사람들이 교회생활에 대한 지도력을 더 많이 가질 수 있게 되었다.

교회의 권위가 약해짐에 따라 세속화를 향한 문이 더 많이 열렸다. 기독교인들 사이의 살육은 강한 반발을 초래했다. 많은 기독교인들이 아주 큰 폐해를 초래한 논란 많은 믿음 체계로부터 거리를 두기를 원했다. 그들은 기독교의 메시지 중에서 아주 중요한 것들은 단순하며, 이 세상에 미치는 영향을 보고 그것들의 진리 여부를 판단할 수 있다고 생각했다. 우리는 이런 운동을 **이신론**(deism)이라고 부른다. 미국 건국의 아버지들 중 많은 사람들이 이신론자들이었다.

이신론자들은 대체적으로 보아 예수와 그의 가르침을 아주 중요하게 여겼다. 그들은 이런 가르침이 사회에 유익하다고 생각했다. 그들이 볼 때 성경에는 이것들 외에도 사회적으로 바람직한 행동을 고취하는 가르침들이 있었다. 이신론자들은 또한 도덕적 행동을 하도록 적절한 제재를 가하는 것이 필요하다고 생각했다. 그들은 사람들이 비록 범죄를 행하고도 들키거나 처벌받지 않을 충분한 기회가 있다 해도 올바르게 행동하는 것이 중요하다고 믿었고, 이렇게 제재를 가하는 것은 세상에서 일어나고 있는 일을 충분히 알고 있는 상태에서 이루어져야 한다고 보았다. 그리고 이런 지식은 오직 하나님으로부터 나오는 것이어야 했다. 물리 세계 속의 놀랄 만한 질서는 하나님이 그 창조주라는 성경의 가르침을 지지해준다. 창조주 하나님은 또한 자연의 법칙을 만든 분이다. 이신론자들은 하나님이 도덕법을 만드신 분으로서, 선한 행위는 내세에 보상해주고 악한 행위는 처벌하신다고 주장하는 것은 성경이 말하듯이 합당하다고 생각했다.

이런 믿음은 기독교적일 뿐 아니라 사리에 맞고 자명한 것으로 여겨졌다. 이런 믿음들은 분명히 전통과 성경들로부터 나왔지만, 이신론자들은 자신들이 초자연적인 권위(supernatural authority)에 의존해 있다고 생각하지는 않았다. 어떤 이신론자들은 교회가 이런 교훈들을 초자연주의적 맥락에서 고수하고 있다는 점에서 교회를 배척했다. 반면 어떤 이신론자들은 교회에 참여했고 그 안에서 변화를 시도했다. 어떤 경우이든 이런 믿음들은 기독교에 대한 철저한 세속화의 한 부분이 되었다.

하지만 많은 기독교인들은 이신론자들이 기독교에서 그 영적인 능력과 의미를 배제해버린다고 생각했다. 실제로 이신론자들은 기독교적 경험이라고 불릴 만한 것은 모두 무시했다. 단순히 사상만을 받아들이는 것은 변혁의 힘을 갖지 못한다. 이런 기독교인들은 아주 극히 논쟁적인 것으로 판명된 많은 전통적인 신념들이 기독교인의 삶의 실제적 필요와 연결되어 있지 않다는 데 동의했다. 이들에게 기독교에서 정말로 중요한 것은 실제적 경험이었으며 매일 기독교인으로 사는 것이었다.

진정한 기독교적인 삶과 경험을 키우기 위해 믿음을 가진 작은 모임들이 서로를 격려하기 위해 모였다. 이들은 진정 헌신되고 경건한 삶을 살고자 했다. 이들이 시작했던 운동은 **경건주의**(pietism)라 불렸으며 18세기와 19세기 개신교 교회의 종교성과 세속화 양쪽 모두에 상당한 영향을 미쳤다. 많은 경건주의자들은 그 대가가 무엇이든지 간에 그들이 이해한바 그리스도를 위한 것이라면 목숨까지도 내어놓을 준비가 되어 있었다.

존 웨슬리(John Wesley, 1703-1791)는 18세기 경건주의 신학자 중 가장 중요한 사람이다. 그는 이신론자들처럼 이성적이고자 했다. 하지만 그는 이신론자들이 무시하거나 몰랐던 성경의 많은 부분이 완전히 합리적이라고 믿었다. 그는 성경에 기초하여 하나님이 어떻게 사람들을 의롭게 만들고 성결하게 만들어 가는지, 그리고 이 과정 속에서 사람들의 역할이 무엇인지에 대해 아주 세부적인 부분까지 합리적인 설명을 발전시켰다. 그는 기독교인의 삶을 하나님을 사랑하고 이웃을 사랑하는 삶으로 생각했고 다른 모든 것은 이런 기준에 따라 판단했다.

웨슬리는 개인적으로는 전통적인 그리스도론과 삼위일체를 받아들였지만 설교에서는 이런 부분에 대해 거의 말하지 않았다. 사실상 그는 이런 교리들에 동의하는 것이 그렇게 결정적으로 중요하지는 않다고 가르쳤다. 오히려 신앙은 내면적이며 외면적인 삶의 질에 의해 판단되어야 한다고 보았다. 그는 일생동안 영국 국교회의 신실한 일원으로 남아 있었으나, 다른 교회들의 사람들을 그의 부흥운동의 구성원으로 기쁘게 받아들였다. 그는 유니테리안 교인들과 로마 카톨릭 교인들에 대해 긍정적으로 말했다. 그는 예정 교리는 결코 유익하지 않은 교리라고 생각했지만, 그것을 가르치는 사람들이 거룩한 삶을 산다면 그들을 인정하고 수용했다.

그는 우리의 삶은 죽음 이후에도 계속되며, 우리가 이 삶에서 어떻게 사느냐가 이 삶 이후에 일어나는 일에 영향을 미친다고 믿었지만 이런 믿음들은 그의 설교와 가르침에서 부차적인 역할을 했다. 지금 이곳에서의 삶의 질과 지금 이곳에서의 하나님과의 실제 관계는 그 자체로 중요하다. 그는 그의 설교를 듣는 사람들이 그런 수준의 삶을 살아가기를 원했다.

19세기 전반에는 프리드리히 슐라이어마허(Friedrich Schleiermacher, 1768-1834)가 세속화 과정을 한 단계 더 전진시켰다. 그는 자기 자신을 "더 높은 질서의 경건주의자"라고 칭했다. 그는 지금 이곳에서 어떤 삶을 사는가가 유일하게 중요한 문제임을 분명히 했다.

슐라이어마허 신학 전체의 관심은 기독교인의 경험이 가진 고유한 성격을 규명하는 데 있었다. 그의 초점은 이런 경험이 감정들 혹은 그가 **정념들**(affects)이라고 부른 것을 어떻게 형성하는가 하는 데 있었다. 웨슬리에게 신학은 **성경**에 의해 형성되고 **이성**에 부합해야 하며 또한 **경험**의 실제성에 의해 평가되고 검토되어야 하는 것이었다면, 슐라이어마허는 **경험**을 신학의 기초로 생각했다.

슐라이어마허는 주요한 신학자들 중 기독교를 여러 종교들 중의 하나로 명확하게 위치시켰던 최초의 신학자였다. 이렇게 함으로써 그는 신학에 대한 종교사적인 접근의 문을 열었다. 이것은 신학을 한 걸음 더 세속화했다. 기독교에 유리한 논증들은 이제 세속적인 용어들로 표현되어야 한다. 슐라이어마허는 기독교의 우월성을 계속 고수했지만 그의 접근법을 따른 대부분의 사람들은 조금 더 겸허한 태도를 취했다.

슐라이어마허는 경건한 경험을 하나님 경험 혹은 하나님 의식(God consciousness)이라고 규정했다. 그는 이것을 절대 의존(absolute dependence)의 경험이라고 불렀다. 그에게 절대 의존의 경험은 완전히 비상호적인 관계(nonreciprocal relation)였다. 그는 모든 사람들이 이 세상에 의존하는 것과는 전혀 다른 방식으로 완전히 의존하는 감정을 가지고 있다고 생각했다. 이것이 인생의 경건한 차원이다. 이런 이해는 자칫 사람들의 관심을 이 세상에서의 구체적인 삶에서 떠나 다른 현실로 돌리게 할 수 있다. 하지만 슐라이어마허는 그 대상이나 자료가 아니라 경험 자체에 관심을 집중했고, 이로 인해 그의 사상은 그가 기독교를 세상 변혁을 위해 재구성하는 데 별다른 위협이 되지 않았다.

7. 자유주의 신학의 위기

이처럼 세상을 변혁하기 위해 전통을 재구성하는 세속화 신학과 그런 형태의 기독교와 함께, 종교를 철저히 세속주의적인 방식으로 이해하려는 운동이 일어났다. 학자들은 종교 전통들을 심리학, 사회학, 철학, 혹은 생물학의 관점에서 각각 연구할 수 있다. 세속의 역사가들은 기독교 역사를 연구할 수 있다. 이런 형태의 연구에 종사하는 사람들은 개인적으로는 기독교인일 수 있으나 그들의 목표는 순전히 세속주의적인 관점으로 발견할 수 있는 것을 보고하는 데 있다. 이것이 오늘날 대부분의 학자들이 인정하는 유일한 관점이다.

모든 신학자들이 기독교에 대한 이런 철저한 세속주의적인 연구의 영향을 받았지만 특히 자유주의 신학자들에게 그 영향이 컸다. 예를 들어 이런 형태의 연구는 성경에 활발하게 적용되었고, 그 결과 이전에는 없었던 완전히 다른 형태의 성경본문 읽기가 나타났다. 자유주의 신학자들은 객관적인 증거에 전념했기에 세속주의적인 학문으로부터 많은 것을 배웠고, 그 결과들은 믿음을 가진 기독교인들에 의해 이루어진 역사적 연구의 세속화하는 결과들과 서로 뒤섞였다. 이로 인해 기독교인들은 때때로 세속화하는 기독교의 결과들과 기독교에 대한 세속주의적인 해체 사이를 구별하는 데 어려움을 느꼈다.

더 나아가 세속화는 특정한 문화들 속에서 이루어졌기에 그 결과는 이런 문화들의 영향을 받게 되었다. 이것은 건강한 토착화도 낳았지만 기독교를 특정한 문화들, 특히 계몽주의에 의해 형성된 유럽과 미국 문화와 과도하게 동일시하는 결과도 가져왔다. 이런 문제가 자유주의에만 해당된 것은 아니었지만, 교회 밖의 자료들로부터 배우고자 하는 자유주의적 개방성으로 인해 주변 문화에 대한 동화가 많이 이루어졌다.

마침내 최고 수준의 자유주의 신학의 본산이었던 독일의 문화는 나치즘(Nazism)이라는 형태의 철저히 우상숭배적인 국가주의에 사로잡히게 되었다. 자유주의적인 교회이든 보수적인 교회이든 관계없이 당시의 주도적인 개신교 교회들은 거의 저항을 하지 못했다. 교회를 나치화하는 데 대해 유일하게 저항했던 고백교회에 영감을 주었던 것은 칼 바르트(Karl Barth, 1886-1968)의 신학이었다. 바르트는 그가 젊은 시절 배웠던 자유주의 신학을 떠나 새로운 형태의 성서주의(Biblicism)로 돌아갔는데 이것은 자유주의자들에게는 신앙주의이고 초자연주의로 보였고 지금도 여전히 그렇다. 바르트는 지금 여기에서 히틀러의 지도력이 아닌 예수 그리스도의 지도력을 따라야 함을 강조했다. 그는 죽음 이후에 일어날 일에 마음을 빼앗기는 것을 권장하지 않았다. 당시에 그가 한 일은 가장 효율적인 형태의 세속화라고 할 수 있다. 자유주의자들은 참된 세속화와 주변 세계의 사고방식과 신념 체계에 동화하는 것 사이를 예리하게 구별하지 못한다면, 그들은 교회나 세상에 선한 것을 거의 제공할 수 없다. 진정한 기독교 신앙은 대항문화적이고 세상변혁적이다. 바르트는 그런 신앙과 나치 문화를 구별하기 위하여 그것을 철저히 인간의 경험과 행동 밖, 곧 철저히 하나님의 계시에 근거할 필요가 있었다.

바르트가 했던 것보다 더 철저히 세속화를 해야 한다고 생각하는 사람들은 고백교회의 또 다른 지도자였던 디트리히 본회퍼(Dietrich Bonhoeffer, 1906-1945)에서 그 한 모습을 볼 수 있을 것이다. 본회퍼는 강력한 세상 변혁자였다. 히틀러에 대한 저항운동으로 감옥에 갇혀 있을 때에도 그는 기독교의 세속화를 강력히 촉구했다. 그것은 악마적인 힘들에 맞서 저항하는 힘을 약화시키는 세속화하는 기독교(secularizing Christianity)가 아니었다. 마땅히 해야 하는 저항을 하지 않는 것은 거부해야 하는 문화에 동화하는 것에 불과하다.

4장

세속주의의 등장

1. 들어가는 말

    2장과 3장에서 우리는 이스라엘과 기독교 역사 속에서 세속화, 즉 세상의 변혁을 위해 전통을 재구성하는 과정이 어떤 역할을 했는지를 역사적으로 개관했다. 나의 중심 주장은 세속화하는 기독교(secularizing Christianity), 즉 세상의 변혁을 위해 신앙 전통을 재구성한 기독교가 우리의 전 지구적이며 국가적 위기들에 긴급하게 필요한 응답을 제공할 수 있다는 것이다. 기독교가 이 일을 감당하기 위해서 세속화(secularization)가 세속주의(secularism)와 어떻게 다른지를 명확히 인식할 필요가 있다. 이 장에서는 세속주의의 등장을 전체적으로 개관하고자 한다.
    이 장은 세속주의의 등장에 공헌했던 세 가지 역사적인 운동들을 다룰 것이다. 가장 처음 것은 르네상스(Renaissance)로서 그리스의 문화적 상상력을 세속화한 것이라 할 수 있으며 뒤에 아주 세속주의적이

된 문화적 발전을 낳았다(단락 2). 두 번째 운동은 근대과학(modern science)으로서 기독교적 사고의 확장으로 시작했으나, 이 유산에서 단절되어 기독교적 사고에 대해 반대하는 것이 되었다(단락 3-5). 세 번째는 계몽주의(Enlightenment)로서, 처음부터 전통으로부터 독립하는 것을 지향했고 마침내 진정으로 독립된 사고방식들을 만들어 내었다(단락 6).

이상의 세 가지 운동들은 시간상 서로 겹치며 서로 깊이 연관되어 있다. 이들은 따로 취급할 가치가 있다. 르네상스는 주로 미술과 문학을 통해 표현되었고, 과학은 자연에 대한 연구에 집중했으며, 계몽주의는 사회, 특히 정치와 종교에 대한 성찰로 특징된다. 이 세 가지는 모두 현존하는 문화적 운동들을 세속화하는 것으로 시작했으나 모두 오늘날 가장 지배적인 것들이 되어버린 철저한 세속주의 형태들을 만들어 내었다.

2. 르네상스

서구문화는 히브리적 뿌리뿐 아니라 그리스적 원천에도 깊이 빚을 지고 있다. 2장에서 우리는 그리스에서의 세속화를 서술했으며 3장에서는 그리스에서의 이런 세속화 과정의 철학적 결과들이 기독교의 세속화에 어떤 역할을 했는지를 살펴보았다. 하지만 중세 후기에 접어들면서 그리스의 유산에 대한 신선한 재발견이 서구문화 속에 일어났다. 그것은 플라톤 철학뿐 아니라 미술도 포함했으며, 미술을 통해 초기 형태의 그리스 종교와의 신선한 만남도 이루어졌다. 이것이 우리가 르네상스, 특히 이탈리아의 르네상스라고 부르는 것의 중요한 부분이다.

14세기 후반부에 접어들면서 문학과 미술에서의 리더십은 교회를 넘어 사회 속으로 확장되었다. 작가들은 교회의 공식 언어인 라틴어 대신에 그들 시대의 일상 언어로 책을 쓰기 시작했다. 그들이 말한 이야기들은 곧잘 세속적이었고 심지어 음탕하기도 했다. 이 당시의 작가로 보카치오(Boccaccio, 1313-1375)와 초서(Chaucer, 1342/3-1400)를 들 수 있다.

중세기는 위대한 미술과 건축을 만들어냈다. 중세기의 그림과 스테인드글라스, 조각은 주로 교회의 장식용으로 제작되었다. 하지만 중세 후기 이탈리아의 몇몇 도시들에서는 기독교적 경건에 크게 구애받지 않았던 귀족 가문들이 권세와 부를 가지게 되었고, 이들은 그때까지 남아 있던 그리스 조각상들에 매료되었다. 이 시기에 새로운 그림들이 나타났고, 그 주제들은 이전 세기들의 교회의 그림들과 놀라울 정도로 달랐다. 그리스 신화들이 그림의 새로운 소재들로 등장했으며 신들, 영웅들, 여신들, 여자 영웅들이 중요한 역할을 했다.

중세교회의 미술은 사람의 몸에 거의 관심을 보이지 않았다. 그림 속의 인물들은 보통 옷을 완전히 걸쳤으며 실상 그들이 입고 있는 옷에 대한 관심 역시 없었다. 하지만 고전적인 그리스 조각가들은 인간의 몸에 매료되어 인물들이 옷을 입고 있을 경우에도 그들의 몸의 형태와 자세를 드러내고자 했고 또한 몸의 많은 부분을 노출했다. 그리스 사람들은 벗은 몸을 그리는 것에 대해 당황스러워 하지 않았다.

서구의 미술가들이 그리스로부터 배우기 시작함에 따라 그들은 그 이전의 중세기의 그림과는 아주 다른 그림을 만들어냈다. 레오나르도 다 빈치(Leonardo da Vinci, 1452-1519)는 16세기에 이미 인간 해부도에 대한 연구를 시작했으며 많은 르네상스의 조각상들은 벌거벗은 모습으로 그 주제를 드러내었다. 르네상스의 예술가들, 특히 이탈리아 예술가들은 교회가 성에 대해 가졌던 두려움이나 죄책감을 가지지 않았다.

세속화는 전통적인 길(Way)의 지혜에 집중하고, 종교의 함정에서 그것을 풀어내어 새로운 역사적 상황 속에서 그 **연관성**(relevance)을 보여줄 수 있도록 그것을 발전시킨다. 만일 르네상스의 예술가들이 한 것이 그리스 예술에서 영감을 받아 그들의 작품을 좋아했던 사람들로 하여금 고대 신화들을 문자 그대로 받아들이도록 한 것이라면 그들이 한 것은 결코 세속화가 아니다.

하지만 그들의 작업은 문자적인 방향으로 가지 않았으며 오히려 고대의 이야기들을 의미의 담지자로 새롭게 평가하고자 했다. 그들은 기독교의 이야기가 소홀하게 여긴 인간 경험의 차원들을 다루었지만 그런 차원들에 대한 도덕적인 판단을 성급하게 내리지 않았다. 그리스 미술을 통해 표현된 그리스 문화의 세속화로 인하여 유럽 문화는 해방되고 더 넓어졌다. 중세로부터 내려온 다소 헬라화된 기독교(Hellenized Christianity)와 더불어 기독교 이전 시대의 헬레니즘(Hellenism)이 회복된 것이다.

이런 양극화는 반드시 서로를 배척할 필요는 없었다. 르네상스의 대표적 지도자들 대부분은 자신들을 기독교인이라고 생각했다. 기독교인들 역시 새로운 문화적 발전들을 용인했고 때로는 열정적으로 지지했다. 그럼에도 불구하고 르네상스 운동은 성경이나 기독교 전통에서 나온 것은 아니었기 때문에 공식적인 신학 속에 포섭되지 못했다.

기독교인들 중에 르네상스 운동에 저항하는 사람들이 있었는데, 특히 15세기 플로렌스의 사보나롤라(Savonarola, 1452-1498)가 그러했다. 하지만 우리는 이단자로 정죄되고 화형을 당한 것이 그가 비판했던 사람들이 아닌 사보나롤라였다는 점을 주목할 필요가 있다. 교회를 이끄는 이들은 이탈리아 문화의 새로운 발전들을 지지했던 이탈리아

귀족 가문들이었다. 비록 교회 안에 그려진 그림의 장면들은 성경과 기독교 전통에서 나온 것들이었지만 그 스타일은 많은 경우 그리스의 영향을 받았다. 어떤 경우에는 미켈란젤로의 다비드 상에서 보듯이 성경의 영웅들이 벌거벗은 모습으로 표현되었다. 시스티나 성당의 천장 벽화에도 벌거벗은 아담과 옷을 살짝 걸치기만 한 하나님이 함께 등장한다.

르네상스는 서구 유럽에서 교회가 문화에 대한 지배권을 잃어버린 시대였다. 그때 이후로 교회의 영향권 속에 어느 정도 들어 있기는 하나 영감은 거기에서 받지 않는 삶의 영역들이 점차적으로 늘어갔다. 이런 문화는 나름의 강점과 약점을 가지고 있지만 세속화하는 기독교인들의 관점에서 볼 때는 교회가 이런 새로운 운동이 가진 강점으로 자신을 변혁하지 않은 것은 크게 아쉬운 점이었다.

교회, 특히 바티칸이 르네상스의 미술을 받아들였음에도 불구하고 이런 새로운 관점은 그 다음의 여러 세기 동안 교회의 가르침에 별다른 영향을 주지 못했다. 그 이유는 이를 받아들인 교황들이 기독교의 더 깊은 의미에 대해서는 별 관심이 없었기 때문이다. 그 뒤 로마 카톨릭과 개신교 모두의 개혁자들이 교회에서 제도적인 리더십을 확보하게 되었지만, 이들은 르네상스 이전 시대의 도덕을 갱신하는 것을 자신들의 과업으로 생각했다. 결국 이로 인해 안타깝게도 육체와 성에 대한 긍정은 20세기 이전에는 기독교 신학에 충분히 들어오지 않았다. 이런 긴 지체(delay)로 인해 경건한 기독교인들은 엄청난 손실을 입었고 교회의 신뢰 역시 심각하게 손상되었다.

기독교가 문화를 건강하게 수용하지 못함에 따라 세속화하는 기독교인들이 반대하는 세속주의적 발전을 향한 문이 열렸다. 곧 사회와 개인적 책임이라는 더 큰 맥락을 떠난 채 단순히 성의 해방을 말하고 긍정하는 것이 가능하게 된 것이다. 이런 주장은 은연중에 표현될 뿐 아니라 철학적 쾌락주의를 통해 노골적으로 표현되고 주장되었다. 그리스 사상이 이런 세속주의적 사고가 나올 수 있는 상황을 제공하기는 했지만 그것은 그리스 사상의 그 어떤 주요한 성향을 세속화한 것은 결코 아니었다.

3. 근대과학의 등장

일반적으로 중세기의 학자와 사상가들은 자신들보다 고대인들이 더 많이 배우고 지혜로웠다고 생각했다. 이런 생각에는 충분히 그럴법한 근거가 있다. 암흑시대에는 고대에 학습된 많은 것들이 상실되었으며 교육 수준이 아주 낮았다. 샤를마뉴 대제가 신성로마제국을 세웠을 때 그는 교육을 진흥할 수 있는 상황을 회복했다. 하지만 교육의 성패는 고전 문헌이 얼마나 남아 있느냐에 달려 있었다. 고전 문헌을 점점 더 이용할 수 있게 되면서 학문과 지적인 삶 역시 진보하게 되었다. 그러나 과거의 권위에 대한 의존은 오랫동안 강력하게 남아 있었다.

이런 상황은 중세 전성기에도 마찬가지였다. 과거에 대한 연구는 점점 더 창조적이고 독창적이 되었다. 토마스 아퀴나스가 아리스토텔레스와 기독교 전통을 통합한 것은 시대의 검증을 통과한 중요한 지적 성취였으며 그 외에도 비판적이고 독립적인 사상가들이 여럿 있었다. 그럼에도 불구하고 교육은 여전히 주로 고전을 공부하는 데 집중하는 것이었다.

이것은 자연과학 연구에서도 마찬가지였다. 그 당시 이용할 수 있는 자연 세계에 대한 최고의 지식은 그리스, 특히 아리스토텔레스가 이루어 낸 것이었다. 여기에 더하여 아라비아의 수학자들과 과학자들의 저술이 사용되었다. 과학자가 되려는 사람은 주로 이런 사람들의 연구와 저술을 공부해야 했다.

하지만 몇몇 과학자들은 그들 자신의 실험을 시작했다. 이미 13세기에 로저 베이컨(Roger Bacon, 1220-1292))이 광학과 현대 화학의 시초였던 연금술에 대해 상당히 과학적인 탐구를 했다. 하지만 독창적인 과학 작업이 유럽 문화의 중요한 부분이 되기 위해서는 두 세기를 더 기다려야 했다. 16세기 전반에 코페르니쿠스(Copernicus, 1473-1543)는 천문학에서 큰 돌파구를 열었다. 그의 이론은 그리스의 학문을 현저하게 앞서가는 것이었다. 하지만 한 세기 뒤 갈릴레오(Galileo, 1564-1642)가 이 새로운 이론을 발전시켜 교황청에 제출했을 때 교황의 요청으로 이를 평가한 전문가들은 여전히 천체(heavenly bodies)를 아리스토텔레스적인 관점으로 이해하고 있었다.

과학자들 사이에서의 변화는 늦게 나타났지만, 진보는 고전적 인물들을 더 이상 최종적 권위로 여기지 않았던 과학자들에 의해 이루어졌다. 이들은 자연을 그들 나름의 방식으로 연구하기 위해 새로운 도구들을 만들었고 자신들의 경험을 신뢰했다. 자연을 이해하기 위해 그들은 용의주도한 관찰과 수학적 분석이라는 새로운 방법론을 만들어 냈다. 17세기 전반에 프란시스 베이컨(Francis Bacon, 1561-1626)은 이런 새로운 경험론적 방법론이 성취한 것들을 축하했다.

과학적 연구는 다양한 이론적 컨텍스트 속에서 발생했다. 어떤 사람들은 제대로 적용되기만 하면 아리스토텔레스의 저서가 이후의 연구, 특히 생물학과 생리학의 방향을 설정해줄 수 있다고 믿었다. 어떤 사람들은 자기(magnetism) 현상을 보면서 세계가 서로 접촉하지 않으면서도 서로를 끌어당기거나 배척하는 유기체들로 구성되어 있다고 생각했다. 어떤 사람들은 스트라스부르크 시계 위의 춤추는 인물들의 예에서 보듯이, 겉으로 볼 때 목적 있는 행동이나 상호 영향을 미치는 행위처럼 보여도 그것들은 기계적으로 통제된 움직임들로 설명될 수 있다고 생각했다. 이런 모든 패러다임들 아래에서 진행된 연구들은 모두 근대 초기 과학의 역사에 속한다. 독실한 기독교인이었던 아이작 뉴턴(Isaac Newton, 1642-1727)은 그의 만유인력 이론을 발전시킬 때 기계론(mechanism)에 헌신하지는 않았다. 그의 이론은 기계적인 패러다임에 부합하기보다는 멀리 떨어져 있으면서도 서로 영향을 미치는 행위라는 패러다임에 더 잘 부합한다. 하지만 18세기에 접어들면서 기계론은 완전히 승리했고, 앞에 말한 두 가지 선택들(아리스토텔레스적 방법론과 유기체적 세계관 - 옮긴이)은 사실상 과학의 역사에서 사라졌다. 오늘날 대부분의 과학자들은 기계론적 패러다임(mechanistic paradigm)만이 **유일한 과학적 패러다임**이고 다른 것들은 비과학적이라고 생각한다.

기계론적 모델은 자연의 모든 복잡한 표현들이 결국은 움직이는 물질로 구성되어 있다고 가정하는 점에서 본래적으로 환원주의적이다. 물질이라는 말에서 근본적인 것은 그것이 행동할 능력을 갖고 있지 못하다는 점이다. 아리스토텔레스는 모든 실체가 형상(form)과 질료(matter)로 되어 있다고 보았다. 그가 보기에 행동하게 하는 것은 형상이었다. 근대 과학은 형상이 그런 역할을 한다고 생각하지 않았지만 어쨌든 여전히 물질을 수동적인 것으로 여겼다. 물질은 결코 그 자체의 운동을 결정하지 않는다. 운동은 그것에 주어진 것이다. 지금 일어나고 있는 일은 철저히 바로 직전에 일어난 일의 결과이며, 또한 다음에 일어날 일은 지금 일어나고 있는 일의 필연적인 결과이다. 이처럼 근대 과학의 역사에서 승리를 거둔 모형은 **기계적, 환원적, 유물론적, 결정론적** 특성을 갖게 되었다.

따라서 교회가 때때로 과학적 발전에 저항했다는 점은 놀랍지 않다. 오히려 사소한 신학적 논점들의 차이로 인해 전쟁이 일어났으며, 이단자들이 장작불에 태워지고 마녀들이 살육되던 시대에 과학자들이 별로 피해를 입지 않았다는 점이 오히려 더 놀랍다. 핍박이 없지는 않았지만 기껏해야 갈릴레오가 침묵하고 집에만 유폐된 정도가 가장 유명한 박해였다. 교회와 과학 사이의 이런 주목할 만한 평화에는 르네 데카르트(René Descartes, 1596-1650)가 발전시킨 물질과 정신의 이원론이 상당부분 공헌했다.

이 책에서 초점은 과학의 역사가 아니라 전통적인 길들을 세속화하는 것과 세속주의 사이를 구별하기 위해 과학의 발전과정을 살펴보려는 것이다. 과학은 이 세상을 다루며 그것을 최대한 명확하고 엄밀하게 이해하고자 한다. 그 초기의 발전은 어느 정도는 이전부터 전해진 기독교적 아리스토텔레스주의를 세속화한 것으로 볼 수 있다. 이것은 천문학에서 특별히 그렇다. 아리스토텔레스는 천체(heavenly bodies)는 지구의 물질들과는 다르며 우월한 물질로 구성되어 있다고 생각했지만 새로운 천문학은 천체의 이런 초자연적 본성을 부인했다. 그것들은 탈신성화(desacralized)되었고 지구에 적용되는 동일한 물리적 법칙들의 지배를 받는 것으로 여겨졌다.

세속화하는 기독교는 초기의 많은 과학자들에게 동기를 부여했다. 그들은 세계가 본성상 합리적이신 하나님에 의해 만들어졌음을 확고히 믿었고 이 때문에 그 원리들을 더 잘 이해하기를 원했다. 그들은 질서와 무질서가 뒤섞여 있는 것처럼 보이는 현실의 이면에는 더 근본적인 질서가 있고, 이 질서는 하나님의 뜻과 본성을 드러내고 있으리라고 믿었다. 이런 신학적인 확신이 없었다면 근대 과학은 아마도 발전될 수 없었을 것이다.

데카르트는 기계론을 지지했는데 여기에는 그의 신학적 관심이 영향을 미쳤다. 그는 세계가 서로 영향을 미치는 운동들의 작은 중심들로 구성되어 있다면 세계 안에서 신의 역할은 줄어들 수밖에 없다고 생각했다. 하지만 세계가 물질로 구성되어 있다면 하나님의 역할은 더욱 분명해질 것이다. 이는 물질은 정의상 스스로 움직이거나 행동하지 못하고 외부의 운동자(external mover)를 필요로 하기 때문이다. 그런가 하면 만일 물리적 세계를 구성하는 단위들이 활동적이라면 자연법칙들은 어떤 유형의 실체들의 공통된 행동 패턴에 의해 발생하는 것으로 여겨질 수 있다. 반면에 세계가 움직임 가운데 있는 물질로 구성되어 있다면 이런 움직임들의 규칙성은 신적인 법칙 부여자를 전제할 때만 가능할 것이다. 만일 세계가 서로 떨어져 있어도 영향을 주고받는 실체들로 구성되어 있다면 신유(faith healing) 같은 것도 그저 자연 현상으로 이해될 수 있으며, 그 결과 기적에 근거해 있는 교회의 권위 주장 역시 약화될 것이다. 하지만 세계가 물질로 구성되어 있다면, 자연법칙 따라 움직이는 물질로 설명이 되지 않는 사건들은 하나님의 간섭에 의한 것으로 해석될 수밖에 없을 것이다.

여기에 덧붙여 데카르트는 만일 자연 세계가 활동적인 주체들로 구성되어 있다면 그것들과 인간 사이의 간격은 크게 줄어들고 인간은 자연의 한 부분으로 여겨져야 하며, 또한 자연의 모든 것은 소멸하기 때문에 인간 영혼 역시 소멸될 수 있는 것으로 여겨져야 한다고 보았다. 하지만 자연이 오직 물질로만 구성되어 있다면 물리적 실체들이 소멸될 수 있다고 해서 그것과 완전히 다른 영혼 역시 소멸될 것이라고 말할 수 없다. 여기에서 데카르트는 인간 영혼은 물질과 달리 불멸할 것이라고 생각했다.

4. 과학적 세속주의의 등장

자연과학자들이 기계론적 패러다임을 채택하기로 결정한 것 자체는 세속주의의 표현이라 할 수 없다. 하지만 시간이 지남에 따라 이런 결정으로 인해 과학 일반은 점차로 세속주의적인 것이 되었다. 첫 번째 단계는 자연 현상에 대한 신적인 개입을 점차적으로 거부하게 된 것이었다. 그런데 이 점은 그 자체로는 기독교적 사고를 좀 더 세속화한 것이었다.

뉴턴의 만유인력은 이따금 조정이 필요했으며 그는 이런 조정이 하나님으로부터 온다고 보았다. 하지만 프랑스 수학자인 삐에르 모뻬르투아(Pierre Maupertuis, 1698-1759)는 이런 간섭들을 불필요하게 만드는 수정안을 제시했다. 그는 '우리는 신이란 가설을 더 이상 필요로 하지 않는다'는 말로 유명해졌는데 이 말은 그가 무신론자라는 말이 아니라 물리현상을 설명하기 위해 초자연적인 개입을 전제할 필요는 없다는 말이다. 시간이 지남에 따라 과학자들은 자연은 자기 충족적이어서 모든 물리 현상들이 물리적으로 설명될 수 있다고 주장했다. 따라서 과학자들에게는 창조주(Creator)와 법칙부여자(Lawgiver)로서의 하나님만으로 충분했고, 그 뒤 과학이 더 발전하면서 마침내 하나님은 완전히 배제되었다. 과학자들은 비록 지금도 유신론적인 뿌리에서 나온 **자연법칙**이라는 용어를 쓰지만, 어쨌든 하나님 없이 오직 내재적 방법으로만 과학 탐구를 하는 데 익숙해졌다.

자연이 왜 창조되었으며 자연법칙들이 어디에서부터 왔는가 하는 질문들이 과학으로부터 완전히 분리되자, 그런 질문들은 오직 철학과 신학에만 온전히 속하는 것으로 간주되었다. 과학은 사람들이 이 주제들에 대해 무슨 관점을 가지는지에 대해 관심이 없었다. 하지만 시간이 지남에 따라 하나님을 믿는 자들에 대해 의심과 편견을 갖기 시작했다. 과학자들은 기독교인들이 과학이나 과학의 어떤 발견 혹은 과학적 지식의 어떤 한계를 그들 자신의 유신론을 지지하는 데 사용할까봐 겁을 내었다.

물론 과학자들 중에서 우주의 기원들과 연관된 논점들과 규칙성들의 설명에 계속 관심을 가진 사람들은 거기에서 유신론의 근거를 발견하기도 한다. 그 최근의 한 예는 인간학적 원리(anthropic principle, 우주가 인간의 생성을 위해 진화했다는 원리 - 옮긴이)이다. 이 명칭은 썩 적절하지는 않는데 이는 그것이 말하는 증거가 인간 생명의 고유한 특성일 뿐 아니라 생명체 전체의 특성이기도 하기 때문이다. 이 원리에서 유신론적인 근거를 볼 수 있다고 생각하는 사람들은 아주 많은 놀라운 특성들을 동시적으로 가지고 있는 우주에서만 생명체가 생길 수 있음을 지적한다. 우리의 우주는 그 모든 특징들을 가지고 있다. 그 특성들 하나하나는 그런 것이 반드시 발생해야 하는 그 어떤 물리적 이유도 없다는 의미에서 발생할 개연성이 아주 낮다. 여기에서 이들은 우리의 우주가 이 모든 특성들을 모두 가지고 있다는 점은 목적을 가진 지성(purposive intelligence)이 그 배후에 있음을 보여주는 것이라고 생각한다.

물론 반대하는 과학자들도 많이 있다. 이들은 대체적으로 우리가 살고 있는 이런 형태의 우주가 생겨날 가능성이 아주 낮았음을 인정한다. 하지만 목적을 가진 지성이 있다는 결론은 받아들이지 않는다. 가장 빈번한 반대 논증은 우리의 우주가 유일한 우주가 아닐 것이라는 가정이다. 이들에 의하면 수많은 우주가 그 동안 있어 왔고 또 앞으로도 있을 것이라고 가정할 수 있다고 한다. 그렇다면 지금 우리가 알고 있는 이런 극히 생길 법하지 않는 우주가 생긴 것 역시 특별한 것은 아니다. 그런데 우리는 오직 지금의 우주만 알고 이 우주 안에만 존재할 수 있기 때문에 인간학적 원리를 말하고 있다는 것이다.

우리의 우주 외에 다른 우주가 있을 수도 있으며 또한 과학자들이 언젠가는 이런 이론에 대한 경험적인 증거를 발견할지도 모른다. 하지만 현재로서는 이런 가정을 어떻게 검증할 수 있는지는 불명확하다. 과학자들은 흔히 검증되지 못한 가설들을 비과학적인 것으로 무시하곤 하며, 이렇게 무시하는 것이 유신론의 개연성에 대한 유일한 대안처럼 보이기 때문에, 과학자들은 우리가 알고 있는 우주 외에 다른 우주가 있을 수 있다는 점을 과학적으로 매우 진지하게 받아들인다. 과학자 진영의 이런 태도는 전체적으로 그들이 세속주의 쪽에 깊이 기울어져 있음을 보여준다.

5. 진화론을 둘러싼 논쟁

과학자들이 세속주의로 빠지는 경향은 진화론 논쟁으로 더 가속화되었다. 이 논쟁은 다른 영역에서도 아주 큰 영향을 미쳤다. 그것은 데카르트적인 이원론을 배경으로 이해해야 한다. 이 이원론은 과학이라는 영역과 종교적이며 인간적인 사고의 영역이라는 철저하게 분리된 두 영역이 있다고 생각했다. 하지만 진화론으로 인해 인간 존재 역시 자연 세계의 온전한 한 부분이라는 관점이 힘을 얻게 되고 이로 인해 데카르트가 제공했던 편안한 분리는 끝이나 버렸다.

진화론에 대한 첫 번째 대응은 대체적으로 피상적이었다. 사람들은 자신들이 큰 원숭이의 사촌이라는 말을 들었을 때 모욕감을 느꼈다. 과학적 증거를 검토하는 대신에 그들은 자신들이 듣기 싫은 소식들을 가져오는 사람들을 비난했다. 많은 기독교인들 역시 이런 단순하고 무책임한 반응에 동조했다.

다윈의 진화론에 대해 과학자들은 격렬하게 토론했지만 기독교는 전체적으로 보아 서둘러 판단하지는 않았다. 당시의 세속화하는 기독교인들은 이 이론이 과학자들 사이에서 받아들여짐에 따라 그 증거와 이론들을 받아들였다. 그들은 기독교적인 정신은 본질상 진리에 헌신하는 것이며, 과학자들은 진리를 학습하는 믿을 만한 방식들을 소유하고 있다고 믿었다. 당시의 주도적인 개신교 교단들은 적어도 암묵적으로라도 이 새로운 이론을 지지했다. 과학과 종교 사이에는 불화가 있을 수밖에 없다고 보는 학자들은 진화론을 가르쳐서 재판에 회부되고 큰 논쟁을 야기한 고등학교 교사 존 스코프(John Scope)가 감리교인이며 그의 교회 교인들에게 최선의 과학을 가르쳐야 한다고 주장했던 사람임을 생각해보아야 할 것이다.

신학자들의 과업은 새로운 과학적 발전들이 제기하는 신학적 문제들에 대해 응답하는 데 있다. 세속화하는 기독교 신학자들 대다수는 데카르트적 이원론을 임마누엘 칸트(Immanuel Kant, 1724-1804)가 발전시킨 다른 종류의 이원론으로 대체하는 것으로 여기에 응답했다. 데카르트가 정신과 물질 사이의 존재론적 차이를 말했다면, 칸트는 세상에 접근하는 데 하나 이상의 방법이 있다고 말했다. 그는 인간에게 결정적으로 중요한 실천 이성(practical reason)과 과학이 사용하는 순수/이론 이성(theoretical reason)을 날카롭게 구별했다. 세계에 접근하는 이 두 가지 방식은 그 각자의 영역에서 적절하다. 칸트는 기독교가 실천 이성의 영역 안에서만 작동해야 하고, 과학은 이론 영역에서만 작동해야 한다고 보았다. 신학자들은 이런 분리를 통해 평화가 찾아오기를 희망했다.

하지만 이런 해결책에 만족하지 못했던 다른 개신교인들도 있었다. 그들은 성경이 오늘날 과학자들이 그들의 환원주의적인 방식으로 서술하는 것과 똑같은 세상에 대해 말하고 있다고 생각했다. 그들은 인간의 진정한 본성은 이 양자(성경과 과학 - 옮긴이)에서 똑같이 다루어진다고 믿었다. 그들은 창세기는 창조에 대해 다윈과 아주 다르게 말하고 있음을 보고, 성경의 이야기를 확고히 붙잡고자 했다. 그들은 세금으로 운영되는 공립학교들이 그들의 세계에 대한 관점을 현저하게 훼손하는 이론을 가르치는 데 반대했다. 그들은 이 문제 해결을 위해 진지한 토론에 참여하기보다 정치적인 힘에 의지했다.

과학자 공동체는 이런 기독교인들이 과학의 자유를 침해한다고 판단했으며 그 판단은 옳았다. 이런 위협 때문에 많은 과학자들은 유신론적인 믿음에 대해 상대적으로 무관심했던 태도를 바꾸어 적극적 반대로 돌아서게 되었으며, 기독교인들과 관계를 끊고 그들 자신의 과학 이론의 표준적인 형태들을 옹호하게 되었다. 과학 공동체의 광범위한 자기 방어와 그에 수반되어 나타난 경화된 자기-의로움의 태도로 인해 종교적 기독교인들의 반대 역시 더욱 강해졌다. 진화론자들이 데카르트적 이원론의 붕괴에 의해 유발된 진정한 문제에 대해 거의 관심을 보이지 않는 이유도 이런 자기 방어성에서 찾을 수 있다. 그 질문은 이런 것이다. 만일 사람이 자연의 일부라면 우리는 여전히 자연을 순전히 기계적인 관점에서 보아야 하는가?

만일 인간이 기계라면, 과학자들의 사고와 저술 역시 무의미하고 목적 없는 물질의 운동 결과에 불과할 것이다. 하지만 이렇게 생각하는 과학자는 별로 없으며, 이런 함의를 어떻게 극복할 수 있을지를 설명해보고자 한 과학자는 더욱 없다. 이런 함의를 가진 과학적 이론들에 반대하는 것을 단지 신앙주의적 행위(fideistic act)라고 말할 수는 없는 법이다.

　기독교를 세속화하고자 하는 이들은 기계론적 패러다임을 바꾸는 방법들에 대해 여러 가지 제언을 제시해 왔다. 그들 중의 떼이야르 드 샤르뎅(Teilhard de Chardin, 1881-1955) 같은 사람들은 많은 추종자들을 가졌으나 과학에는 별 영향을 미치지 못했다. 기계론적인 패러다임은 과학 그 자체와 너무 견고히 동일시되어 있어서 그것이 함의하는 어리석음은 무시되고 있다. 많은 과학자들은 적절한 과정을 밟기만 하면 그들의 기계론적인 과학이 인간 경험의 특별한 경험 양상들까지 모두 설명할 수 있으리라고 깊이 확신하고 있다.

　기계론적인 모델은 일정 부분 자연 속에 그 어떤 목적론적인 요소도 존재하지 않는다는 것을 주장하기 위해 만들어졌다. 과학자들은 자신들이 연구하는 생명체들에 대해 더 정확한 정보를 얻으려는 목적들은 자신들의 삶에 아무런 역할을 하지 않는다고 확언한다. 이를 믿는 사람은 거의 없지만 그렇다고 해서 이 문제를 인식하고 바꾸려는 사람 역시 거의 없다.

　생물학자들은 과학적이 되기 위해서는 연구 대상들의 내적 삶(interior lives)에 대해 무시해야 한다고 생각한다. 특별히 그들은 자신들이 연구하는 동물들이 목적을 가지고 행동한다고 보면서 그 행동들을 관찰하는 것을 거부한다. 모든 생물학자들이 다 그렇다고 할 수는 없지만 대부분의 진화론자들은 이 부분에 대해서는 완강하다. 그들은 진화를 설명하는 데는 목적이라는 것이 어떤 역할도 해서는 안 된다고 굳게 믿는다.

　이 사실은 진화적 변화가 어떻게 일어나는가에 대한 표준적 설명들에서 분명하게 나타난다. 진화과학자들에 의하면 게놈(genome, 한 생물이 가진 모든 유전 정보)은 보통 아주 정확하게 그 자체를 복제한다. 하지만 때로는 돌연변이(mutation)가 발생하기도 하는데 이런 돌연변이들은 그 가능한 결과를 고려하면서 발생하지 않는다는 의미에서 완전히 우발적으로 발생한다. 돌연변이의 결과들은 대개 표현형(phenotype)[1]에 부정적인 영향을 미치기 때문에 그 자손들 가운데 많이 재생산되지 않으며 곧 그 종 가운데에서 사라진다. 하지만 돌연변이들은 때로 그것들이 발생하는 동물에게 어떤 유익을 가져다주기도 한다. 이런 동물은 환경에 더 잘 적응하고 더 잘 살아남음으로써 더 많은 자손을 낳고 그런 유전적 변화들은 자손들에게 전달된다. 이런 자손들이 또한 더 많은 자손들을 낳게 됨에 따라 그 돌연변이에 의한 형태는 더 널리 퍼지고 마침내 그 개체군 속에서 주도적인 것이 된다. 진화생물학자들은 이와 같은 변화들은 종 안에서 발생할 뿐 아니라 이런 변화들이 축적됨으로 인해 새로운 종들이 생겨난다고 주장한다.

이런 설명에서 능동적인 행위자들은 우발적인 돌연변이를 일으키는 유전자들과 그것들에게 우호적이거나 적대적이거나 한 환경, 그리고 돌연변이가 일어난 유기체들 안의 변화들뿐이다. 그러나 실제 세계에는 동물들 역시 능동적인 행위자라는 증거가 많이 있다. 동물들은 환경이 바뀌면 자신들의 행동도 거기에 맞추어 변화시킨다. 동물들의 새로운 행동들은 유전자들의 우발적인 돌연변이의 결과로 인한 생리학적인 변화로 인해 더 쉬워지거나 더 향상될 수 있다. 진화에 대한 표준적인 이론은 이런 유전자들이 개체군 안에 점점 많아진다고 한다. 만일 그렇다면 동물의 행동이 진화 과정에 어떤 방향을 설정하는 역할을 했다고 할 수 있다. 이런 역동성의 중요성을 주장한 탁월한 생물학

---

[1] 역자주: 생물에서 겉으로 드러나는 여러 가지 특성. 물리적인 특성뿐만 아니라 행동 같은 특성까지도 포함한다. 표현형은 유전자형(遺傳子型: **genotype**)과 대비되는 용어이다. 유전인자에 의해서 생물 내부적으로 결정되는 숨겨진 형질이 유전자형이며, 그것이 겉으로 드러나는 것이 표현형이다.

자들이 여럿 있지만 이런 일련의 변화들을 반대하는 논증은 내가 알기로는 없다.

왜 표준적인 진화 이론은 동물의 행동이 가져오는 이런 확률 높은 변화에 대해 말하지 않는가? 그 이유는 그것이 기계론적인 패러다임에 위협이 되기 때문이다. 그 원래 목적은 동물의 행동 역시 기계적으로 설명하기 위함이었지만, 이제는 우발적인 유전자 변이(random gene mutation)와 물리적 환경에 대해서만 말하는 것이 더 안전하기 때문이다.

과학자들이 자주 주장하듯이 과학이 세계의 진리에 대한 개방적인 탐구라면, 우리는 진화에 대해 다른 설명을 해야 할 것이다. 우리는 동물의 행동이 진화의 한 요소이며, 그 행동의 어떤 부분은 목적지향적임을 말해야 한다. 또한 우리는 동물의 행동이 곧잘 아주 지적인 것임을 보아야 한다. 그 때 우리는 어떤 일이 일어나도록 결정하는 하나의 중요한 요인으로서 지적인 목적(intelligence purpose)이 작용한다는 것을 포함하는 자연에 대한 새로운 관점을 필요로 하게 될 것이다.

진화론자들이 오늘날 주장하는 결과들이 우스꽝스럽고 자가당착이 되지 않게 하려면, 우리는 이 자연 속에 인간을 포함시켜야 할 것이다. 이런 증거가 의미하는 바를 받아들이기를 거부하는 것 자체가 그들이 방어적 세속주의(defensive secularism)에 빠져 있다는 한 증거이다. 이런 결과를 이끌어냈던 믿음들과 이런 믿음들로부터 나온 것이 과학적 세속주의(scientific secularism) 혹은 **과학절대주의**(scientism)이다. 과학절대주의는 과학과 인간 이해 모두에게 일반적으로 해가 된다. 그것은 우리가 오늘날 전속력으로 달려가고 있는 대재난으로부터 지구를 구하는 것을 방해한다.

6. 계몽주의

유럽의 역사를 시기별로 나누는 사람들은 곧잘 르네상스, 이성의 시대, 계몽주의의 순서로 시대를 구분한다. 비록 어떤 사람들은 그 뿌리를 이전 시대들에서 찾지만, 이런 이해에 의하면 계몽주의는 주로 18세기의 일이다. 하지만 여기에서 나는 17세기의 이성의 시대를 계몽주의 한 부분으로 포함시킬 것이다.

르네상스에 대한 논의의 초점이 주로 예술에 있다면, 17세기 이성의 시대에 대한 논의의 초점은 주로 과학에 있다. 그러나 계몽주의에 대한 논의의 초점은 보통 정치와 종교에 있다. 나는 이런 전통을 따를 것이다. 18세기에 발전했던 정치사상들은 지금도 우리의 정치에 대한 논의의 많은 부분을 형성하고 있으며, 종교에 대한 18세기의 사상은 특히 영어 사용권에서 오늘날까지 큰 영향을 미치고 있다. 이 장은 이런 것들 각각이 세속주의를 등장시킨 방식에 대해 논의하겠다. 먼저 정치 이론을 살펴보자.

그리스 문명과 히브리 문명을 비롯한 모든 문명들에서 정치가들을 움직이는 주된 동기는 권력에 대한 추구였다. 아테네의 소피스트들은 그들의 다양한 논의들에서 이 부분을 인식했고 이를 정치에 대한 연구의 기초로 삼았다. 트라시마쿠스가 이런 형태의 세속주의를 대변한다. 하지만 우리가 알고 있는 아테네의 이런 세속주의에 대한 역사적 지식은 소피스트들을 좋아하지 않았던 저술가들의 단편적 언급에 근거해 있다. 플라톤과 아리스토텔레스, 그리고 스토아 사상가들에게서 보이는 그리스 정치사상의 유산은 소피스트들의 사상과 성격이 완전히 달랐다. 그들의 정치 이론들에서는 정의가 가장 중요했다.

히브리인들 역시 정치생활에서 권력과 권력욕이 중요한 역할을 하고 있음을 잘 알고 있었다. 하지만 그들은 그것을 반대하는 데 생각을 집중했다. 그들은 인간 통치자들은 하나님께 순종해야 하며, 하나님의 많은 요구들을 성취해야 한다는 것을 강조했다. 이런 전통이 성숙되었을 때 하나님은 무엇보다 먼저 의로우신 분이요 정의를 요구하시는 분으로 이해되었으며, 이런 기준에 의해 하나님의 명령을 무시하는 지도자들은 노골적으로 정죄를 당했다. 문서 예언자들은 곧잘 지배계층 전체를 아주 분명한 어조로 공공연하게 비난했다.

16세기 초반에 플로렌스의 니콜로 마키아벨리(Niccolo machiavelli, 1469-1527)는 지배자들의 행동을 자세히 관찰할 수 있는 위치에 있었다. 그는 자신이 관찰의 결과, 사람들은 권력을 얻기 위한 욕심으로 도덕적 이상에 호소한다고 결론을 맺었다. 그는 여기에 대해 어떤 도덕적 판단도 내리지 않았다. 그는 다만 이런 것이 정치적 삶의 본질이라고 전제했으며, 그의 『군주론 The Prince』에서 이런 상황에서 어떻게 하면 가장 성공적인 정치를 할 수 있을까에 대해 논했다. 이렇게 함으로써 그는 정의나 공동선과 전혀 관계없는 정치 이론을 제시했다. 비록 그는 기독교인이었고 아마도 상당히 종교적이었겠지만, 이 책에는 전통적인 기독교 사상의 영향은 거의 보이지 않는다.

17세기 중반에 토마스 홉스(Thomas Hobbes, 1588-1679) 역시 비슷한 접근방법을 따랐다. 당시는 지배자들의 적법성 여부를 하나님의 승인에서 찾았다. 하지만 홉스는 지배자들의 권위는 피지배자들의 자기 이익에서부터 시작된다고 주장했다. 그는 정부가 없는 "자연 상태"에서는 모든 가족은 다른 가족을 희생해서라도 그 자체의 이익을 찾으며, 이로 인해 "삶은 힘들고 야만스럽고 짧다"고 갈파했다. 그는 이런 상황은 모든 권위를 한 사람에게 몰아주어 사회에 질서를 부여하게 할 때만 해결된다고 보았다. 따라서 지배자의 지배는 질서가 효율적으로 유지될 때만 인정된다. 곧 자기 이익이 유일한 연관된 동기이며 지배자들의 적법성은 바로 이런 동기로부터 파생된다. 홉스는 어떤 전통적인 가치들을 당연한 것으로 받아들였지만, 그가 개인적으로 종교적 헌신이 있었는지에 대해서는 논쟁의 여지가 있다. 어쨌든 왕의 권위를 정당화하기 위해 그가 사용한 방식은 철저히 세속주의적이다.

17세기가 되면서 유럽의 정치적 삶은 대부분 탈중앙집중화되었다. 권력의 많은 부분이 귀족과 주교들에게 넘어가 있었고, 그 자체로 독립적으로 유지되던 도시들도 상당히 많이 있었다. 17세기 중반에 끔찍스러운 전쟁들이 끝난 후, 각 지역의 통치자들이 그들 영지 안에 있는 교회의 지위를 결정할 수 있게 되었다. 이와 같은 세속 정부들 안에서의 권력 집중은 왕이 다스리는 중앙정부로 힘이 집중화되도록 하는 길을 열었다. 민족주의 시대가 되면서 아주 권위적인 지배가 이루어졌고 이런 형태는 미국 독립 전쟁과 프랑스 대혁명이 민주주의를 고취시키고 각 개인의 권리를 강조할 때까지 계속 유지되었다. 이런 변화야말로 계몽주의의 가장 중요한 유산이다.

계몽주의가 민주주의라는 사상을 만들어낸 것은 결코 아니다. 그리스인들이 이미 이를 충분히 숙고했으며, 실제로 여러 그리스 도시국가들에서 이런 형태의 정부가 운영되었다. 르네상스 기간의 이탈리아의 도시들 역시 민주적으로 운영되었다. 계몽주의 시대에 이르러 새롭게 바뀐 것은 나라 전체를 통치하는 하나의 단일한 민주적 정부가 성립된 것이었다. 그리고 그것은 이성의 시대에 권력의 집중화를 이루었던 권위주의적인 왕들 아래에서 사회적이고 정치적인 조직이 합리적으로 구성됨으로써 가능하게 되었다.

계몽주의 사상가들은 지방 귀족들과 교회의 권력을 제거하려고 했고, 이런 점에서 군주제와 이해가 맞아 떨어졌다. 그들은 기존의 사상들과 함께 전해 내려 온 제도들과 사회적 형태들에 대해서도 의심을 품었다. 유럽인들이 여러 세기에 걸쳐서 길 안내로서 고대를 뒤돌아보았고 현존하는 사회 질서들을 당연한 것으로 여겼다면, 계몽주의 사상가들은 근대 과학의 성공에 고무되어 이런 것들 대신에 자신들의 이성을 신뢰할 수 있다고 믿게 되었다. 그들은 인간은 자신이 원하는 것이라면 그 지성을 사용하여 어떤 사회적이며 정치적인 형태라도 만들 수 있다고 확신했다.

인류 역사 전체를 통해 대부분의 사람들은 아주 조밀하게 엮여져 있는 공동체 속에서 살아왔다. 수렵 채취 부족이나 농사를 짓는 마을이나 작은 도시들의 특정 지역이나 다 마찬가지였다. 이런 공동체의 기본 단위는 가족이었다. 물론 이런 가족이나 부족, 마을, 도시 모두 각 개인들로 구성되었지만, 대부분의 경우 각 개인의 정체성은 그 공동체에서 맡은 일에 따라 규정되었다. 각 개인은 그에게 주어진 역할을 최대한 잘 감당해야 했다.

종교의 경우도 마찬가지여서 대체적으로 보아 각 사람이 속해 있는 공동체의 종교가 그의 종교가 되었다. 한 사람이 그의 공동체를 떠나게 되면, 그는 그 공동체의 종교도 뒤에 남겨 두고 새로 속하게 된 공동체의 종교에 참여했다. 예수 이전 천 년 동안에는 유대인들만이 그 주된 예외였다. 즉 예루살렘에서 바빌론으로 끌려간 많은 사람들이 자기들이 믿던 하나님을 계속 섬겼는데 이는 하나님을 특정 지역에만 속해 있는 것으로 보지 않는 유일신론(monotheism)의 등장으로 인해 가능하게 되었다. 신에 대한 이런 새로운 이해로 인해 유대인 공동체들은 이방인들 중 회심한 자들에게도 그들 공동체의 문을 열었다.

유대교에 매력을 느낀 이방인들의 회심을 막는 주된 장애물은 할

례였다. 예수의 제자들이 이룬 새로운 분파는 이런 요구를 하지 않았고 이로 이해 기독교로의 회심이 더 빈번해졌다. 다른 형태의 유대교에서는 예배드리는 공동체 구성원들 대부분이 출생 때부터 그 공동체에 속해 있었기 때문에 그냥 거기 있게 되었다. 하지만 기독교 운동의 첫 세대들의 경우 거의 대부분 개인적 결단으로 거기에 참여했다. 개인과 가족의 믿음과 실천이 반드시 그가 속한 인종에 의해 결정될 필요는 없다는 사실은 사회적으로 중요한 사상이 되었다.

이것은 인간 역사에서 개인성(individuality)을 고취하는 중요한 발걸음을 내디딘 것이었다. 하지만 기독교의 성립과 제국의 기독교화에 의해 상황은 바뀌었다. 기독교인이 된다는 것이 개인적인 믿음을 포함한다는 생각이 완전히 사라지지는 않았으나 기독교 세계(Christendom)에 태어나는 것은 곧 기독교인이 되는 것을 뜻했고, 유아 세례가 그 표징이었다. 나이 들어 신앙에 대한 동의를 하는 견진성사(confirmation)가 요구되기는 했으나 여러 세기 동안 개인적인 결단은 아주 조그만 역할밖에 하지 못했다.

개인적인 결단의 중요성 문제는 침례교 운동에서 다시 전면에 나서게 되었다. 침례교인들은 개인적인 결단이 결정적으로 중요하며 그런 결정을 한 사람만이 진정한 기독교인이라고 생각했다. 따라서 믿는 자의 공동체에 들어오는 표현으로서의 세례는 오직 어른들에게만 주어져야 한다고 주장했다. 그들이 세례를 주는 어른들은 이미 유아 세례를 받았기 때문에, 반대자들은 그들을 재세례파(Anabaptists)라고 불렀다. 종교개혁 시기의 침례교인들에게는 개인적인 결정이 아주 중요했던 것이다.

중요한 종교개혁자들은 침례교인들에 대해 반대했고, 로마 카톨릭 교회와 마찬가지로 이들을 박해했다. 하지만 그들 역시 신자 개개인이

성경을 읽고 그 내용에 대해 스스로 판단해야 하는 책임성이 있음을 강조했다. 그들은 각 신자들과 하나님 사이를 중재하기 위해 성직자들이 필요하다는 생각을 거부했다. 그들은 만인 제사장직(the priesthood of all believers)을 확언했다.

하지만 신앙의 개인적 측면과 책임성 부분이 강조되기는 했지만 기독교의 모든 형태들은 공동체의 중요성을 견지했다. 초기 교회 때부터 이런 공동체는 출생이나 지역에 의해 형성된 다른 공동체들과 확연하게 달랐다. 하지만 유럽이 기독교화됨에 따라 이런 구별은 희미해졌다. 개인적 결단과 헌신이 강하게 강조되었지만, 다른 기독교인들과 함께 예배드리는 것이 중요하다는 점에는 의심의 여지가 없었다.

17세기에 중앙집중화된 민족국가들로 인해 지역 공동체들의 우선성은 약화되었다. 이전에는 지방에 흩어져 있던 여러 기능들이 국가의 중앙부의 기능이 되었으며, 이로 인해 국가 내의 이동이 더 빈번해졌다. 이로 인해 지역 공동체들의 조직이 와해되지는 않았지만 상당 부분 약화되었다.

어떤 것이 느슨해지면 그 남아 있는 부분은 더 강하게 결속하려고 하는 성향을 보인다. 이성의 시대에는 공동체의 기대와 강요로 인해 개인적 자유가 제약받고 있다는 의식이 강화되었다. 가장 중요한 발전들 중의 하나는 개인을 국가사회의 기본 단위로 보는 생각이 등장했다는 점이다. 계몽주의 사상가들은 개인을 가치의 중심으로 보면서, 그 권리들이 마땅히 존중되어야 함을 강조했다. 이 권리들은 사회와 국가로부터의 여러 가지 자유들을 의미했다.

개인들의 권리에 대한 이론은 원리상 모든 개인의 권리에 대한 옹호가 되어야 했다. 하지만 실상은 그 적용이 아주 제한되어 있었다. 사람들은 아프리카 흑인들을 노예 삼는 것에 대해서는 거의 반대하지 않았고, 여성 역시 남성과 동등한 권리를 가지고 있다고 생각하지 않았다. 가난한 사람들 역시 투표할 권한이 있다는 생각 역시 거의 고려되지 않았다.

그럼에도 불구하고 개인의 권리에 대한 강조는 민주주의를 지향하여 나아가게 했다. 적어도 재산을 소유한 남성들은 국가의 정책 결정에 참여할 수 있어야 한다고 생각했으며, 더 나아가 이런 원리가 보편적인 용어로 표현되었다는 사실 자체로 인해 그 범위가 확장될 수 있었다. 개인으로서의 개인의 권리에 대한 확언은 선을 향한 강력한 힘이 되었다. 세속화하는 기독교인들은 이 점을 자신들이 가져왔고 그것을 함께 증진해 나아가야 하는 긍정적인 유산이라고 주장할 수 있다.

하지만 철저한 개인주의(individualism)는 기독교적 이해의 왜곡이다. 기독교는 인간이 본성상 서로 연결되어 있기 때문에 인간의 행복을 위해 공동체는 꼭 있어야 한다고 본다. 실상 공동체를 염두에 두지 않는 정치 철학은 문제를 일으킬 수밖에 없다. 그것은 결국 전체의 행복에 공헌하기보다 개인의 권한을 주장하는 데 과도한 관심을 갖게 만든다.

문제들은 정부에 관한 이론들로부터 시작된다. 앞에서 우리는 홉스가 자연 상태에서의 삶은 고약하고 야만적이고 짧아서 각 사람의 안전을 보장해주는 정부라면 복종할 가치가 있다고 주장했음을 살펴보았다. 그의 이론은 절대왕정(absolute monarchy)을 지지하는 데 적절했다. 존 로크(John Locke, 1632-1704)는 무정부 상태의 나쁜 결과의 정도에 대해서는 홉스에 동의하지 않았지만, 이런 분석의 개인주의적인 입장은 모두 받아들였다. 그는 자연 상태의 인간이 그렇게 나쁘다고는 보지 않았기 때문에, 정부가 그 백성들의 충성을 얻으려면 사유재산권을 존중하고 보호하는 등의 더 많은 일을 해야 한다고 보았다. 로크의 이론은 어느 정도 민주주의의 발전에 공헌했으며, 미국의 건국의 아버지들에게 큰 영향을 미쳤다.

자연 상태의 인간에 대한 홉스의 이해는 크게 잘못된 것이다. 문명이 발생하기 이전 수천, 수만 년 동안의 자연 상태에서 인간들은 서로 싸우기 보다는 긴밀하게 조직되어 서로를 돌보는 공동체 속에서 살았다. 부족들 사이에서의 작은 갈등이야 있었겠지만 대부분 사소한 문제들이었다. 사유재산은 중요한 요소가 아니었다. 물론 정치 이론에서 말하는 자연 상태는 우리의 아득한 선조들의 상황이 아니라 정부가 붕괴되었을 때 우리를 위협하는 무정부 상태를 뜻한다고 말하는 사람도 있을 것이다. 하지만 우리의 고도로 개인주의적인 세계에서도 사회가 붕괴되어도 개인들이나 핵가족들로 해체되기보다 부족 비슷한 집단들로 나뉠 가능성이 훨씬 크다. 어쨌든 계몽주의의 과도한 개인주의적 입장들은 여전히 사람들과 이 세계를 망치고 있는 것이다.

사람들 사이의 자발적인 동의, 즉 계몽주의가 사회질서 유지에 꼭 필요한 것이라고 말하는 자발적 동의는 친족 간의 유대나 소속감보다 중요하지 않다. 국가들이 전쟁을 시작하게 되면 그들은 개인주의적인 이론으로서는 설명할 수 없는 애국심에 호소한다. 하지만 오랫동안 개인주의적인 이론을 계속 가르치고 정부가 공동체를 증진시키지 않으면 상호 책임성은 약화될 수 있다.

계몽주의의 개인주의적인 입장들을 가장 진지하게 수용하는 사람들은 자유의지론자들(libertarians)이다. 이들은 스스로의 힘으로 자신들을 돌볼 수 없는 동료 시민들의 필요를 채워주기 위한 목적의 세금에 반대한다. 그들의 정치학은 세속화하는 기독교가 아니라 세속주의, 즉 개인들을 최종적 실체들로 보고 인간 개인들은 자신들의 발전 외에는 아무런 다른 관심도 없다고 가정하는 세속주의의 중요한 모습에 근거하고 있다.

이런 정치적 발전들과 긴밀하게 연결되어 있는 것이 특히 아담 스미스와 연관되어 있는 근대 경제학의 등장이다. 경제적 사고와 행동은 현대 세속주의에서 아주 중요하기 때문에 경제학의 문제는 이 책의 7장에서 따로 다룰 것이다.

역사를 몇 개의 시대로 구분하는 데는 성경의 영향이 많이 들어 있다. 기독교인들에게 가장 중요한 구분은 물론 그리스도 이전과 이후 곧 기원전과 기원후의 구분이다. 하지만 기원전의 기간 역시 하나님과 이스라엘 사이의 서로 다른 언약들에 기초하여 세분화되었다. 대부분의 기독교인들은 현 시대 곧 기독교 시대를 세계 역사의 최종 단계로 보았고, 이런 인식은 다른 종교 전통들에 대한 끔찍한 우월감으로 표현되었다.

하지만 계몽주의 사상가들은 이런 신학적 구분과 전혀 다른 것을 선택했다. 가장 널리 받아들여진 새로운 시대 구분은 역사를 고대, 중세, 근대로 나누는 것으로서 여기에서 근대는 인간 이성의 잠재성이 실현된 시대로 이해되었다. 이런 시대 구분은 오늘날까지 계속되고 있다.

계몽주의는 이전의 기독교가 비기독교인들과 불신자들을 멸시한 것과 비슷하게 계몽되지 못한 사람들과 그 문화를 멸시하게 만들었다. 계몽주의적 사고에 붙잡힌 사람들은 비유럽 지역에 제국주의적 정복과 계몽주의의 교육과 정책을 강압하는 것이 사실은 그들에게 호의를 베푸는 것이라고 여겼고 노예제도조차 이런 맥락에서 정당화했다.

기독교가 사회의 주류 세력이었기에 계몽주의 지도자들은 이것을 바꾸고 싶었고, 따라서 그들 에너지의 상당 부분을 교회를 비판하거나 전통적인 기독교 사상이 사람들의 마음에 미치고 있는 영향력을 해체시키는 데 사용했다. **철학자들**(philosophes)이라 불린 프랑스의 지도자들은 반 교회적, 더 나아가 반 기독교적이었다. 따라서 사람들은 그들을 세속주의자로 볼 수 있다.

그들 중 가장 유명한 사람이 볼테르(Voltaire, 1694-1778)이다. 하지만 그의 실제적 제안은 진정한 세속주의적 사상가 아니라 기독교적 유산을 세속화하고자 하는 사람의 것이었다. 비록 그는 자신이 이성에 호소한다고 생각했지만, 그 안에서 작동한 이성은 기독교적 가르침을 통해 그에게 주어진 그리스적이고 성경적인 유산에 철저히 의지하고 있었다. 그는 교회의 초자연주의와 미신과 약탈을 공격했지만 그런 공격은 교회에 도움이 되었다. 그는 교회가 정직과 정의를 가르치고 이웃에 대한 사랑과 돌봄을 행하는 것을 긍정적으로 보았다. 그는 세계가 하나님에 의해 만들어졌고, 하나님이 과학자들에 의해 발견되는 법칙들을 그 안에 만들었음을 부인하지 않았다. 그는 이런 믿음들이 합리적이며 특별한 조직이나 공동체의 지원을 필요로 하지 않는다고 생각했다.

권위주의적이며 초자연주의적인 기독교에 대한 비판은 프랑스에서보다 영국에서 더 일찍 조금 더 온건한 형태로 나타났다. 17세기 전반기에 체르버리의 허버트 경(Lord Herbert of Cherbury, 1583-1648)은 이성적 종교와 계시/권위에 근거한 종교를 구별하고자 했다. 그는 종교적 믿음의 합리적 핵심을 포착하고 그것을 기독교의 의심스러운 요소들과 구별했다. 그는 신이 창조주이자 자연법의 부여자임은 인정했으나 신이 세상사에 개입한다는 생각은 부인했다. 그는 또한 예배와 회개가 필요하다고 보았고, 죽음 이후 보상과 처벌이 있다는 생각도 받아들였다. 볼테르의 경우처럼 그가 의도한 방법론은 세속주의적이었으나 그가 실제로 가르친 것은 세속화였다.

17세기 전반에 일어난 종교전쟁(30년 전쟁) 이후 영국교회의 지도자들은 자신들의 가르침들을 좀 더 합당하게 보이게 하려고 노력했다. 현명한 후커(Richard Hooker, 1554-1600)는 카톨릭 교회와 개신교 사이를 가능한 합리적인 방법으로 화해시키고자 했다. 같은 세기의 많은 설교자들 역시 자신들이 선포하는 것이 이성에 합당하다고 주장했다. 캔터베리의 대주교였던 존 틸로선(John Tilotson, 1630-1694)은 아주 합리적이 된 기독교를 선포했다. 존 로크 역시 『기독교의 합리성 *Resonableness of Christianity*』이란 책을 썼고 이 책은 교회 안과 밖에 상당한 영향력을 미쳤다.

18세기 계몽주의가 만개할 때에도 이성이 말하는 것만을 신뢰하는 사람들 역시 여전히 교회 안에 머물러 있었다. 이 시기에 자유주의 신학이 탄생했다. 하지만 초자연주의(supernaturalism)를 여전히 옹호하는 기독교와 자신들의 이신론을 구분하면서 외부의 비판자 역할을 계속하는 사람들도 있었다.

7. 오늘날의 계몽주의적 유산

이 책에서 나는 세속화를 긍정한다. 세속화하는 기독교인들은 계몽주의의 지도자들이 거부했던 초자연주의적이고 권위주의적인 기독교로 다시 돌아가기를 원치 않는다. 하지만 이 말이 세속화에는 오직 한 형태만이 있다는 의미는 아니다. 3장에서 우리는 이신론적인 세속화에 대한 거부로서 공공체적 삶과 종교적 경험을 강조한 경건주의가 등장했음을 살펴보았다. 이 장에서는 전통의 권위를 인정하지 않고 오직 이성이 명하는 것만을 믿겠다고 하는 계몽주의적 이상에 의해 촉발되어 세속주의를 향하여 나아간 운동을 탐구한다.

계몽주의가 이성을 강조했지만, 이성 그 자체에 대한 활발하고 미묘한 논증은 이루어지지 않았다. 그런 것은 오히려 중세 전성기 때 더 많이 이루어졌다. 이성(reason)은 합리성(reasonableness)으로 이해되었고 일반 상식과 긴밀히 연관되었다. 오늘날 계몽주의가 남긴 종교적 유산은 오늘날의 일반적인 믿음, 즉 종교 문제에 대한 주장의 합리성 여부는 자신의 직관적인 판단을 따라야 한다는 널리 퍼진 믿음에서 찾아볼 수 있다.

18세기에는 세상을 창조하셨고 인간이 도덕적인 삶을 살기를 원하시는 하나님이 계시다는 것은 언제나 합리적 주장으로 여겨졌다. 기독교 세계에서 이것은 시대적 '상식'이었으며 이 점에서 당시의 도덕성은 기본적으로 기독교적인 것이었다. 오늘날 미국의 많은 사람들 역시 18세기의 유럽인들과 비슷한 합리적인 믿음을 가지고 있다. 물론 이들 중 어떤 사람들은 교회를 지지하고 어떤 사람들은 지지하지 않지만 말이다.

하지만 오늘날에는 이전에는 기독교 국가였던 곳, 특히 유럽의 많은 사람들은 하나님에 대한 믿음은 합리적인 것이 아니라고 생각하고 있다. 그들 역시 종교의 영역에서의 권위를 거부한 계몽주의의 후예들이다. 그들의 경우 전통적 기독교는 거부했으나 다른 대안적인 세계관을 찾지는 못했고, 이로 인해 그만큼 세속주의는 유럽에 널리 퍼져 있다. 그럼에도 불구하고 미국의 세속주의자들보다는 유럽인들이 좀 더 기독교적 가치에 가까이 있는 듯하다.

미국의 경우, 계몽주의적인 합리주의자들의 세속적 방법이 신이 배제된 상식에까지 이른 가장 중요한 공동체는 대학사회다. 그곳에서는 계몽주의적 사고의 결과들이 유럽의 대학들보다 더 승리한 것처럼 보인다. 점점 더 많은 미국인들이 대학에서 공부하거나 교수들의 저술들을 읽으면서 그 기풍에 노출됨에 따라 상식적인 유신론(commonsense theism)이 문화 전체에서 쇠퇴하고 있다.

19세기 후반과 20세기 전반 동안, 많은 미국인들이 유신론을 포함하지 않고서도 기독교의 긍정적인 가치들을 유지할 수 있다고 믿게 되었다. 이들은 자신들을 세속적 인본주의자(secular humanists)라고 불렀다. 그들은 문과대학들(liberal arts colleges)이라 불린 조직들 안에서 번성했다.

세속주의의 역할이 증가함에 따라 세속적 인본주의는 약해졌다. 세속적 인본주의를 성장시켰던 문과대학들은 세속주의적인 대학들에게 자리를 내어 주었다. 하지만 문화와 정치에서 종교적 우익이 등장하여 불관용과 반학문적 가르침을 말하게 되자, 세속적 인본주의는 새로운 목소리를 내기 시작했다. 오늘날의 반기독교적 무신론(anti-Christian atheism)이 여기에 속한다. 이 운동은 무신론자가 된다고 해서 인간적 가치와 도덕적 책임성을 포기하지 않음을 강력하게 주장한다.

이들 세속적 인본주의자들은 보편적인 인간적 특성들, 즉 진화과정 속의 유리함을 찾는 가운데 선택된 보편적인 인간적 특성들 속에서 이런 인간적 가치를 주장하는 근거를 찾는다. 과학에 근거하여 도덕성을 주장함으로써 세속적 인본주의는 철저한 세속주의에 가까워진다. 그것은 또한 오늘날의 세속적 인본주의자들이 전에는 가지고 있지 않았던 부족적 감정과 가르침을 강화하는 형태를 취하도록 하고 있다. 하지만 대부분의 경우 이런 인본주의자들은 보편주의(universalism), 즉 자기들이 유전자로부터 받은 부족주의보다는 계몽주의로부터 배운 보편주의에 근거해 있음을 자랑스럽게 여긴다.

세속적 인본주의자들은 자신들이 기독교에 빚지고 있음을 인정하고 싶지 않기 때문에, 고전시대 그리스부터 내려오는 서구의 유산에 호소하려고 하며, 이 점에서 자신들을 기독교 안의 세속화론자들과 구별한다. 하지만 세속적 인본주의자들은 고전시대 그리스인들이 그토록 찬양했던 개인적인 강건함을 추구하거나 귀하게 여기지 않는다. 많은 점에서 그들은 자기들이 인정하는 것보다 더욱 그리스적 전통보다 성경의 예언 전통에 더 많이 서 있다.

따라서 역사적으로 보면 세속적 인본주의는 그 의도와는 달리 여전히 세속화하는 기독교의 한 형태라고 할 수 있다. 세속화하는 기독교인들은 기독교의 종교적 형태들을 거부하는 현대의 세속적 인본주의자들의 논증에 많은 부분 동의한다. 하지만 그들은 인본주의자들이 비판하는 그런 기독교가 기독교적인 길의 진정한 본질이라고 보지는 않는다.

5장

근대철학의 세속주의적 의도

1. 의심의 방법론

4장에서 우리는 세속주의적 사고가 어떻게 발생했는지를 검토했다. 대체적으로 보아 세속주의의 승리는 점진적으로 이루어졌다. 전통적 문화는 아주 강력했기에 자신들의 문화적 유산으로부터 해방되고 싶었던 사람들조차도 그런 유산을 당연한 상식처럼 생각했다. 이런 상식의 많은 부분이 기독교적 사상이었고 여기에서 벗어나는 데는 시간이 걸렸다. 따라서 서구인들의 마음에서 전통적인 믿음들을 제거하려는 세속주의자들의 목표가 가지고 있는 함의들은 여러 세기 동안 그다지 분명하게 나타나지 않았으며 심지어 한동안은 그런 목표조차 명확하지 않았다.

그러는 가운데 철학에서 르네 데카르트(René Descartes, 1596-1650)가 17세기 전반기에 갑자기 즉각적이고 부인할 수 없는 경험의 토대 위에 사유를 세우겠다는 목표를 선포했다. 데카르트 이전의 철학 작업은 그들의 공동체가 전수 받은 지혜를 세속화하는 데 집중했고, 이런 점은 다른 지역의 철학들도 마찬가지였다. 하지만 데카르트가 의심할 수 있는 모든 것을 의심하자고 제안한 이후, 그가 의심하게 된 것은 상당 부분 그의 시대 혹은 모든 시대의 공통의 신념들이었다. 철학은 이제 의심할 수 없는 것으로 판명된 확실한 토대 위에 재건립 되어야 했다. 단 한순간에 근대철학이 가진 독특한 특성이 발생한 것이다.

데카르트는 과거의 사상에 의지하지 않으면서 의심이란 방법으로 가장 확실한 철학의 출발점을 찾은 다음 그 토대 위에 역시 의심의 여지가 없는 확고한 추론들을 조심스럽게 하나씩 세워가기를 희망했다. 그는 이렇게 할 때에만 완전히 믿을 수 있는 세계에 대한 지식을 얻을 수 있다고 보았다. 이런 기획(project)은 오늘날 **토대주의**(foundationalism)라고 불린다.

데카르트의 유명한 출발점은 "나는 생각한다. 따라서 존재한다 (*Cogito, ergo sum*)"이었다. 그는 자신이 가진 신념들을 하나씩 의심해 나갔지만 적어도 자신이 이런 일을 하고 있다는 점은 의심할 수 없었으며 이것은 그에게는 자신이 지금 존재하고 있음을 뜻했다.

오늘날 데카르트가 충분히 성공했다고 생각하는 사람은 없다. 후대의 철학자들은 이런 출발점에서도 미처 검토하지 못한 물려받은 관념들이 요청되고 있음을 보게 되었다. 데카르트의 논리에 따른 엄격히 정확한 결론은 "따라서 생각이 있다"일 것이다. 하지만 그런 생각이 존재한다 해서, 생각하는 자를 요청할 수 있다는 것은 다른 단계이다. 또한 데카르트의 문제점은 생각하는 자가 있다면, 정신적 실체 역시 있어야만 한다고 전제한다는 데 있다.

데카르트는 자신의 출발점에 깃들어 있는 약점을 인식하지 못했다. 그가 **인정했던** 첫 번째 문제는 자신의 존재한다는 지식으로부터 어떻게 다른 종류의 지식으로 나아갈 수 있느냐 하는 점이었다. 그는 외부 세계의 존재를 의심할 수 있음을 인식했다. 하지만 실상은 그가 그의 철학을 통해 입증하고 싶어 했던 것은 바로 이 세계였다. 그는 그의 감각기관들의 정확성에 대한 신뢰를 회복할 수 있을 때만 그렇게 할 수 있었다. 그렇게 하기 위해서 그는 세계가 근본적으로 속임수가 아니게 세워져 있다는 기본적인 확신을 필요로 했다. 그는 이 문제를 완전한 존재(a perfect Being) 곧 신의 존재를 먼저 증명함으로써 해결했다. 하나님의 실재성을 전제한 다음에야 그는 자신의 감각기관들이 근본적으로 속이는 것들이 아님을 확신할 수 있었다.

하나님의 존재 여부가 외부 세계의 존재 여부보다 더 의심받고 있는 오늘날, 데카르트의 이런 추론은 이상하게 보인다. 이 사실은 데카르트의 의심하는 마음에도 중세 문화와 신학으로부터 물려받은 믿음들이 믿을만한 것으로 보였다는 사실을 보여준다. 따라서 그의 철학은 그 내용에서 세속주의의 **산물**이기보다 기독교적 믿음 체계를 세속화한 것으로 이해하는 것이 더 합당하다. 실상 그는 자신의 세속주의적 접근이 교회에 도움이 될 것이라고 생각했던 진지한 기독교인이었다.

그럼에도 불구하고 데카르트는 진정으로 근대철학과 그 세속주의적 방법의 아버지라고 할 수 있다. 그의 **기획**(project)은 세속주의적이었고, 또한 그의 결론의 어떤 부분들 역시 가장 기본적인 형태로 근대성을 형성했다. 과학의 역사, 과학과 문화 일반의 관계에서 볼 때 데카르트가 남긴 가장 중요한 유산은 이원론(dualism)과 자연을 완전히 물질적 실체(material substance)로 보는 관점이었다. 하지만 근대철학의 아버지로서의 그의 역할이란 면에서 볼 때는 독립적이고 세속주의적인 철학에 대한 그의 탐구와 그 결과로 그 자신의 경험에서 출발점을 찾으려 한 시도가 가장 중요하다. 철학자들은 데카르트 자신이 공언한 프로그램에서 성공하지 못했음을 알았지만, 여전히 그의 뒤를 따라 자기들이 물려받은 전통적인 사상으로부터 계속 벗어나고자 했다.

데카르트는 탁월한 수학자이자 과학자이기도 했다. 이로 인해 그의 철학을 따른 사람들 역시 과학자들을 존중했고 그들의 결론을 받아들였다. 그들이 이렇게 한 이유는 과학적 결론은 순전히 세속주의적인 방법들을 통해 얻어진 것이라고 보았기 때문이다. 데카르트의 영향 속에서 철학자들, 특히 근대철학자들은 대중문화나 전통적인 도덕성이나 종교에서 기인한, 실재나 인간 사회의 본성에 대한 이해를 철저히 거부하려고 했다.

2. 영국의 경험론

고대 철학자이든 근대철학자이든 간에 모든 철학자들은 이성과 경험 모두에 호소한다. 근대철학자들은 지식에 이르는 데 이성과 경험 외의 다른 원천을 생각하지 않지만, 이것들의 역할에 대해서는 서로 다르게 생각했다. 경험과 이성 중 무엇을 우선적으로 보느냐에 따라 철학자들은 경험론자(empiricists)와 합리론자(rationalists)로 나뉜다.

데카르트는 보통 합리주의자 진영에 속하는 것으로 이해된다. 유럽 대륙에서 데카르트 이후 합리주의 전통의 철학자들 중 가장 알려진 사람들은 스피노자와 라이프니츠이다. 스피노자(Spinoza, 1632-1677)는 정신과 물질 모두의 배후에 있는 하나의 실재에 근거해 있는 연역법을 발전시켰다. 라이프니츠(Leibniz, 1646-1716)는 유물론자들이 생각한 원자와 같은, 그보다 더 작은 것으로 환원될 수 없는 수많은 실체들이 있고 이들은 모두 물질적이며 정신적인 특성들을 가지고 있다고 생각하여 이런 실체들을 **단자들**(monads)이라 불렀다.

하지만 근대철학의 최고의 이야기는 데카르트 이후 영국으로 건너갔다. 영국의 철학자들은 데카르트의 뒤를 이어 경험의 가장 확실한 측면들을 찾아 분석한 다음, 그 토대 위에 지식을 세우려고 했다. 오늘날에도 사람들에게 가장 확실한 것이 무엇이냐고 물어보면 아마도 자신들이 보고 듣고 만지는 것이 가장 확실한 것이라고 말할 것이다. 다른 신념들 역시 감각적 경험들을 통해 배운 것 위에 건립된 것이라고 볼 것이다.

데카르트는 사람이 눈으로 보기는 하지만 실재하지는 않는 것, 가령 꿈이나 환상 같은 것이 있음을 인식했다. 그렇다면 여기서 우리의 경험들 역시 꿈일 수도 있지 않는가 하는 질문이 생긴다. 그는 그것이 그렇지 않음을 확신하기 위해 서둘러 신에게로 움직여갔다. 하지만 영국 철학자들은 신을 이런 식으로 이용할 준비가 되어 있지 않았기 때문에 자신들이 본 것이 무엇인가에 대한 질문을 계속하였다.

그들이 성찰한 것이 무엇인지를 이해하기 위해 이런 질문을 던져보자. 당신이 의자나 별을 볼 때, 당신의 시각 경험 속에 생기는 데이터는 무엇인가? 당신은 물리적 대상(physical object)을 보는가, 아니면 데카르트가 말했던 물질적 실체(material substance)를 보는가? 영국의 경험론자들은 둘 다 아니라고 보았다. 이들에 의하면 시각적으로 주어지는 것은 색채의 작은 조각들에 불과하며, 당신은 이런 조각들로부터 원래 그 색채를 가진 어떤 대상이 있음을 추론할 뿐이다. 여기서 한 걸음 더 나아가면, 당신은 그 색채가 그 대상에 있는 것이 아니라 당신의 경험 속에 있다고 말할 수 있다. 그렇다면 당신이 어떤 것을 경험했다고 해서 그런 대상이 있다고 보장할 수 있는가? 분명히 할 수 없다!

물론 의자의 경우 당신은 걸어가서 그것을 만져봄으로써 당신의 추론을 검증할 수 있으며, 또한 그 위에 앉아보고 그것이 당신의 몸을 받쳐주는 것을 느낄 수 있을 것이다. 이때 당신은 당신이 시각 경험으로부터 추론한 것이 맞는다고 확신한다. 하지만 이런 촉감을 통한 경험 역시 시각적 경험과 마찬가지 상태에 있다. 곧 그것 역시 우리의 경험에 속해 있는 것이다. 우리가 물질적 실체라고 부르는 대상들은 그것들 안에 이런 특성들을 가지고 있지 않다.

물론 우리는 데카르트가 말한 것처럼 연장(extension)에 의해 특징 지워지는 물질적 실체들이 있다고 계속 주장할 수 있다. 우리는 이것들이 어떤 식으로든 우리의 경험 이전에 이미 존재하고 있다고 추정한다. 하지만 우리는 그것들에 대해 아무것도 말할 수 없거나, 어떻게 그것들이 우리 경험의 데이터 이면에 있는지 말할 수 없다.

영국의 경험론 전통의 가장 극점에 서 있는 인물은 데이비드 흄(David Hume, 1711-1776)이다. 그는 이런 비판적 성찰을 통하여 일관된 결론들을 도출해냈다. 그에 의하면 우리가 가지고 있는 것은 색채의 조각, 소리의 형태, 촉감적 느낌, 향기, 맛 같은 감각적 데이터뿐이다. 그것들은 모두 **외양들**(appearances)이다. 혹은 외양들이란 단어가 그저 시각적 데이터에 대해서만 생각하게 만든다면 **현상들**(phenomena)이라 불러도 좋다. 아무튼 이것들이 경험의 기본적 요소를 구성한다. 하지만 그것들은 독립적으로 존재하는 외적인 세계에 대해서는 아무것도 말하지 않는다. 그것들은 그냥 당신 정신 속에 생겨나 있을 뿐이다. 당신은 이런 철학을 **현상론**(phenomenalism)이라 부를 수 있을 것이다.

다른 근대철학자들과 마찬가지로 흄은 과학의 발전에 큰 인상을 받았다. 그는 현상론을 적용하는 가운데 과학자들이 과학에 핵심적인 인과율(causality)이란 생각을 너무 쉽게 전제하고 있다는 데 큰 관심을 가졌다. 흄은 이렇게 추론했다. 과학자들은 자신들이 사건들에 영향을 미친 원인들을 찾는다고 생각한다. 예를 들면 그들은 당구공 하나가 다른 당구공을 칠 때 첫 번째 당구공의 움직임이 두 번째 공을 특정 속도와 특정 방향으로 움직이게 하는 원인이 되었다고 상정한다. 하지만 만일 당구공들이 사람의 경험 속에서만 나타나는 외양, 곧 현상에 불과하다면, 인과율에 대한 과학적 가정들은 아무 의미가 없게 된다. 하나의 외양(one appearance)이 반드시 다른 외양들(appearances)을 유발한다고 말할 수 없는 것이다.

흄은 인과율을 심리학적인 관점에서 새롭게 생각함으로써 이 문제를 해결하려고 했다. 그는 우리가 일련의 외양들을 오랫동안 반복해서 경험하게 되면, 첫 번째 외양이 발생할 때 두 번째 외양이 따라올 것이라는 예상을 하게 될 것이라고 보았다. 그렇다면 인과율이란 외적 세계에서 실제 일어나는 것이 아니라 우리의 심상 속에 일련의 외양들이 규칙적인 순서로 일어나는 것으로 이해될 수 있다. 우리는 어떤 힘이 하나의 **순간**(sensum)에서 다른 순간으로 전달되는 것은 경험하지 못한다. 하지만 우리가 스위치를 켤 때 불이 들어오는 것을 반복적으로 경험한다. 이로 인해 우리는 스위치를 켜는 것이 불이 들어오게 하는 원인이 되었다고 말한다.

하지만 흄이 말하는 순서의 규칙성이 과학자들이 말하는 인과율이 아닌 것은 너무 당연하다. 낮과 밤이 계속 이어지는 것은 모두 잘 알지만, 과학자들은 낮이 밤의 원인이 되었고 또 밤이 낮의 원인이 되었다고 말하지는 않을 것이다. 과학자들은 연속되는 일들의 원인을 찾았고, 그렇게 하지 않았다면 그 어떤 천문학도 존재하지 않았을 것이다. 하지만 흄의 철학적 분석에 의하면 여기에 대해 더 이상 말할 것이 없다.

흄은 다른 주제들, 가령 종교에 대해서도 글을 썼다. 하지만 여기에서는 물리적 세계를 오직 감각 경험의 내용으로 철저하게 환원시켜버리는 태도를 일관되게 유지하지는 않았다. 하지만 그의 세속주의적 주장은 모든 곳에 영향을 미쳤다. 예를 들면 그는 기적에 관한 책을 한 권 썼다. 그의 시대에 이 문제와 연관된 주된 질문은 자연법칙에 부합하지 않는 사건들이 실제로 일어나는가 하는 것이었다. 어떤 기독교인들은 자연법칙을 만드신 분은 하나님이시기에 특별한 경우에는 그것을 잠시 다르게 하실 수 있다고 하면서 기적을 옹호했다. 흄은 이런 주장에 반하여 기적에 대한 충분한 증거가 없다고 했다. 생명 전체를 통해 볼 때, 사건들은 규칙적으로 일어난다는 증거가 있다. 거의 무한할 정도로 많은 이런 증거에도 불구하고, 어떤 사람들은 이런 규칙성을 파괴하는 사건을 보았다고 증언한다. 여기에서 흄은 자연의 규칙성이 잠시 중단되었다고 보기보다는 그들이 오류를 범했다고 가정하는 것이 훨씬 더 설득력이 있다고 주장했다.

이런 논증은 자연법칙에 대한 흄의 이해에 비추어 보면 상당히 근거가 빈약하다. 흄은 자연의 모든 사건은 자연법칙에 부합된다고 주장한다. 과학자들 역시 그렇게 주장하지만, 그들이 그렇게 주장하는 것은 경험적 근거가 있기 때문이 아니라 그들의 형이상학 때문이다. 곧 그들은 물질과 정신을 완전히 다른 것으로 보는 이원론적 형이상학을 가지고 있었고, 이로 인해 심리적 요소들은 물리적 사건들에 아무런 영향도 미치지 못한다고 보았다. 하지만 이런 부인에는 아무런 경험적 증거가 없다. 적어도 인과율에 대한 흄의 현상론적인 이해에는 이런 이원론적인 가정들을 뒷받침하지 않았다. 만일 흄이 보았듯이 자연법칙들이 그저 계속 규칙적으로 이어지는 감각 경험의 결과로 이해된다면, 흄은 그 시대의 과학자들이 주장하는 것과 똑같이 말할 수 없을 것이다. 실상 치유가 일련의 관찰에 의해 확립된 법칙들에 의해서만 이루어진다는 그 어떤 분명한 증거는 없다. 결국 기적에 대한 흄의 거부는 그가 그 자신의 철학이 거부하는 데카르트적인 이원론과 자연에 대한 유물론적 이해의 영향을 여전히 받고 있음을 보여줄 뿐이다.

흄은 하나님에 대한 신앙을 옹호하는 논증들을 비판했다. 그는 하나님의 존재를 막무가내로 거부하지는 않았는데, 이는 이 문제에 대해서는 확신이 별로 없었고 또한 이로 인한 사회적 압박을 피하고 싶었기 때문이었을 것이다. 하지만 그의 이론에 의하면 하나님의 존재를 말할 수 있는 그 어떤 근거도 존재하지 않는다. 하나님은 경험되는 것들만 말하고자 하는 그의 현상학적 세계에서는 자리를 갖지 못한다. 또한 하나님이 세계나 세계 안의 어떤 것의 원인이라는 주장 역시 그의 인과율에 대한 분석에서는 배제된다. 이는 그 누구도 하나님이 행동하시고 세계를 존재케 하는 일련의 반복되는 행위들을 관찰했다고 주장할 수 없기 때문이다. 흄이 무신론적 결론을 분명하게 이끌어냈다고 말할 수는 없으나, 그의 철학은 결국 그런 결론으로 갈 수밖에 없었다. 경험에 대한 흄의 분석은 당시의 지배적인 지적인 문화가 무신론(atheism)으로 기울어지게 하는 하나의 주요한 원인이 되었다.

윤리에 대한 흄의 저술들 역시 동일한 세속주의적인 헌신을 보여준다. 그에 의하면 경험으로부터 추상화된 이성은 옳고 그름, 선과 악에 대한 지식의 원천이 될 수 없다. 그렇다고 해서 감각 경험이 그런 기준을 줄 수 있는 것도 아니다. 그런 기준들은 객관적인 실체를 가지고 있지 않다. 그럼에도 불구하고 어쨌든 윤리에 대한 논의는 감각들 혹은 정서들로부터 시작해야 한다. 우리는 그것들에 따라 적절하게 행동한다. 우리의 감정들에는 타인에 대한 동정도 있지만 기본적으로 그것들은 자기 위주이다. 그렇다고 해서 흄이 자기 이익에 따라 계산적으로 살아갈 것을 말하지는 않았다. 오히려 흄은 사회의 이런 모습을 꿰뚫어보고 거기에서 자유하게 되는 삶을 살라고 말한다. 아무튼 흄에 의하면 우리의 진정한 감정은 대인 관계 속에서 우리에게 유리한 방식으로 행동하도록 만든다. 흄에 의하면 다른 사람의 행복을 위해서 희생할 것을 기대하거나 요청할 이유는 결국 없는 것이다.

3. 독일 관념론

흄의 철학에서 물질세계는 현상적 세계로 대체되었다. 하지만 영국의 많은 철학 작업은 흄의 결론을 따르지 않았다. 이 철학들 대부분은 흄의 분석이 왜 틀렸는지를 보여주지는 못하면서도 상식적인 실재론(commonsense realism, 외부 세계는 우리의 인식과 관계없이 실제로 존재한다는 생각 - 옮긴이)으로 되돌아갔다. 이로 인해 근대철학의 역사를 서술하는 사람들은 이 지점에서 흄의 영향 속에 철학의 새로운 시대를 열었던 독일의 철학으로 돌아간다. 여기에서 핵심 인물은 임마누엘 칸트(Immanuel Kant, 1724-1804)였다. 그는 데카르트가 시작한 철학적 기획이 흄에게 와서 막다른 골목에 도달했음을 보았다.

이 말이 칸트가 다른 근대철학자들보다 세속주의적 접근을 적게 했다는 말은 아니다. 그는 단지 세속주의적 철학으로 인해 세속주의적 과학이 손실을 입는 것을 원치 않았을 뿐이다. 그는 세속주의 철학이 그런 결과를 가져온다면, 이 철학이 틀림없이 놓치고 있는 것이 있다고 보았다. 그는 감각 경험에 대한 흄의 분석이 정당하다고 전제하는 가운데 철학이 과학의 정당성을 인식하려면 어떻게 해야 하는지를 물었다.

칸트는 흄의 분석을 더 심화했다. 칸트는 감각 경험 그 자체로는 인과율뿐 아니라 시간과 공간 역시 제대로 이해할 수 없음을 보여주었다. 하지만 우리의 경험을 살펴보면 감각 자료(sensory data)는 시간적이며 공간적인 방식으로 조직된다. 그렇다면 외부 세계에 대한 우리의 지식은 감각 경험의 내용**으로만** 주어지지 않음이 확실하다. 무엇인가 다른 것이 작동하고 있을 것이다.

우리는 이 다른 활동이 무엇인지, 그리고 그것이 어디에서 발생하는지 물어야 한다. 칸트가 볼 때, 현상들은 그 자체를 조직화하지 않으며, 또한 외부에 독립되어 있는 세계 역시 현상들을 조직화하지 않는다. 그렇다고 해서 신이 이것을 조직했다고 할 수도 없다. 이 맥락에서는 신을 말할 근거가 없기 때문이다. 그럼 사람들이 각자 알아서 감각 세계를 조직화할 수 있는가? 만약 그렇다면 대혼란이 일어날 것이다. 따라서 칸트는 사람들이 공간적, 시간적으로 감각 세계를 조직화하는 내용은 모두 거의 비슷할 것이라고 결론을 내렸다.

여기에서 칸트는 이처럼 감각 세계를 조직화하는 힘은 보편적인 인간 가이스트(Geist)에게서 찾을 수밖에 없다고 결론을 내렸는데, 가이스트는 '정신(mind)' 혹은 '영(spirit)'으로 번역될 수 있다. 그에 의하면 현상들에 대한 이런 조직화로 인해 우리는 시간과 공간을 인식하게 되며 이 점에서 인간 정신은 세계의 창조자라고 할 수 있다.

칸트는 여기에서 한 걸음 더 나아간다. 근대 과학은 시간과 공간뿐 아니라 인과율에 의해 질서 잡히는 세계를 필요로 한다. 과학과 실제로 일반 상식이 요청하는 인과율은 흄이 말한 규칙적인 연속성 이상의 것이어야 한다. 여기에서 칸트는 인과율에 꼭 있어야 하는 필연성이란 요소도 정신이 제공한다고 주장했다.

이처럼 칸트에서 시작되어 정신의 적극적 활동에 집중하는 이런 철학의 흐름은 뒷날 관념론(German idealism)으로 발전했다. 그것은 플라톤의 관념론과 아일랜드의 철학자 조지 버클리(George Berkeley, 1685-

1753)의 관념론과 구별하기 위해 독일 관념론(German Idealism)이라 불린다. 하지만 칸트는 현상 이면에 선험적 실재(noumenal reality)가 있다고 가정했다는 점에서 순수한 관념론자는 아니었다. 그가 말하는 선험적 실재는 데카르트가 말하는 실체의 자리를 차지했다. 선험적인 것(noumenon)은 인간 경험에 현상들을 발생시키는 모든 객관적인 실재를 가리키는 말이다.

우리는 칸트가, 선험적 세계는 인간 정신에 원인적 효과를 초래함으로 현상들을 만들어낸다고 말하고 있는 것으로 오해할 수 있다. 하지만 그가 이해하는 인과율은 이렇게 적용될 수 없다. 그가 선험적 세계를 말한 것은 그저 우리 인간 경험 너머에 혹은 밖에 어떤 것이 존재한다는 것을 거부하고 싶지 않았기 때문이다. 칸트는 선험적 세계가 그 자체로 어떤 것인지, 혹은 그것이 현상계와 어떻게 연관되어 있는지를 말하지 않았다. 이런 영향 속에서 칸트의 후예들은 선험적 세계에 대해 말하는 것을 완전히 포기하고, 그의 기본적 철학이 가진 관념론적인 함의들을 받아들이는 것으로 만족했다.

칸트의 가장 중요한 저작은 『순수이성비판 The Critique of Pure Reason』이란 제목이 붙은 그의 첫 번째 비판서였다. 이 책은 세계에 대한 우리의 지식을 다룬다. 이 책에서 그는 정신이 어떻게 감각자료들을 조직화하는지, 그리고 이렇게 정신이 만든 세계에 대해 우리가 무엇을 말할 수 있고 무엇을 말할 수 없는지에 대해 말한다. 그에 의하면, 우리가 말할 수 있는 것은 기본적으로 과학에 대한 것이다. 말할 수 없는 것은 주로 신학이며, 있을 법하다고 강변하는 모든 주장들도 여기에 포함된다.

앞 장에서 근대 과학에 대해 논의하면서 나는 그 이른 시기에는 과학자들이 다양한 세계관의 영향을 받았고, 그런 세계관을 따라 그들의 자료를 해석했다고 말했다. 하지만 칸트 시대에는 자연에 대한 데카르트의 기계론적 관점이 충분히 힘을 얻어, 칸트는 그것이 과학이 생각할 수 있는 유일한 방식이라고 생각했다. 그는 이런 세계관의 범주들이 인간 정신에 새겨져 있다고 보았으며, 그렇게 함으로써 이후에도 이런 범주들이 과학을 지배하게 되었다.

윤리에서는 칸트가 흄과 달랐다. 그는 윤리에 대한 흄의 느긋한 태도나 종교적 믿음에 대한 적대감을 공유하지 않았다. 그는 윤리나 종교를 첫 번째 비판에서 설명했던 세계에 대한 지식과 확고히 분리할 필요가 있다고 보았다. 그는 이 주제를 다루기 위해 두 번째 비판서인 『실천이성비판 The Critique of Practical Reason』을 썼고 이 책 역시 후대에 큰 영향을 미쳤다. 여기에서 그는 그의 유명한 정언명령(categorical imperative)을 전개했다. **"우리의 행동을 다른 사람들이 모두 따라 하도록 해서는 안 되는 행동이라면 결코 해서는 안 된다."**(We should never act in a way that we could not will that people in general would act).

칸트는 이런 도덕적 명령에는 결코 예외란 없다고 보았다. 그에 의하면 비록 그로 인해 부정적인 결과가 예측된다 해도 우리는 거기에 복종해야 한다. 또한 이 명령은 보상이나 처벌과 완전히 관계가 없이 따라야 한다. 그에 의하면 옳은 것은 그 자체로 옳은 것이고 그 어떤 것을 이루기 위한 수단이어서는 안 된다.

물론 칸트는 정의는 결국 보상을 받고 죄는 결국 처벌을 받는 세상에 우리가 살고 있다고 믿는 것이 올바르고 적절하다고 생각했다. 하지만 이런 종류의 정의는 이 땅에서 잘 발견되지 않는다. 여기에서 칸트는 이런 정의는 공의로운 신(God of justice)이 있고 또한 내세(life after death)가 있어서 거기에서 충분한 보상을 받을 수 있을 때만 작동할 수 있다고 생각했다.

칸트는 이런 주장이 신이 존재한다는 증명이라고는 생각하지 않았다. 그에 의하면, 우리가 선험적 세계 그 자체에 대해 말할 수 없는 것처럼 하나님의 실재 자체에 대해서도 말할 수 없다. 하지만 그는 궁극적인 정의가 있다고 상정하는 것이 합당하다고 보았기에 이를 위해 하나님이 존재함을 상정했다.

비록 칸트는 이 책을 순전히 세속주의적인 원리들에 근거하여 썼으나 우리는 이것을 순전히 세속주의적인 작업이기보다는 그가 받아들인 기독교적 유산의 어떤 부분들을 세속화한 것이라는 판단을 할 수밖에 없다. 이 점은 그의 『이성의 한계 내에서의 종교Religion within the Limits of Reason Alone』에서 더 분명하게 나타난다. 이 책에서 **종교**는 기본적으로 기독교를 가리킨다. 칸트는 비판적인 분석을 견디어낼 수 있는 기독교의 어떤 특성들을 서술했다. 다른 말로 바꾸면 그는 기독교를 세속화하고 있었던 것이다.

칸트의 첫 번째 비판은 그 이후의 지성사에 엄청난 중요성을 가진다. 그것은 감각 경험이 감각들이나 현상들 외의 다른 세계에 대한 지식을 알게 하지는 않는다는 흄의 관점을 확언했다. 이로 인해 칸트 이후에는 감각 경험의 대상들이 되는 독립적인 실재가 있다고 상정하는 것은 그저 소박한 실재론(naive realism)으로 무시되었다.

칸트 이후 독일어를 사용하는 지역의 철학은 비판적 시기와 비판 이전 시기로 나뉘어졌다. **비판적**(critical)이란 단어는 이중적인 의미를 가지고 있다. 먼저 그것은 칸트의 첫 번째 비판 이전의 전비판적 철학이나 칸트의 비판을 고려하지 않는 철학을 가리키는 말이다. 두 번째로 그것은 심각한 비판의 수준까지 도달하지 못한 생각을 의미한다. 아무튼 칸트의 영향이 너무 컸기에, 그의 첫 번째 비판을 고려하지 않는 칸트 이후의 철학은 고려할 가치가 없는 것처럼 되어버렸다.

칸트가 인간 정신 혹은 영의 창조성(creativity)을 강조한 이후 거의 전례 없는 탁월한 철학의 시대가 열렸다. 철학자들은 물리 세계와 그 과학적 탐구에는 더 이상 관여하지 않게 되었지만, 비상할 정도로 탁월한 창조성을 가진 사람들이 그 문제들에 관심을 가졌다. 그들은 그들의 경험과 경험에 근거한 추론에서 확고한 토대를 발견하고자 하는 엄격히 세속주의적 프로그램을 따르지 않았다. 대신에 가장 중요해 보이는 질문들을 다루었고, 이를 위해 가능한 모든 자원들을 이용했다.

19세기 독일의 경우, 전통적인 길을 세속화하는 것과 세속주의적 철학 사이를 구별하는 것은 그렇게 분명하지 않았다. 슐라이어마허(Friedrich Schleiermacher, 1768-1834)는 19세기 전반기의 가장 중요한 신학자였지만 영향력 있는 철학서들을 썼다. 철학자인 루트비히 포이어바흐(Ludwig Feuerbach, 1804-1872)는 기독교를 철저히 세속화하는 길을 감행했다. 쇠렌 키에르케고르(Søren Kierkegaard, 1813-1855)은 철학자이지만 동시에 신학자였다.

이 시기의 가장 중요한 인물은 프리드리히 헤겔(Friedrich Hegel, 1770-1831)이며, 그의 가장 중요한 공헌은 철학에 역사를 도입한 것이다. 칸트가 경험을 구조화하는 하나의 보편적인 가이스트를 말했다면, 헤겔은 세계를 형성하는 데서 각 문화가 그 자체의 범주들을 발전시킨다고 생각했다. 그는 이것들이 펼쳐지는 순서에 어떤 논리가 있다고 보았다. 칸트와 마찬가지로 그는 가이스트를 활동적인 것으로 이해했고, 인간 역사를 가이스트의 자기 펼침(self-unfolding of Geist)으로 해석했다.

헤겔의 이런 해석을 기독교를 세속화한 것이라고 말하기는 어려울 것이다. 하지만 그의 해석은 역사를 깊은 차원에서 인간 의미의 맥락(context)으로 보는 기독교적 해석의 영향을 받고 있다. 더 나아가 헤겔은 기독교가 역사의 전개과정에서 가장 중요한 역할을 한다고 보았다. 그는 역사의 최종적인 완성이라는 의식을 철학 속에 도입했다.

헤겔이 이해한 철학의 과제와 데카르트부터 흄에 이르는 근대 전기의 철학자들이 이해했던 과제는 놀랄 정도로 서로 대조된다. 즉 근대 전기 철학은 무역사적(ahistorical)이었다. 이것은 우발적인 것이 아니었지만, 그 세속주의적 프로그램 속에 이런 무역사성이 내장되었다. 전기 철학이 이해하고자 했던 세계는 무역사적 세계였고, 그것이 의존했던 경험과 이성에 대한 감각 역시 무역사적이었다. 근대 전기 철학은 자율성(autonomy)을 추구했고 모든 의심스러운 것을 거부하고자 했지만, 그런 노력 속에 과거의 사건들에 대한 탐구는 포함되지 않았다. 그것은 진리에 대한 질문은 던졌으나 의미에 대해서는 질문하지 않았다.

이와 대조적으로, 헤겔은 사람들이 세계를 생각하고 경험하는 방식은 그 자체로 역사 안에서 형성되었고 또한 계속해서 형성된다고 보았다. 그에 의하면 삶의 의미는 역사에 참여하는 가운데 발생한다. 우리는 역사적 존재들로서, 우리 자신들을 이 가이스트의 전반적인 전개가 이루어지는 곳인 역사 안에 둘 때 우리 자신을 이해하게 된다. 그리고 가이스트의 발전에는 위대한 길들이 주도적 역할을 한다.

인간 역사에 대한 헤겔의 설명에는 심각한 결점이 있다. 문명의 역사를 가이스트의 직선적인 발전(a linear development of Geist)의 역사로 나열하려 했던 그의 시도는 실패였다. 또한 그의 관점에 의하면, 그가 기술한 모든 문화들은 상대화되어야 하지만 그 자신의 관점은 예외로 두고 있는 듯하다. 곧 그는 다른 모든 것은 역사적 상대성 안에 있지만, 그 자신의 관점은 가이스트의 역사(history of Geist)를 조사할 수 있는 위치에 있는 듯 서술한다. 하지만 헤겔이 실패했다면, 그것은 독일 사상가들의 지적인 문제를 변혁시킨 화려한 실패라고 할 수 있다. 19세기는 엄밀한 학문적 방법들과 사변적인 전망을 결합한 역사에 대한 연구를 통해 의미에 대한 탐구를 시작했으며, 이 점은 성경 및 전통적 기독교와 공명하는 부분이다.

이런 기획은 기독교에 큰 영향을 미쳤다. 역사에 대한 탐구가 본격화됨으로써, 학자들은 한편으로 역사적으로 독특한 기독교의 본질을 이해하려고 했다. 또 다른 편에서는, 이스라엘에서의 사상의 발달사를 비판적이며 역사적인 학문을 통해 탐색하려고 했고 역사적 예수(the historical Jesus)에 대한 탐구를 시작했다. 학자들은 처음으로 복음서 이야기들이 실제 일어난 사건들과 해석 그리고 전설의 층들(layers)로 이루어져 있음을 깨닫게 되었으며, 이로 인해 이런 탐구에 필요한 방법론에 대해 생각하게 되었다. 그 결과 역사 기술에 대한 연구가 급속히 진행되었고, 해석 혹은 해석학(hermeneutic)이 중심적인 학문 분야가 되었으며, 곧 신학과 철학의 한 부분이 되었다.

세계의 역사적 발전이라는 관점에서 보면, 헤겔 철학의 가장 중요한 결과는 칼 마르크스(Karl Marx, 1818-1883)를 통해 이루어졌다. 마르크스는 역사가 변증법적인 과정을 통해 발전되어간다는 헤겔의 사상에서 영감을 얻었다. 하지만 그는 역사의 운동이 순수한 사고가 아니라 경제생활의 양식들에 의해 형성된다고 보았다. 그는 이런 생각을 **변증법적 유물론**(dialectical materialism)이라 불렀다. 그런데 그가 말하는 유물론은 데카르트의 유물론과 다르다. 그가 말하는 물질은 물리학이 탐구하는 자연 세계의 재료로서의 물질이 아니라 경제 활동을 뜻한다. 마르크스는 전통 종교에 비판적이었고, 그것이 이 세상 사람들의 진정한 필요에 관심과 에너지를 쏟지 못하게 만든다고 보았다. 하지만 이 책에서 다루는 여러 이론들처럼, 그는 히브리 예언자들에 의해 영감을 받았고 그의 작업은 기독교적 사고에 깊이 공헌했다.

쇠렌 키에르케고르는 헤겔의 관점, 즉 역사의 운동들을 가이스트의 역사와 같은 것으로 보면서 실제 세계를 만들어가는 구체적인 개인들을 무시하는 헤겔의 관점에 반기를 들었다. 그는 개인의 결단, 즉 역사적인 힘들이나 가이스트의 운동들에 의해 결정되지 않는, 이런 개인들의 결단할 수 있는 능력을 중요하게 보아야 함을 말했다. 그는 각 사람의 아주 개인적 삶에서 의미를 찾았다. 위에 언급한 사람들과 달리 그는 자신의 작업이 기독교 신앙을 해석하는 것, 아마도 세속화하는 것으로 이해했다. 하지만 그는 실존주의(existentialism)의 아버지로서 철학에서도 중요했다.

프리드리히 니체(Friedrich Nietzsche, 1844-1900)는 그 나름의 독특한 세속주의를 시도한 탁월한 사상가였다. 그는, 오늘날의 세속주의자들조차도 이 점을 충분히 인식하지 못하고 있을 정도로, 19세기 후반의 서구 사회가 기독교에 의해 아주 깊이 착색되어 있으며, 따라서 그의 시대를 기독교 유신론으로부터 해방하는 것이 얼마나 엄청나게 큰 변화인지를 깊이 인식하고 있었다. 그의 작업은 서구 문화에 미친 기독교적인 영향을 뒤집고 역전시키는 데 집중되었다. 그는 가치들에 초점을 맞추었다. 그는 전형적인 세속주의자에게서 볼 수 없는 수준의 열정으로 새로운 가치들의 탄생을 요청했다. 그가 진정 의도한 것이 무엇이었는지에 대해서는 아직도 논쟁이 분분하지만, 그의 주장은 자신의 이익을 위해 힘을 행사하는 것을 도덕적으로 제약해서는 안 된다는 사람들의 논증을 지지했다. 이 책에서 내가 제시하는 범주로서는 그는 물려받은 전통들을 세속화하기보다는 새로운 세속주의를 시도한 사람이라고 할 수 있다.

4. 20세기와 세속주의로의 회귀

19세기 독일 전통의 위대한 철학자들은 또한 사회 전체의 지적인 지도자들이었다. 그들은 원래적 의미에서의 철학자들, 곧 지혜를 사랑하는 사람들이었다. 20세기에도 이런 전통을 이어온 몇 명의 철학자들이 있었고, 그 중 일부는 자연 과학과의 만남을 시도하기도 했는데, 나는 이 책의 9장에서 그들을 다룰 것이다. 또한 관념론 전통에 서서 연관된 모든 지식의 영역들에서 끄집어낸 중요한 질문들을 창조적으로 다룬 철학을 서술한 사람들도 있었다. 폴 리꾀르(Paul Ricouer, 1913-2005)와 찰스 테일러(Charles Taylor, 1931-) 같은 사람이 그런 예다.

하지만 전문적인 철학자들 사이에서는 철학자의 역할에 대한 이런 포괄적인 이해가 점점 부차적인 것이 되었다. 이렇게 된 데에는 19세기 철학이 과도하게 사변적이 된 데 대한 반발도 어느 정도 작용했다. 철학자들은 자신들이 더 신뢰할 수 있는 결과를 가져올 수 있는 제한된 주제들로 돌아갈 필요를 느꼈다.

19세기의 사변적 철학에 대한 가장 철저한 반발로 비엔나 학파의 논리 실증주의(logical positivism)를 들 수 있다. 철학은 가령 데이비드 흄의 철학의 경우에도 **가치와 목적**에 대한 관심에 집중했고 직접적이든 간접적이든 어느 정도 이상 **삶의 의미**에 대한 질문을 다루어왔다. 하지만 실증주의자들은 이 모든 것을 제거해 버렸다. 그들에게 유일하게 의미 있는 문장들은 과학적인 방법들로 참과 거짓임을 말할 수 있는, **사실들**을 다루는 문장들이다.

하지만 실증주의자들은 이런 기준을 가지고도 진리의 의미에 대한 질문을 해결하지 못했다. 상식적으로 보면 어떤 사실에 대한 진술과 현실이 일치할 때 그것이 진리라고 생각한다(상응성, correspondence). 가령 물의 화학적 구성이 실제로 어떤 문장이 말한 것과 같으면 우리는 그 문장이 사실이라고 생각한다. 하지만 흄과 칸트 이래로 철학자들은 진리에 대한 이런 이해를 유지하기가 어려워졌다. 이런 상황에서 논리 실증주의자들은 어떤 문장에 근거한 예측들이 그대로 이루어지면 그 문장을 참된 것으로 보자고 주장했다. 예를 들어 어떤 조건들 속에서는 관찰자들이 어떤 숫자를 미터기에서 보게 될 것이라고 예측할 수 있다. 객관적인 세계에 대한 문장들처럼 보이는 것은 실상 반복되고 확인할 수 있는 인간 경험들이다. 하지만 이렇게 하다 보니 실증주의적 기준에 의하면, 슐라이어마허, 헤겔, 마르크스, 키에르케고르, 니체, 그리고 하이데거의 글들은 모두 무의미한 것이 되어 버렸다.

논리 실증주의자들의 주된 논점은 모든 사람이 확인할 수 있는 예측을 과학이 할 수 있다면 그 외의 다른 방법론들은 필요 없다는 것이다. 그리고 과학적 방법이 적용되지 않는 영역에 대한 언어적 서술은 아무런 의미가 없다는 것이다.

이처럼 너무 극단적이었기 때문에 실증주의는 한 세대 만에 힘을 잃어버렸다. 이 운동에 대한 비판가들은 무엇이 의미 있는가에 대한 실증주의의 선언들이 그 자체의 기준의 빛으로 보아 무의미함을 보여 주었다. 아마도 이런 철학이 쇠퇴하게 된 더 중요한 이유는 사람들은 좋고 나쁜 것에 대한 판단을 할 수밖에 없고, 또 이런 구별하는 판단들에 대해 논의하는 것이 무의미하다고 생각하지 않기 때문일 것이다.

어떤 철학자들은 특별한 주제들을 중심으로 서로 뭉치기도 했다. 20세기에 가장 야심찬 철학자들은 인간 삶의 총체적 현실을 계급 분석이란 렌즈를 통해 보았던 마르크스주의 철학자들이었을 것이다. 19세기에 시작된 해석학에 대한 연구는 20세기에도 계속되었으며, 철학의 과제를 이해하는 포괄적 방식이 되었다. 에드문트 후설(Edmund Husserl, 1859-1938)은 칸트가 발견한 창조적인 주체(creative subject)와 그 대상들에 대한 조심스러운 분석에 집중하는 현상학파(phenomenology)를 창시했다. 키에르케고르에게는 장-폴 사르트르(Jean-Paul Sartre, 1905-1980)와 마르틴 하이데거(Martin Heidegger, 1889-1976) 같은 후예들이 있었는데, 이들은 키에르케고르의 실존주의와 후설의 현상학을 결합시켰다. 진화 생물학, 상대성 이론, 양자 이론이 자연 세계와 그 안에서의 인간의 자리를 이해하려는 노력을 완전히 포기하지 못했던 사람들을 혼란에 빠뜨렸음이 분명하게 되면서, 흄과 칸트에 의해 끝나버렸던 **우주론적인 과업**을 새롭게 다시 시작해 보려는 철학적 관심이 소용돌이쳤다. 많은 흥미 있는 작업들이 이런 여러 학파들에 의해 이루어졌다.

하지만 사변적인 관념론이 붕괴된 이후의 가장 광범위한 결과는 철학에서 언어의 중요성이 부각된 것이었다. 흄은 감각 자료의 세계를 우선적인 것으로 볼 때 생기는 결과들을 탐구했다. 칸트는 철학의 방향을 창조적 정신에 대한 분석으로 돌렸다. 하지만 20세기 철학, 특히 영어권에서의 철학은 일상적 언어로의 방향 전환이며, 이런 전환에서 가장 중요한 인물은 루드비히 비트겐슈타인(Ludwig Wittgenstein, 1889-1951)이다. 그와 함께 이런 언어적인 전환을 했던 사람들은 현상학이나 우주론에 거의 관심을 가지지 않았다. 언어는 다른 것들을 기술하는 도구가 아니라 철학적 성찰을 제공하는 유일한 실재이다. 이런 성찰은 어떤 종류의 통합적 추론에 대해서도 반대했고 이로 인해 이 광범위한 학파는 언어분석(linguistic analysis)철학파라고 불리게 되었다.

루드비히 비트겐슈타인은 영국에서 여러 해 가르쳤고 여러 세대의 영국 철학자들에게 영감을 주었다. 그의 사상은 계속 발전되어갔기에 학생들이 그로부터 받은 영감은 다양했다. 일반적으로 언어분석이라는 광범위한 운동에 참여했던 철학자들은 언어의 의미는 그것이 기능하는 방식에서 발견된다고 생각했다. 그 기능이 어떤 것을 지시하는 것이라면, 그 지시들은 언어 시스템의 다른 부분들을 지향한다. 언어밖에는 논의될 것은 아무것도 없다. 이 말은 비트겐슈타인이 언어 바깥에 있는 것에 대해서는 아무런 관심도 없었다는 말이 아니다. 오히려 그는 일종의 신비주의자적인 풍모를 갖고 있었던 것 같다. 하지만 그는 대부분의 신비가들과 마찬가지로 신비적으로 경험되는 것은 결코 언어로 표현될 수 없다고 진지하게 믿고 있었다.

따라서 영미 철학에서는 신비적인(the mystical) 부분이 별 역할을 하지 못했다. 하지만 사람들은 다양한 유형의 진술들을 구별할 수 있고 언어가 그 진술들 안에서 다르게 기능하는 것을 볼 수 있다. 비트겐슈타인은 그 자체의 규칙을 가진 다양한 언어 게임들이 있다고 했고 이런 영향 속에서 일상 언어 분석에 참여한 사람들은 실증주의의 획일주의적인 성향을 피할 수 있었다.

언어철학의 광범위한 흐름 안에는 다양한 지류들이 있었다. 어떤 것들은 인류가 직면한 위협들에 응답하는 데 도움이 될 수 있다. 가령 환경윤리 같은 중요한 영역의 철학자들은 인간이 자연 세계라는 맥락에서 어떻게 윤리적으로 이해되는지, 또한 정의가 다른 동물들이나 자연 세계의 다른 부분들에도 해당된다면 어떤 모습이 될 것인지를 탐구했다.

언어철학은 다양한 형태의 일상 언어에 대해 말하는, 그 자체의 거대언어(metalanguage)를 발전시키고 있다. 그것은 실증주의와 달리 모든 종류의 주제들을 고찰할 수 있는 문을 연다. 일상 언어로 전환함으로써 토대주의자의 프로그램이 원리상 배제했던 의미들에 대한 탐구도 가능하게 했다. 일상 언어 분석은 기독교 신학에도 적용될 수 있다.

하지만 기독교 신학이 이런 접근법을 선택할 때는 기독교인들이 하나님에 대해 말할 때 그들은 인간 언어를 초월해 있는 실재에 대해 말하고 있다는 명제를 포기하는 대가를 치러야 한다는 문제가 있다.

분석철학이 기독교 신앙에 어떤 의미를 줄 수 있는지를 가장 많이 검토한 사람들은 종교 철학자들이었다. 이들 가운데 가장 큰 그룹은 보수적 기독교인들로서, 이들은 철학의 역할이 의미 있는 명제와 의미 없는 명제를 구분한 다음 전자의 의미를 명료하게 표현하는 데 있다고 보았다. 곧 이들은 종교철학자들로서 자신들의 일은 기독교적 가르침들을 확언하기보다는 분석철학자들이 제공하는 기준으로 볼 때 기독교적 가르침들이 무의미하다고 주장하는 사람들의 주장과 달리 그것들이 의미가 있음을 보여주는 것이라고 말한다.

분석철학은 일상 언어나 특수한 언어들을 통해 표현되는 주제들에 대한 창조적 성찰을 시도하지 않는다. 이런 태도는 종교와 신학과의 관계에도 마찬가지이다. 철학의 다른 분야들에서도 상황은 비슷하다. 예를 들면 분석철학은 그 자신의 정치철학이나 철학적 우주론을 발전시키고자 하지 않으며 여러 학문 분과들 속에서 작동하고 있는 전제들도 검토하지 않는다. 또한 특정한 가치들을 추구하거나 무엇이 좋고 무엇이 나쁜지, 또 삶의 목적이 무엇인지 하는 질문들에 대해서도 답변하지 않는다. 혹시 이런 질문들을 고려한다 해도 그것들이 어떻게 기능하고 있는지를 객관적으로 다룰 뿐이다. 이런 점에서 언어 분석철학은 세속주의적인 논의가 흔히 배제하는 주제들을 다루기는 하지만 완전히 세속주의적인 탐구 유형이 되려는 의도를 계속 유지한다.

다른 한편 만일 철학이 언어의 분석에만 그 자체를 제한함으로써 철학자들이 모두 동의하는 보편적인 방법론들을 찾기를 희망했다면 그것은 다른 철학들과 마찬가지로 성공하지 못했다. 언어 분석 안에는 여러 가족들이 있고, 심지어 그 한 가족 안에서조차 최종적 결론에 도달할 것으로 보이지 않는 논의들이 계속되고 있다. 이 가족들 사이의 차이들은 점점 커져가며 순전히 객관적인 기준으로 볼 때는 해결될 것 같지 않다. 아무런 전제 없는 지식을 찾고자 했던 데카르트적인 이상은 다른 유형의 철학들의 경우와 마찬가지로 여기에서도 실패로 끝나고 있는 것이다.

분석철학 전통에 서 있는 철학자들이 데카르트적 기획의 실패를 인식하게 됨에 따라, 어떤 사람들은 오랫동안 출입금지 지역으로 여겨졌던 주제들을 탐구하는 새로운 자유를 발견하게 되었다. 그들은 분석철학의 특징인 언어의 정밀한 사용과 분석을 계속 유지하지만, 한때 '형이상학'이라고 거부당했던 질문들을 자유롭게 제기한다. 그들은 인식론적인 질문들과 존재론적인 질문들을 던진다. 언어는 더 이상 그들이 작업하는 포괄적인 지평이 아니다. 그것은 이제 그 자체를 넘어서는 실재를 언급하는 것으로 여겨진다.

철학 분야에서 종교에 대한 논의를 주도하고 있는 보수적 기독교인들은 이제는 곧잘 전통적 기독교 교리를 명료하게 하고 체계적으로 만드는 것을 자신들의 과업으로 삼는다. 그 전통 안에는 서로 경쟁하는 사상들이 있지만, 그들은 무엇이 가장 합리적인지에 대해 논증한다. 그들은 자신들 작업의 어떤 부분이 "신학"이라고 말하는 데 결코 주저하지 않는다.

5. 프랑스와 근대철학의 끝

근대철학은 프랑스인 데카르트부터 시작했지만, 그 주된 무대는 영국과 독일이었다. 프랑스는 오랫동안 로마 카톨릭 국가였고 교회에 대한 강한 반감이 있었음에도 불구하고, 프랑스 철학은 주로 로마 카톨릭적 철학이었다. 이로 인해 프랑스 철학은 데카르트적인 의심보다 아리스토텔레스와 교회의 가르침을 통합했던 토마스 아퀴나스의 영향 아래 있었다. 토마스주의(Thomism)는 기독교의 세속화에 중요한 역할을 했으며, 토마스주의 저술가들은 근대철학에 대한 강렬한 비판자들이었다. 20세기 전반기에 자크 마리땅(Jacques Maritain, 1882-1973) 같은 저술가들은 토마스주의 철학을 더 넓은 철학적 논의의 장으로 가져왔다. 하지만 이 당시까지만 해도 프랑스 철학이 철학계 전체에 미치는 영향은 아주 제한되어 있었다.

20세기 후반기에 프랑스는 철학적 흥분을 불러일으킨 세계 철학의 중심지가 되었다. 프랑스 사상가들은 구조적 사고를 도입했으며, 그 이후 **해체주의적 탈근대주의**(deconstructive postmodernism)라고 불리기도 하는 포스트구조주의(poststructuralism)를 가져왔다. 이 철학 역시 일종의 해석학이지만 다른 이름을 충분히 가질 수 있을 만큼 독일 전통과 현저하게 다르다. 근대주의가 다른 어떤 것으로 바꾸어 가고 있다는 생각을 널리 통용되게 한 것만으로도 그것은 근대성(modernity)과의 큰 단절이 일어났음을 보여주고 있다. 탈근대(postmodern)라는 용어를 사용함으로써 자신을 근대로 이해한 시기는 상대화되었고 계속 이어지는 시대들의 하나로 이해되기에 이르렀다.

근대는 많은 형태들과 주제들을 그 속에 품고 있기 때문에 그 뒤를 잇는 새로운 시기가 왔다는 선언 역시 많은 것들을 의미하게 되었다. 그것은 철학에서 데카르트적 시대가 끝났음을 의미할 수 있으며 이런 판단에는 상당한 근거가 있다. 데카르트는 전통적이며 대중적인 사상들을 철학적인 것들로 대체할 수 있으며 모든 사람이 확신할 수 있는 신념 구조를 만들고자 했다. 그리고 이런 관점에서 볼 때 근대철학은 한참 동안 죽어가고 있었던 것이다.

데카르트의 기획은 확실한 출발점을 발견한 다음, 믿을 수 있는 절차들을 밟아서 광범위한 결론들에 이를 수 있을 때 성취될 수 있었다. 이런 기획은 **토대주의**(foundationalism)라고 불리지만, 오늘날 이것을 지지하는 사람들은 거의 없다. 사상의 체계들을 구성하는 사람들은 이런 시도가 그저 사변적인 노력에 불과하다는 것을 인식한다. 반면에 사변을 피하고자 하는 사람들은 기술하고 분석하는 것은 할 수 있으나, 사람들이 중요하게 여기는 문제들에 대해서는 거의 말하지 못한다. 더 나아가 그들은 자신들의 제한된 작업에서도 부분적으로라도 논란의 여지가 있는 전제들을 피할 수가 없다.

대체적으로 보아 철학자들이 그들의 출발점에서 의심스러운 것을 최대한 피한 다음 앞으로 나아가려고 하면 할수록, 그들의 연구 결과들은 더 시시한 것들이 되어 버린다. 거기에다가 이런 시시한 결과들 역시 확고한 토대 위에 서 있지 않기 때문에, 데카르트적인 기획은 전체적으로 보아 실패했다고 보아야 한다. 물론 그것이 실패했다는 말이 그런 노력이 무의미했다는 말은 아니다. 그것은 많은 것을 배우게 한 장엄한 실패였다. 이제 **새로운 출발점**을 찾아야 하는 이유는 많이 있다.

근대철학의 프로젝트는 세속주의적이었고 그것은 실패했다. 하지만 세속주의적 프로젝트가 실패했다는 말이 세속주의 정신이 죽어버렸다는 말은 전혀 아니다. 미국의 주요 철학자인 리처드 로티(Richard Rorty, 1931-2007)는 그가 대문자로 표기한 철학(Philosophy)이 종언에 다다랐다고 말한다. 그에게 이 철학 전통은 플라톤부터 시작되었다. 그런데 그는 근대철학의 실패는 그것의 세속주의 때문이 아니라 충분할 만큼 세속주의적이지 않았기 때문이며, 이제 필요한 것은 더욱 철저한 세속주의 형태의 실용주의(pragmatism)라고 말한다.

근대가 시작될 때 비판적 사상가들이 가질 수 있었던 기본적 선택은 세속화하는 기독교인가 아니면 확고한 토대 위에 서서 독립적으로 성찰하는 것인가 하는 양자 사이의 선택이었다. 하지만 오늘날의 선택들은 좀 더 다양해졌다. 근대 세계는 더 오래된 전통들로부터 거의 분리되어 있는 다양한 이해 양식들과 실재에 대한 관점들을 만들어냈다.

새로운 제언들은 그들 각자의 가치체계들을 갖고 있다. 근대 이전에는 모든 가치체계들이 전통 문화들과 깊이 연결되어 있었기 때문에 세속주의자가 되고자 했던 사람들은 어떤 객관적인 가치들을 갖지 못한 채 끝이 났다. 심지어 그들이 추구했던 진리조차 객관적으로 선하다는 위치를 가지지 못하고 있었다. 전통과 대중적인 의견과 동떨어져서는 사변적인 체계들만이 확신 속에 가치를 주장할 수 있었다.

하지만 이런 사변적 체계들과 보통 사람들의 삶의 경험이 변화함에 따라 어떤 가치들이 확립되게 되었다. 그 가치들의 뿌리는 더 오래된 전통들에 근거하고 있지만, 이제는 이런 전통들을 언급하지 않고, 다른 원천들로부터 찾을 수도 있게 되었다. 그래서 새로운 세속주의가 발전될 수 있었는데, 이 새로운 세속주의는 그 뿌리가 문화적으로 확언되는 가치들에 근거해 있음을 부인할 필요가 없는 세속주의다. 예를 들어 프랑스의 탈근대주의자들의 해체주의적 작업의 많은 부분들은 해방에 대한 그들의 헌신에 의해 동력을 얻고 있다. 기독교인들 역시 해방에 헌신하지만, 그렇다고 해서 해체주의적 작업이 순전히 세속적인 방식, 곧 더 오래된 길들로부터 독립되어 있는 사상의 새로운 전통들에 근거할 수 없다는 것을 뜻하지는 않는다. 이처럼 폭넓은 의미에서 해체주의적인 탈근대론자들은 그들의 의도에서 철저히 세속주의적이다. 더 오래된 전통들에 호소하지 않으면서도 인권과 민주주의를 주창하는 철학자들 역시 마찬가지이다. 이처럼 폭넓은 의미에서의 세속주의자들은 더 이상 그들이 하는 일이 어떤 불확실한 전제들로부터 독립되어 있다고 주장할 수 없다.

20세기 후반부에 널리 논의된 주제는 문화적 전제들이 언어 안에 얼마나 깊이 침투해 있는가 하는 것이었다. 여성주의자들(feminists)은 가부장제도가 얼마나 일상 언어를 깊이 형성해왔는가를 보여줌으로써 이 문제에 공헌했다. 그러나 이 문제에 가장 깊이 관여한 집단은 프랑스 해체주의자들이었다. 그들이 해체하고자 한 것은 특히 언어였다. 그들은 언어가 어떻게 권력관계를 구성하며 행동을 통제하는지를 보여주었다. 그들은 사람들을 해방하기 위해서는 근대성의 언어가 변혁되어야 한다고 보았다.

이 운동을 **해체적**(deconstructive)이라는 용어로 규정하는 것이 중요하다. 언어 속에 깃든 권력관계들을 노출하는 과정은 해방에 대한 헌신이 그 동기가 되었을 것이다. 하지만 해체 과정 중에 정확하게 말해야 하는 것은 이런 헌신에 달려 있지 않다. 예를 들어서 우리의 언어가 가부장주의에 의해 형성되었음을 인식한다 해도 여성 해방에 헌신하지 않는다면, 이런 문제점은 효율적으로 의식화되지 않을 것이며, 여전히 사람들은 가부장제도와 그것을 형성한 언어를 용인할 수 있다.

여성 해방을 확언하는 것은 그런 단순한 인식과는 다른 행동이다. 그것은 논란의 여지가 있는 가치들(그 가치들이 비록 세속적 원천들로부터 기인했다고 해도)에 근거해서만 이루어질 수 있다. 한 사람이 가부장적인 언어를 해체하는 데서 한 걸음 더 나아가 여성 해방을 확언하고 여성에게 동등한 자리를 부여하는 관점과 언어를 위해 노력한다면 그는 **건설적인/구성적인**(constructive) 과업에 참여하는 것이다. 비록 이 과업을 전통적인 길에 호소하지 않고서도 할 수는 있으며, 그 일은 신학을 세속화하는 것과 병행한다.

프랑스 해체주의자들이 지금까지 주로 해 온 것은 해체였고 아직 이런 건설적인 기획에까지 이르지는 않았다. 그들이 재구성 작업을 시작하게 되면, 그들은 자신들이 지금까지 비판하고 거부해온 사변의 영역으로 들어가게 될 것이다. 우리가 19세기 독일에서의 논의를 볼 때 사변적인 사상가들의 의도가 무엇이었든지 간에 그들은 고대의 길들과 연관되는 것을 피하기 어려웠다. 전반적으로 보아 세속주의적 기획(secularist project)은 그 탈근대적인 형태에서도 여전히 통합적 관점이나 건설적/구성적 철학에 대해 부정적인 태도를 유지하고 있다.

6. 결론들

근대의 세속주의적 회의주의(secularist skepticism)는 결코 죽지 않았다. 그것은 계속해서 그 지경을 넓혀왔다. 하지만 그것이 처음에는 전통적인 길들, 특히 기독교적 가르침을 거부하는 데 집중했다면, 오늘날에는 통합하려는 철학 일반과 원래의 세속주의적 기획을 지향하고 있다. 그것은 존 듀이(John Dewey, 1859-1952)처럼 "확실성에 대한 탐구(quest for certainty)"는 거부되어야 한다고 보지만 그 탐구 범위를 점점 협소하게 만드는 가운데 개연성(plausibility)은 확보하고자 노력한다. 어떤 사람들에게는 확실성이라는 목표를 포기하는 것이 곧 전통적 철학적, 신학적 질문들을 모두 포기하는 것으로 보일 것이다. 그런가 하면 어떤 사람들은 모든 사람이 의견을 가지고 있고 그 어떤 의견도 틀리다고 말할 수 없으므로 기독교적 의견들 역시 더 이상 정당화하려고 노력할 필요가 없다고 주장한다. 그들은 신앙주의(fideism)도 문제가 없으며 공동체 안에서 어떤 신념들을 갖든지 문제가 없다고 생각한다.

반면에 어떤 사람들은 확실성이 없다는 것이 모든 의견들과 생각들이 똑같이 믿을 수 있음을 뜻하지는 않는다고 생각한다. 그들은 합리적인 신념들을 최대한 노력해서 찾아내는 것이 가치 있는 기획이라고 생각한다. 이 책은 이런 관점을 세속화의 한 부분으로 보고 있다. 합리적으로 바꾸어야 할 신념, 그리고 그만큼 적어도 세속화되어야 할 신념은 기독교인들의 믿음이거나 다른 종교전통을 가진 공동체의 신념, 대중화된 일반 상식 혹은 이전의 철학적 사변의 결과일 수 있다. 그 선택은 이런 성찰을 위해 선택된 것이 이미 아주 세속화되었다는 인식에 의해 영향 받을 수 있다. 데카르트적인 기획이 실패했다고 해서 사람들이 세속주의적인 편견을 포기하지는 않을 것이다. 하지만 회의주의가 널리 보편적이 되어버린 지금, 세속주의자들이 자신들을 세속화하는 기독교인들보다 더 합리적이고 객관적이며 중립적이라고 주장할 근거는 이미 사라졌다고 할 수 있다.

우리들의 현실과 우리 시대의 절박한 문제들을 가장 잘 이해하고 그런 문제들을 해결하고자 우리를 인도해줄 수 있는 원리들을 찾고자 할 때, 가장 특권을 누려온 철학자들이 도움을 줄 수 있으리라고 기대할 수는 없다. 이런 문제들은 그들의 질문들이 아니다. 설혹 그들이 생태적 문제들을 지원하거나 지구를 재난으로부터 구할 수 있는 정책들을 발견하는 데 관심을 갖고 있다고 해도 그들의 철학이 그렇게 하도록 만드는 것은 아니다. 철학자로서 그들은 초연함과 객관성을 길러왔고 그저 다룰 수 있는 질문들, 가령 언어가 기능하는 방식 같은 것만 다루려 한다. 과학에 깊은 관심을 기울이는 소수를 제외하고는, 철학자들은 자연 세계에 대해 말할 것을 거의 가지고 있지 않다.

6장

세속주의적 교육

1. 들어가는 말

이 책의 5장에서 나는 세속주의적 기획(secularist project)의 가장 순수한 형태는 결코 의심할 수 없는 명확한 사고의 토대를 발견한 후 역시 의심할 수 없는 단계들을 밟아가 마침내 결론에 이르는 것이라고 말했다. 그러나 안전하고 확실한 근거를 발견하려는 충동 가운데 철학의 범위는 점점 더 좁아지고 또 좁아졌다. **통합**(synthesis)을 위한 전통적 탐구는 사라지고 그 자리를 서술과 분석, 곧 현상론과 **분석**철학이 대신했다. 하지만 그렇게 해도 확실성은 얻을 수 없었다. 근대의 세속주의적 철학의 기획은 실패하였다.

이와 비슷한 상황이 고등교육에서도 발생했다. 여기에서 일어난 가장 중요한 변화는 인문/교양교육(Liberal Arts Education)이 근대적인 연구 대학교(Research University)로 바뀐 것이다. 인문/교양교육은 여러 세기 동안 조금씩 바뀌어 왔으나 학생들에 대한 개인적 관심과 그 학생들이 리더십을 행사하면서 섬길 수 있는 사회에 대한 관심을 언제나 가장 중요하게 생각하고 있었다. 이런 점에서 인문/교양 교육은 세속화하는 기독교가 제도적으로 구현된 것이라고 할 수 있다.

반면에 대학교들은 더 많은 사실적 지식을 얻도록 설계되었다. 데카르트와 마찬가지로 대학들은 순전히 객관적 방법들로 찾아낸 확실한 토대 위에 그 자체를 세우고자 했다. 그것은 가치중립적인 연구를 지향한다. 대학교는 어떤 특정한 가치들을 주입하는 것을 옹호하거나 추구하지 않기 때문에 그 연구는 결국 거기에 돈을 댈 수 있는 사람들을 섬기게 되며, 그 학문적 과정들은 현존하는 경제 체제에서 더 나은 직업을 갖도록 학생들을 준비시키는 것이 된다.

이것들 외에도 사회 속에서 더 유용한 일을 하도록 사람들을 준비시키는 것을 목적으로 하는 학교들이 있다. 오늘날 대학들은 더 많은 학생들을 등록시키려고, 극단적으로는 더 많은 학생들이 돈을 내고 듣기를 원하는 과목들만을 개설함으로써 대학이 돈벌이를 하는 지경에까지 이르고 있다.

물론 오늘날의 고등교육 기관들은 아주 다양하여 단순한 유형으로 획일적으로 말할 수 없다. 하지만 나는 마커스 포드(Marcus Ford)가 그의 책 『근대 대학을 넘어서 *Beyond Modern University* 』 (Praeger, 2002)에서 하는 분류가 적절하다고 보아서 이 책에서도 그의 분류를 따라 오늘날의 고등교육을 인문교육, 국가가 필요로 하는 직업교육, 연구, 그리고 돈벌이를 위한 교육이라는 네 가지 유형으로 나누어 생각하겠다.

오늘날 인류는 과거 어느 때보다 훨씬 더 심각한 도전 앞에 서 있다. 우리는 아주 빠르게 낭떠러지를 향해 치닫고 있으며, 이대로 간다면 살아남을 사람들은 거의 없을 것이다. 이런 상황에서 우리의 현재 행동들이 어떤 자발적인 변화들을 무효화시키는 끔찍한 결과들을 가져오기 전에, 우리는 교육을 통해 우리의 젊은이들이 사회의 방향을 재설정하는 데 필요한 지혜를 얻을 뿐 아니라 우리 모두가 자발적인 선택을 하도록 설복하기를 기대한다.

하지만 이런 기대를 가지고 오늘날 대부분의 젊은이들이 받는 교육을 보게 되면 상당히 실망스럽다. 오늘날 고등교육이라 불리는 것들 대부분은 교육이기보다 훈련에 더 가깝다. 이 훈련은 우리의 젊은이들이 계속해서 그 낭떠러지를 향해 가게 하거나, 그 낭떠러지에 신속하게 도달하는 데 집중되어 있다. 고등교육 기관들은 우리가 살고 있는 세상의 위기에 대해서는 거의 가르치지 않으며, 문제를 해결하는 길들이 있다는 것은 더더욱 말하지 않는다. 이로 인해 대학교의 학풍에 잘 적응할수록 학생들은 이런 문제들을 지엽적인 것으로 여기게 된다.

고등교육에서 학생들은 현실적이 되기를 배우며 이때의 **현실주의**는 비록 그것이 **집단적인 자기파멸**로 이끌어 간다 해도 현상유지를 받아들이는 것이다. 이처럼 현상유지를 지향한다는 점에서 대부분의 고등교육은 세속주의적이며 이런 세속주의의 잘못된 한 예로 다음 장에서는 경제지상주의(economism)를 다룰 것이다. 오늘날의 고등교육은 주로 이것을 섬길 뿐이다. 그래서 고등교육에는 별로 기대할 것이 없다. 오직 이제는 주변부화되어버린 약간의 인문교육에만 희망이 있을 뿐이다.

2. 인문/교양교육

고등교육의 역사는 어떤 면에서는 철학의 역사와 나란히 걸어왔고 어떤 면에서는 완전히 다른 길을 걸어왔다. 교육기관들 중에서 데카르트의 정신을 가장 가깝게 구현한 것은 19세기 전반기에 베를린에 세워진 첫 번째 연구 대학교였다. 반면 인문학들을 중심으로 하여 중세기에 건립되었던 대학들은 조금씩 그 모습을 바꾸면서 현재까지 어렵게 유지되고 있다.

이런 인문학 중심의 대학들은 기독교적 특성들과 고전 전통들을 계속 지켜온 기독교의 형태가 구체화된 것이라고 할 수 있다. 이런 대학들은 교회의 권위를 인정하면서도 기독교를 세속화하기 위해 노력해 왔으며, 신학을 학문의 여왕으로 인정하면서도 다른 학문들을 제지하려고 하지 않았다. 이런 대학들의 신학 연구는 학생들에게 신조를 주입하는 것이 아닌 아주 지적인 행위였고 여러 면에서 인문 교육의 확장이었다. 어떤 유럽 대학들에는 신학이 대학에서 가지고 있던 특수한 위치를 예전적으로 기억하는 전통이 아직까지도 남아 있다.

교회를 섬기고자 하는 사람들은 당연히 신학을 공부해야 했다. 교회는 서구 사회에서 가장 중요한 기관이었기 때문에, 교회를 섬기는 사람은 가장 높은 수준의 교육을 받아야 했다. 동시에 중세기의 사람들은 다른 형태의 섬김을 위한 지도력의 필요성을 인식했고, 여기에서 전문 직업들(professions)이라는 생각이 나타났다. 이로 인해 목회 외에 법학과 의학 분야가 학생들을 준비시키기 위해 대학에 포함되었다.

여기에서 전문적이 된다는 것은 사회 **안에서** 또한 사회를 **위해서** 책임 있는 역할을 감당함을 뜻했다. 이를 위해 인문학적 교육이 이루어졌고 이런 교육을 통해 학생들은 사려 깊은 지도자들이 될 수 있었다. 전문적이 되기 위해서는 물론 전문적 지식이 필요했지만 거기에는 단순한 전문가가 되는 것보다 훨씬 많은 것이 포함되어 있었다. 그것은 자신들의 기준을 함께 설정하고 그것을 함께 책임적으로 지키는 일원이 되는 것을 뜻했다. 전문적 식견과 실제적 기술이 요청되는 모든 부분에서 인문학적 교육이 요구되는 것은 아니었지만 중세기적 의미에서 전문가에게 요구되는 자율성과 책임성을 행사하기 위해서 인문학적 교육은 필수였다.

식민지 시대의 미국과 미합중국의 초기 역사에서 고등교육은 주로 교회가 목사들을 양성하기 위해 처음 시작했고 이렇게 함으로써 중세 대학의 설립 이념과 같은 기본적 이해를 계속 유지했다. 미국의 경우 고등교육의 주된 형태들은 오랫동안 인문대학들의 모습으로 유지되었다. 이런 대학들의 교육은 학생들의 삶을 풍요롭게 하고 전문적 사역뿐 아니라 더 넓은 공동체에서의 다양한 형태의 섬김과 지도력을 행사하도록 준비시키는 것이었다. 당연히 그 공동체에서 목사가 가장 교육을 많이 받은 사람이어야 했지만, 또한 다른 전문 직업이 있어서 함께 그 공동체를 섬기고 이끄는 책임을 떠맡게 했다.

이런 대학들(colleges)은 미국의 고등교육의 중요한 부분으로 계속 내려왔다. 하버드나 예일, 컬럼비아, 프린스턴 같은 종합대학의 기원들이 바로 이런 대학들이었다. 시카고 대학교는 사회적 분위기가 바뀌고 목회자들의 사회적 역할이 현저하게 감소되었던 19세기 말에 세워졌지만, 이 대학 역시 침례교신학교를 중심으로 조직되었고 이 신학교의 학장이 그 초대 총장직을 맡았다. 시카고 대학교는 인문학적 교육을 아주 강조했다. 종합대학으로 변신하지 않은 오늘날의 다른 최고 수준의 인문대학들 역시 비슷한 기원을 가지고 있다.

3. 직업 훈련

근대에는 인문학적 전통과 단절된 다른 형태의 고등교육도 생겨났으며 그 가운데 하나는 학생들을 훈련시켜 세상 국가가 필요로 하는 일들을 효율적으로 하도록 하는 학교이다. 정부 관료가 될 사람들, 공립학교 교사들, 농업전문가들, 광원들을 키워내기 위해서는 대학 교육의 수준을 조금 낮출 필요가 있었다. 따라서 새로운 종류의 교육기관이 필요했고, 미국 전역에 세워진 소규모 대학들이 이런 기능을 감당하게 되었다. 오늘날의 지역 초급대학(community college)은 학생들이 더 나은 직업을 갖게 하고 사회의 필요를 채워주도록 여러 프로그램들을 제공한다.

어떤 의미에서 이런 형태의 교육은 중세기의 길드(guilds, 같은 직종에 종사하는 장인이나 상인의 협동조합 - 옮긴이)와 비슷한 역할을 한다. 길드는 젊은이들이 여러 해 동안 목수나 구두장이 혹은 칠장이 훈련을 받게 했다. 시간이 지나면서 그들은 장인이 되었고, 또한 자기 밑에 견습생들을 받아 훈련시켰다. 근대 사회는 사회에 필요한 이런 기술을 대학 제도 속에서 좀 더 손쉽게 가르치도록 한 것이다. 이것은 어떤 사회에든 꼭 있어야 하는 충분히 세속적인 교육이다.

앞에서 우리는 전문 직업들(professions)은 단순히 직업이나 사명이기보다 책임적으로 임해야 하는 사회적 역할임을 살펴보았다. 이 점이 인문학적 교육이 좁은 의미에서의 전문적인 교육보다 먼저 이루어져야 하는 이유이다. 하지만 **전문직**(profession)이란 단어는 오늘날 이런 의미를 많이 잃어버렸다. 오늘날 전문직이라 불리는 것들은 사회에서 특정한 지도력을 행사하거나 그런 일을 수행하는 기준에 합당한 책임을 질 것을 요청받지 않는다. 따라서 직업 훈련은 다른 종류의 과목들이 제공되는 학교에서 행해질 필요가 없게 되었다. 특수학교는 그 자체로 그냥 잘 운영되고 있다.

세속화하는 기독교인들이 볼 때 전문 직업들의 구별되는 역할과 책임성이 모호해져 버린 사실과 전문직을 위한 준비과정에서 일어난 변화는 유감스럽다. 우리는 일반적인 직업과 특별한 전문직들 사이의 구별을 더 명확하게 할 필요가 있다. 어쩌면 오늘날 대학에서 가르치는 어떤 기술들은 도제적인(apprenticeship) 방식으로 더 잘 배울 수 있지 않을까 생각해 볼 수 있다. 실상 사회가 필요로 하는 기술을 가르치는 기관을 굳이 고등교육이라고 불러야 하는지는 의심스럽다.

어쨌든 세속주의화된 사회에서는 전문직들이 더 이상 일반 직업들과 구별되지 않는다. 도제적인 프로그램들을 준비하기는 더 어려워졌고 고등교육은 고등학교 졸업생 이상만이 받을 수 있게 되었다. 물론 직업 교육은 아주 중요하기 때문에 그 많은 부분이 고등학교를 졸업한 이후에 이루어져야 한다는 점에는 반대할 수 없다. 대학들이 이 역할의 일부를 떠맡아야 하느냐 아니냐의 여부는 주된 논점이 아니다. 이 장에서 내가 말하고자 하는 것은 다른 것이다.

4. 연구 대학교

오늘날 가장 중요한 근대적 고등교육 기관은 연구 대학교(research university)이다. 그것은 독일의 발명품이며 19세기에 설립된 베를린대학교가 그 시작이었다. 그 이전에도 과학 연구를 위한 실험실들과 기관들이 있었지만 그것들은 대체적으로 고등교육과 분리되어 있었다. 곧 교육과 연구는 제도적으로 나뉘어져 있었다.

연구 대학교들은 일정 부분 앞에서 말한 실용 지향적인 교육에 대한 반작용으로 구상되었다. 새로운 대학을 구상한 사람들은 그 역할을 주요한 연구 전반에 걸쳐서 인류의 지식을 향상시키는 것으로 생각했다. 이런 대학이 생기게 되자 학생들은 오랫동안 연구에 매진하고 있던 사람들로부터 배우는 혜택을 받았고 그를 통해 자신들도 연구자들이 되는 법을 익히게 되었다. 이런 실험은 놀라울 정도로 성공적이었다. 연구 대학교들을 통해 독일은 많은 학문 영역에서 급속도로 세계를 주도할 수 있었으며, 이 점은 인문학뿐만 아니라 자연과학에서도 마찬가지였다. 특히 인문학에서의 첫 결과들은 놀랄 만 했다.

중세기에는 철학과 신학을 훈련하는 방법이 있었다. 곧 특정 질문들에 대한 과거의 관점들을 모두 모은 다음, 이런 다양한 답변들을 자기 나름대로 조화시키는 법을 개발하는 방식이었다. 하지만 근대에는 이와 비견할 만한 교육이 발전하지 않았다. 그러다가 19세기 독일의 인문학에서, 강한 역사적 민감성을 가지고 중세기 방법론과 비슷한 것이 다시 제도화되었다. 학생들은 주어진 질문에 대한 사상의 역사를 추적하기를 배운 다음, 한 걸음 더 나아가 그 답을 찾아야 했다.

연구 대학교를 처음 구상한 사람들은 연구 영역들이 많아지면 실재 전체에 대한 이해 역시 깊어질 것이라고 생각했다. 물론 그렇게 하기 위해서는 다양한 연구 분야들의 결과들을 한데 모아 서로 보완하는 작업을 해야 했다. 사람들은 철학이 이 부분을 맡아야 할 것이라고 생각했다.

칸트의 영향으로 인해 철학자들은 자연 과학을 진지하게 다루는 노력을 거의 하지 않았다. 하지만 인간 정신에 대한 학문(Geistwissenschaften) 혹은 인문과학과 연관된 도전들에 대해서는 헤겔이나 슐라이어마허 같은 사람들이 보여준 것처럼 응답했다. 이런 새로운 과업을 다루는 가운데 근대철학은 찬란한 업적을 낳았고 그 영역은 놀랄 정도로 크게 확장되었다.

근대철학은 확실한 토대에 근거하여 엄밀한 방법론으로 한 걸음씩 앞으로 나아감으로써 사람들을 자극하는 질문들에 대해 어느 정도 이상 최종적인 답변으로 여겨질 수 있는 결론들을 산출하고자 했고, 또한 철학자들은 자신들이 한 일이 바로 이런 과업을 성취한 것이라고 생각하는 경향이 있었다. 하지만 그 체계들은 사람에 따라 서로 상당히 달랐다. 세기가 진행됨에 따라 확실성을 확보하려면 그들의 탐구 범위를 제한해야 한다는 것이 철학자들에게 점점 더 명확하게 되었다. 결국 철학자들은 베를린대학교에서 그들에게 부여되었던 통합하는 과업을 포기해 버렸다. 근대의 연구 대학교들은 세계에 대한 종합적인 관점을 제공할 수 있다는 주장을 더 이상 하지 않게 되었다. 그 과업은 지식을 생산해 내는 것으로 축소되었고, 그 결과 철학 역시 여러 학문 분과의 하나가 되었다.

연구 대학교의 일은 여러 학문 분야들로 분리되었고 각 분야들은 그 자체의 세분된 연구 영역을 가지게 되었다. 각 분야들은 자기 영역의 지식을 가장 잘 증가시킬 수 있는 방법론을 발전시켰으며, 학생들은 자기 영역의 과거 연구 결과들과 그 영역을 발전시키는 방법론을 배웠다.

연구 대학교와 이전의 인문학 및 직업교육 기관은 여러 가지 점에서 상당히 다르다. 인문학 공부가 학생 중심이었다면, 연구 대학은 연구 주제에 초점을 맞추었다. 인문학을 가르치는 학교가 인간의 잠재능력을 개발하고 문화와 사회를 향상시키는 데 초점을 두었다면, 학문적 연구 분야들에 대한 연구는 지식을 증가시키는 것을 목적으로 했다.

사람들은 지식을 책임적으로 증가시키려면 연구 주제를 객관적으로 다루어야 하며, 결코 숨어 있는 다른 동기가 작동해서는 안 된다고 생각했다. 그 가운데 대학이 인정하는 유일한 가치는 이제 지식의 성장이 되었다. 그들은 다른 관심사들을 도입하는 것은 연구자의 관점을 왜곡시킬 수 있다고 보아서 정확성과 지식의 증가에만 집중했다. 대학은 모든 가치에서 중립적이 되어야 했다.

이런 접근법은 성공을 거두었고, 그 결과 수많은 학문 분야들이 나타났다. 자연과학의 경우 연구되는 문제들은 더 많은 영역들로 나뉘어졌다. 각 영역은 그 자체의 연구 방법론과 전문 술어들을 발전시켰다. 그러다 보니 연구되는 주된 영역들 사이를 어떻게 통합할 것인가 하는 문제가 시작부터 존재하게 되었다. 더 좁고 좁은 분야에 대해 더 많이 알고, 안다는 저 옛말이 교수와 학생들 모두의 진정한 특성이 되었다.

그런데 가치중립적인(value-free) 접근방법의 문제점은 무엇을 연구해야 하는지에 대한 기준을 세울 수 없다는 점이다. 물론 어떤 때는 특별한 이유를 대지 않아도 무엇이 중요한지를 알고 있었다. 하지만 때로는 그것이 분명하지 않았다. 유일한 요청은 지식을 증가시키는 것이었다. 따라서 이론적으로나 실제적으로도 중요한 결과를 가져오는 것뿐 아니라 아주 사소한 것에도 똑같이 노력을 쏟는 일이 일어났다.

독일의 경우는 대학 입학 전에 이미 김나지움에서 인문학적 교육을 받았기 때문에 가치중립적인 접근은 사실상 큰 문제가 되지 않았다. 학생들은 자신들의 연구에 과거와 인간 문화에 대한 광범위한 지식, 곧 인문학적 교육을 가져올 수 있었으며, 비록 이런 부분이 자신들의 연구에 영향을 미치지 않아야 한다고 생각했지만 그래도 그것은 분명히 영향을 미쳤다. 하지만 미국이나 뒷날 중국 같은 곳에서 이런 연구 대학교들을 모방하기 시작했을 때, 독일에 비교할만한 인문학적 배경은 전제될 수 없었다.

연구 대학교에서 통합이 거의 이루어지지 않는 부분은 인문학과 자연과학 사이였다. 이 둘의 분리는 칸트적인 구별, 즉 인간의 정신을 창조적인 것으로 보고 자연세계를 데카르트적인 이원론에 따라 인간 정신에 의해 조직되는 것으로 본 칸트적인 구별을 반영했다. 인문학은 인간이 그 긴 역사를 통해 이룩한 문화적 성취에 집중했고, 자연과학은 자연이 움직이는 물질로 구성되어 있다는 가정 속에 세계를 분석했다. 인문학 속에는 인간의 어떤 행위가 자연세계와의 관계에서 적합한지를 고려할 자리가 없었고, 자연과학 속에는 데카르트적인 가정들이 옳은지를 고려할 자리가 없었다. 19세기의 위대한 관념론적 체계들은 이런 질문들과 어느 정도 연관성을 맺고 있었으나 이런 방법론들을 자연 과학에 적용시키지는 않았으며, 이로 인해 과학자들은 새로운 발견이 이루어졌을 때, 가령 상대성이론과 양자 역학에서 나타나는 물리학에서의 새로운 발전들이 나타났을 때 이를 제대로 다룰 준비가 되어 있지 않았다. 또한 이런 새로운 이론들이 중요하게 될 때쯤에는 대부분의 철학자들이 세계에 대한 큰 그림을 그리는 것에 더 이상 흥미를 갖지 못하고 있었다.

개별적인 학문들은 그들 자신이 가지고 있는 전제들이 무엇인지 거의 검토하지 않으며, 학문의 역사에 대한 연구가 가치 있다는 생각도 거의 하지 않는다. 하지만 길드에서 배운 사람들은 그것의 일반적 실천들을 당연하게 여겼다. 여기에는 방법론들이나 특정한 이론들에 대한 계속되는 토론에 참여하는 것이 포함되어 있었다. 그러나 오늘날의 학자들은 자신들이 연구하는 것에 대해 근본적인 질문들을 제기하거나 학문들 사이에 세워져 있는 경계들이 적절한지 혹은 그들의 분야가 다른 분야와 어떤 식으로 연관되어야 하는지에 대해 질문하도록 도전 받지 않는다. 더 나아가 그들의 학문 분과가 사회 전체에서 갖는 기능에 대해 질문하도록 요청받는 경우는 훨씬 더 드물다. 마르틴 하이데거는 학문은 생각하지 않는다(Die Wissenschaft denkt nicht)라고 썼다. 나는 이 말을 "학분 분야들은 생각하지 않는다"라고 번역하고 싶다.(Martin Heidegger, *Basic Writings*, 1977, 349쪽을 보라). 그의 말은 옳다.

학문 분야들이 그들 자신이나 자신들의 전제들에 대해 사고하도록 도전받지 않듯이, 연구 대학교는 그 자체와 그 전제들에 대해 생각하는 자리를 갖고 있지 않다. 때로 대학교 교목의 사무실에서 이런 생각을 할 기회를 제공하기도 하지만, 거의 영향을 미치지 못하고 있다고 보아야 한다.

　학문의 분야들이 세분화됨으로 인해 지식의 파편화(fragmentation of knowledge)가 일어났고, 이로 인해 대부분의 분야들은 인류 전체, 사실상 전체 생명계가 직면하고 있는 극단적 위험들을 심각하게 다룰 생각조차 하지 않는다. 이뿐 아니라 정치 이론가들이나 사회학자들의 저술들을 오랫동안 읽어도, 지구의 운명에 대한 관심을 갖기 어렵게 되었으며, 생물학자들과 생태학자들의 세부 분야들이 전 지구적 위기에 대해 우리를 일깨울 수 있는 중요한 역할을 해 왔지만 그들의 연구 결과를 공부해 보아도, 우리가 살고 있는 삶의 정황에 대해서는 아무런 깨달음 없이 그저 생물학에 관한 지식만을 얻고 끝날 수 있다. 철학의 상황 역시 비슷하다. 대부분의 철학적 토론들 역시 협소한 전문적인 영역들 안에서는 서로 관심을 표하지만, 우리가 살고 있는 이 세상에 마치 아무런 문제도 없는 듯이 그냥 진행된다.

　실상 대학들 역시 자신들이 시작한 사상의 극단적 단편화에 문제가 있음을 알고 있으며 그 해결을 위해 학제간적 연구를 시도하기도 한다. 하지만 서로 다른 전공 분야의 사람들을 한데 모으는 것만으로는 별 성과가 없었다. 학자들은 유사한 문제들에 접근하는 서로 다른 접근방법들이 있다는 것을 깨닫기는 했지만, 얼마 후 모두 자기들의 자리로 다시 돌아가곤 했다.

　더욱 중요한 것은 연구 분야가 서로 겹쳐 있는 경우이다. 양 진영의 연구자들은 서로 상대방의 지식을 필요로 한다는 것을 인식했을 것이다. 때로 이것은 새로운 학문 분야를 발생시킬 수 있다.

대학 교수들 중에는 세계에서 지금 일어나고 있는 것들에 대해 깊은 관심을 가지는 가운데 평화와 정의, 지속가능성(sustainability)의 방향으로 나아가기를 바라면서 가르침의 업무를 감당하는 사람들이 있다. 때로 교수들 중에 사회 활동가가 되어 일하는 사람이 나타나기도 하며, 어떤 사람들은 사회적이며 역사적인 결과들을 가져올 수 있는 사회적 지위를 갖기도 한다. 가령 어떤 교수들은 남아프리카 공화국의 인종차별정책인 아파르트헤이트(apartheid)에 대한 항의의 표시로 그들의 동료들을 거부하기도 했다.

물론 어떤 대학들은 오염을 줄이고 희귀자원의 남용을 막는 데 헌신하기도 한다. 하지만 일반적으로 볼 때 대학 교수들이 세계의 문제들에 영향을 미치기 위해 조직화되었어도, 대학교 자체는 이들이 표현하는 가치들을 공유하지 않는다. 그것은 학생들에게 지식을 전수하고 연구에 근거한 새로운 정보를 제공하는 것만을 존재 목적으로 한다. 탁월한 교육가인 스탠리 피시(Stanley Fish)는 최근에 대학교수들을 염두에 두고 『당신 자신의 시대에 세계를 구하라Save the World on Your Own Time』(Oxford, 2008)는 책을 썼다. 그는 개인적으로는 사회운동을 하는 교수들에게 동조했을지 모르나, 대학 교수의 책임이 국가적 혹은 전 지구적 상황을 향상시키는 데 있는 것은 아니라고 주장한다. 실상 보통 때 그가 취하는 관점으로 볼 때 그는 대학이 어떤 특정한 입장을 지지하는 것은 대학으로서의 이미지를 손상하는 것으로 볼 것이다.

문제는 대학과 대학 교수들이 어떤 특정한 방향을 향해 연구를 해야 한다는 가치들을 공유하고 있지 않기 때문에, 그들은 아주 쉽게 외부의 힘에 의해 영향을 받는다는 점이다. 우리는 이미 독일의 대학교들과 나치 당국 사이의 슬픈 관계에 대해 알고 있다. 하지만 오늘날 우리들에게 더 중요한 것은 미국의 연구 대학교들이 기업이나 국방부와 맺고 있는 관계이다. 오늘날 대학에서 이루어지는 연구들에는 엄청난 돈이 들며, 대학은 그 자체의 재원으로는 이런 연구들을 수행할 수 없다. 연구자들은 자신들의 연구 방향에 자신들의 가치와 관심사가 영향을 미칠 것으로 기대하고 있지 않기 때문에 이제 그들에게 중요한 질문은 어떤 연구를 해야 사람들이 돈을 댈 수 있을까 하는 것이 된다. 연구 지원의 많은 부분이 기업들로부터 오기 때문에 대학은 사회 전체의 이익보다 기업들의 이익에 더 많은 관심을 가질 수밖에 없다. 기업이 지원하지 않는 나머지 연구의 상당부분은 정부 지원 속에 이루어진다. 이 지원 중의 일부는 의학 연구이지만 그 대부분은 국가방위와 연관된 것, 곧 좋은 말로 표현하면 미국이란 제국의 발전을 위한 것이다.

지식의 발전에 헌신한다는 연구 대학교들의 이상은 아주 매력적인 것이었다. 하지만 실상 이런 이상이 계속 왜곡된 것은 연구와 교육에 드는 돈을 마련하고, 더 나은 직업을 갖도록 도와줄 수 있다고 학생들을 유치하는 데 드는 비용을 얻으려 했기 때문이다. 그럼에도 불구하고 많은 교수들은 그들 분야의 지식을 향상 시키는 데 깊이 헌신해 왔다. 만일 그들에게 이런 지식을 생산하는 것이 얼마나 바람직한 것인지에 대해 질문한다면, 그들은 나름의 그럴법한 이유들을 제시할 것이다. 하지만 때로는 동업자들 사이에서 존경을 얻거나 더 높은 보수를 받거나 더 특권적인 자리에 앉거나 하는 등의 자신의 이익을 위해 이런 일을 하는 경우도 있다. 어쨌든 오늘날의 대학교는 지식 탐구에서 지식 자체의 선함 이외의 다른 근본적 이유를 말하고 있지 않다.

지식을 가치 있게 여기는 것은 우리가 물려받은 이스라엘과 그리스의 전통에 뿌리를 두고 있다. 그러나 이 경우에도 지식을 그 자체로 가치 있게 여기지는 않았다. 지식을 추구하되 인간의 유익이 아니라 그 자체를 위해 추구하는 것은 세속주의의 표현에 불과하다. 하지만 지식을 그 자체로 좋다고 여기는 이런 세속주의보다 더 지독한 세속주의도 있다. 지식의 선함에 대한 확신을 잃어버렸음에도 단지 개인적인 이익을 위해 지식을 계속 추구하고 있는 교수들도 있으며, 이때 이들은 세속주의의 극단적 모습을 보여주는 것이다. 과학자들이 국회에서 과학적 증거가 아닌 자기들을 지원하는 기업체 고용주들의 이익을 위해 증언할 때, 우리는 이런 세속주의의 극단적인 모습을 보게 된다.

인간은 가치중립적인 삶을 살 수 없고 오직 무엇인가를 지향하며 살 수밖에 없다. 어떤 사람은 자기 자신 혹은 가까운 가족만을 위해 산다. 인문학적 교육은 더 넓은 공동체 전체의 행복을 보게 하고 이런 공동체가 구현해야 하는 가치를 제시하는 것을 목적으로 한다. 하지만 연구 대학교는 이런 일을 하지 않는다. 그것은 자신들이 유치한 학생들의 이익에 부합하고자 하며, 학생들이 고등학교 교육만 받았을 때보다 더 많은 월급을 주는 직업을 얻는 길을 제공하고자 한다. 오늘날 대학에 들어온 학생들의 상당수는 바로 이런 이유 때문에 고등교육을 선택했다. 연구 대학교는 학생 중 누가 여러 형태의 고용에 자격을 갖추었는지 결정할 권한을 가지고 있으며, 이런 점에서 앞에서 서술한 고등 수준의 직업훈련 기관과 별로 다르지 않다.

대학에 대한 세속주의적인 이해의 정도를 잘 보여주는 사건이 얼마 전 캐나다 앨버타 대학교(University of Alberta)에서 일어났다. 앨버타 주의 교육청은 아주 분명한 세속주의적인 방식으로, 이 대학의 학과들에 대한 재정지원을 주의 경제에 얼마나 공헌하는지에 따라 하겠다고 결정했다. 교수들은 아무런 저항을 하지 않았다. 교목실만 유일하게 반대했을 뿐이다.

5. 인문교육의 쇠퇴

서양의 인문교육은 분명히 기독교적이었다. 기독교적 정체성이 결코 보편적이지는 않았던 미국의 경우에도 대부분의 인문대학들은 교회에 의해 설립되었다. 이런 명확히 기독교적인 특성은 한동안 지속되었다. 하지만 대부분의 학생들이 교회를 전문적으로 섬기려는 계획을 갖지 않게 됨에 따라, 목회자를 교육시킨다는 애초의 목적은 급속히 사라졌다. 이제 학교의 존재 이유는 할 수 있는 한 많은 젊은이들을 그들의 문화적 유산을 이해하고 감사하며 후대에 전달하도록 준비시키는 것이 되었다. 이에 따라 대학은 학생들이 그들의 지역을 섬기고 지도자의 역할을 하도록 격려하는 것을 목표로 삼게 되었다.

많은 인문대학들이 학문적인 과목들을 제공하는 것 외에 학생들의 개인적 삶을 지도하는 것 역시 자신들의 책임이라고 생각하고 있었다. 이를 위해 대학들은 예배를 드렸고 주로 목사들인 초청 강사들을 불러 공개 강의를 했으며 헌신된 교수들로 학생들과 개인적인 관계를 맺게 했다. 대체적으로 보아 인문대학들의 목표는 젊은이들이 스스로 생각하는 사람이 되고, 인도주의적인 기독교 문화의 참여자이자 지도자가 되며 이를 통해 사회적 책임과 봉사를 감당하도록 하는 데 있었다.

기독교 인문대학의 역할에 대한 이런 기본적 이해는 마커스 포드가 인용하는 1908-1910년도의 아칸서스 주 콘웨이의 헨드릭스 대학(Hendrix College)의 카탈로그에서 전형적인 형태로 나타난다.

헨드릭스 대학은 교회의 후원 아래 있을 뿐 아니라 종교 없는 교육은 헛수고이며 실패에 불과함을 알기 때문에 우리의 모든 교육 저

변에는 기독교 신앙이 깊이 스며들어 있다… 우리는 우리에게 위탁된 사람들의 도덕수준을 신실하게 개발해야 한다… 우리는 실제적인 교육의 필요성을 알고 있지만 "오직 실제적인 것만을"이라는 이름으로 돈 버는 데만 관심을 두는 타락한 외침에 영합하지 않는다. 문화를 무시한 채 단지 학생들의 사업이나 직업 선택에 도움이 된다고 하여 각종 수식표나 전문적 용어들로 그들을 힘들게 하는 교육은 극단적인 경우 해로울 뿐이다… 암기할 뿐 아니라 스스로 생각하기를 배우고 영속적인 문화와 지혜를 얻고 그것을 흡수하고 거기에 동화한 학생은 어디를 가든지 사람들이 그것을 느낄 것이다… 정신과 마음이 이렇게 개발된 사람들을 만드는 것, 이 나라와 우리 하나님께 강하고 남자답고 기독교인 다운 사람들을 올려 드리는 것이 우리의 목적이자 꿈이다.(p. 26)

인문대학은 세속화하는 기독교의 영향력 있는 형태였다. 대학의 목표는 내세를 위해 영혼을 구원하는 것이 아니라 이 땅에서 삶의 질을 높이고 사회 전체를 이롭게 하는 지도자들을 길러내는 것이었다. 여기에서는 기독교적인 사상들을 명확하게 가르치고 토론했는데 그렇게 한 이유는 "이 세상적인" 목표에 광범위하게 공헌하게 하기 위함이었다. 수업에서는 기독교 속에 있는 것들 중 이런 목표를 공유하고 촉발하는 것들이 특별히 강조되었고 학생들은 기독교의 가르침을 비판적으로 토론해야 했다. 교리를 그냥 주입하는 것은 인문대학의 풍토가 아니었다.

중세 인문학 교육의 초점은 고전공부에 있었고 어떤 유럽 대학들은 이런 전통을 20세기까지 유지했다. 하지만 전체적으로 보아 인문학 교육은 근대에 발전된 새로운 지식과 이해에 대해 자신을 개방했고 이

것 역시 세속화의 한 형태이다. 역사 연구, 사회 연구, 자연과학, 근대 문학에 대한 공부가 이전의 고전어와 고전문학 연구를 대신했다. 이렇게 된 것은 사람들이 계몽주의의 영향으로 인해 현대적 지식이 고전세계의 지식보다 더 유익하며, 오늘날의 봉사와 지도력에 필요한 지식을 얻기 위해서는 다른 종류의 정보가 필요하다고 보았기 때문이다. 하지만 인문대학들의 규모가 커지고 중요성이 증가함에 따라 그들 역시 더 자율적이 되어갔다. 그 대학들을 설립한 교회들과의 관계 역시 완전히 끊어지지는 않았지만 그저 명목상으로만 유지되었다. 20세기에 들어서면서 이 대학들은 점점 더 기독교 신앙보다 인본주의적이고 계몽주의적 가치에 맞추어 자신들을 이해했다. 학교 채플에 참석하는 것은 이런 새로운 이해에 맞지 않게 되었고, 대학들이 부모 같은 책임으로(loco parentis) 학생들의 성품교육에 힘써야 한다는 생각 역시 약화되었다.

학과목의 성격도 바뀌었다. 초기의 인문학적 교육에서는 교사들이 학생들로 하여금 무엇이 가치가 있으며 또 그런 가치를 이루려면 어떻게 살아야 하는지 생각하도록 도전했다. 문학 작품들이 이런 문제들을 많이 다루기 때문에 이런 질문들이 문학 수업에서 자연스럽게 논의되었다. 인문대학들이 교회들로부터 분리되고 기독교에 대한 헌신을 포기한 다음에도 이런 질문들은 적절한 것으로 계속 제기되었다. 하지만 문화와 대학이 세속주의의 영향을 더 받게 됨에 따라, 더욱 객관적인 학문적 접근이 요구되었고 이처럼 삶의 가치에 관한 관심사들은 학문적으로 점점 더 필요하지 않은 것이 되었다. 앤서니 크론맨(Antohny Kronman)은 『교육의 종말 Education's End』(2007)에서 이런 관심사들이 인문대학에서 사라져버린 데 대해 탄식하고 있다. 이 책의 부제목은 『왜 우리의 대학과 대학교들이 삶의 의미를 포기해 버렸는가 Why Our

Colleges and Universities Have Given Up on the Meaning of Life』이다.

학생들의 도덕적, 영적 성장에 대한 관심이 줄어듦에 따라 인문대학의 교육은 그 자체를 정당화할 수 있는 새로운 길을 찾아야 했고 그 가운데 졸업생들의 성품 개발이나 사회적 책임보다 대학의 교과 내용을 강화시키게 되었다. 이제 대부분의 인문대학들의 목표는 학문적 수월성(academic excellence)이 되었다. 그들은 또한 학생들이 대학 생활을 즐겁게 보낼 수 있는 환경을 만드는 데 경쟁을 하게 되었다.

하버드대학교에서 30년을 가르쳤고 8년 동안 학장으로 있었던 해리 루이스(Harry Lewis)는 인문대학의 이런 변화를 그의 책 『영혼 없는 탁월함*Excellence without a Soul*』에서 슬퍼한다. 이 책의 부제목 『인문교육에 미래가 있는가*Does liberal Education Have a Future?*』는 그 자체로 심각한 질문이다. 인문대학들이 계속해서 연구 대학교들의 가치중립적인 환경을 따라가려고만 한다면 미래는 없을 것 같다.

그 가장 극단적인 모습은 안디옥 대학(Antioch College)[1])의 폐교조치이다. 미국대학교수연합(the American Associations of University Professor)의 보고서에 의하면, 현재 이 대학의 이사회와 행정부서는 이 대학이 오랫동안 행해왔던 인문교육의 이상에 더 이상 헌신하지 않는 사람들로 채워져 있다. 이 글을 쓰고 있는 지금 이 대학은 독립된 대학으로

---

1) 역자주: 안디옥 대학은 1850년 미국 오하이오 주 옐로우 스프링스(Yellow Springs)에 세워진 기독교 사립대학으로 초대 총장은 정치가이자 저명한 교육개혁가였던 호레이스 만(Horace Mann)이었다. 설립 초기부터 기독교 신앙과 고결한 성품으로 지역 사회를 섬기는 지도자를 양성하는 것을 목적으로 했고 1921년부터 학교 수업 외에 일정 기간의 지역 봉사를 필수 과목으로 이수하도록 하고 있다. 미국에서 최초로 흑인과 여성을 받아들인 대학 중의 하나이며 두 명의 노벨상 수상자를 내는 등 소규모 명문대학의 명성을 유지하고 있었다. 경제적인 문제로 2008년 폐교되었다가 졸업생들의 후원 등으로 3년 후인 2011년 기독교 신앙과 관계없는 독립 대학으로 다시 학교 문을 열었다.

새로 시작할 가능성이 아주 높다.

오늘날 인문대학들은 곧잘 **일반교육**(general education)으로 재규정되고 있다. 실상 우리는 이것이 전공교육에 앞서야 한다고 주장할 수 있다. 갈수록 전문화되어가는 사회 속에서 특정한 단편적 영역만 다루는 사람들 역시 삶과 문화에 대한 전반적인 이해를 가져야 하기 때문이다.

일반교육은 지식의 여러 영역들에 대해 다르게 접근하기를 요청한다. 예를 들어 일반교육에서 생물학은 학생이 배워야 하는 지식의 범위 안에 보통 사람들에게 유익한 것이 무엇인지, 또한 실재에 대한 일반적 이해에 공헌하는 것이 무엇인지를 포함시킬 수 있다. 마찬가지로 정부에 대해 배울 때 정치에 참여하도록 할 수 있으며, 역사를 배울 때 왜 사건들이 그렇게 전개 되었는지에 대해 감각을 가지도록 가르칠 수 있다. 이처럼 넓은 배경지식을 가지고 특정한 영역을 전공할 때 학생들은 그들의 전공과 연관되어 있는 맥락들을 이해할 수 있게 된다. 따라서 세속주의적인 방식을 따른다 하더라도 인문교육을 일반교육 위주로 재편성할 수 있다. 이 점은 충분히 설득력이 있기에 대학과 주요한 대학교들은 일반교육에 속하는 교과목들을 개설해왔다.

하지만 현 상황에서는 이와 같은 일반교육의 목표를 이루기가 쉽지 않다. 이는 오늘날 졸업 이후의 전문적 공부를 위해 학생들을 얼마나 잘 준비시키고 있느냐에 따라 인문대학들이 평가되고 있기 때문이다. 예를 들면 어떤 학교들은 그들이 제공하는 의학 준비 과목들로 인해 의과대학원 사이에서 좋은 평가를 받고 있다. 비록 어떤 의과대학원들은 지원자들이 받은 인문교육 부분들을 좋게 평가하기는 하지만 주된 관심은 학생들이 앞으로 배우게 될 것과 직접 연관되어 있는 부분에 쏠려 있다. 이로 인해 인문대학들은 의학부들이 지원자들에게서 보고자 하는 전문적인 과목을 제공하고자 경쟁한다. 상황은 법학대학원, 경영대학원, 행정학대학원에서도 마찬가지다. 이로 인해 인문대학에서도 일반교육 부분을 줄여야 하는 압력이 존재한다.

일반교육을 할 시간이 부족하다는 문제와 함께 일반교육에 적절한 방식으로 전공 영역을 가르칠 교수들이 부족하다는 문제도 있다. 생물학에서 박사 학위를 받은 사람들은 그들의 전공 영역에 관한 과목을 가르치기를 원하며, 이로 인해 생물학에 대한 일반적 개론을 선호하지 않는다. 또한 그들이 가르치고자 하는 생물학에 대한 일반적 개론은 이후의 생물학 연구를 위한 개론이지, 일반 시민들에게 가장 유용할 생물학적 내용들을 전달하는 것이 아니다. 대부분의 대학교 선생들은 이런 과목을 학문성이 떨어지는 것으로 여길 것이다.

전문화의 세계에서는 서로 다른 학문 분과들 사이의 공동 사역 역시 결코 쉽지 않다. 클레어몬트 신학교에서 우리들은 구약과 신약, 그리고 교회사가 모두 해석학 과목을 개설하고 있음을 발견했다. 우리들은 해석학에 대한 과목은 하나만 있어도 이 세 영역의 배경 공부로서 충분할 것으로 생각했기에 이것을 한 과목으로 통합하고자 했다. 하지만 실상은 세 영역의 서로 분리된 전통들로 인해 모두 서로 다른 해석학을 사용하고 있었으며, 각 분야는 그것이 사용하는 해석학적 방법론들을 가르치는 데 각각의 시간을 필요로 하고 있었다.

학생들로 하여금 미래를 준비하게 하고 사회에 봉사하게 하기 위해 교육을 한다는 이상을 대학이 포기하게 된다면, 그것은 더 이상 세속화하는 기독교적 교육이라고 할 수 없다. 그럼에도 불구하고 많은 인문대학들이 여전히 그들의 기독교적 기원의 풍토를 반영하고 있다. 이런 곳들에서는 교수들의 가치들이 여전히 강의실에서 반영되고 있으며, 학생들이 주도적으로 현재의 중요한 이슈들에 대해 생각하도록 도전하는 모습 역시 남아 있다. 곧 완전한 세속주의가 교육에 가져온

파편화에 저항하려는 시도들이 존재하며 그것들은 존경할 만하다.

물론 거의 전혀 세속화하지 않은 대학들도 존재한다. 오래된 대학들이 점차로 세속화함에 따라 보수적인 교회의 사람들은 그들의 자녀들을 철저히 기독교적인 방식으로 교육하기 위한 대학들을 설립했다. 그들은 보통 세속화하는 기독교와 철두철미한 세속주의를 모두 반대한다.

마지막으로 교회들이 설립한 많은 인문대학들은 내가 앞에서 서술한 만큼 세속주의적인 방향으로 변질되지는 않았음을 지적할 필요가 있다. 그들 중의 어떤 것들은 기독교의 세속화에 대한 아주 좋은 예들이며, 자신들을 세속주의적인 교육에 대한 인문학적 대안을 제공하는 것으로 간주하고 있다.

6. 이윤추구를 위한 고등교육

연구 대학교가 완전히 가치중립적이지는 않다는 사실은 점점 그것의 경쟁 상대가 되어가고 있는 이윤추구 대학(for-profit university)에 의해 분명하게 드러난다. 대학을 유지하기 위해서는 많은 돈이 들지만 최근까지는 그 어떤 대학도 단순히 상업적 목적만으로 설립되지는 않았다. 물론 이런 종류의 직업훈련학교들이 있었지만 그것들은 자신들을 대학이라고 주장하지는 않았다. 하지만 이제는 이런 경계선이 거의 무너지고 있다.

이처럼 새로운 이윤추구 대학들이 기존의 연구 대학교들에게 도전함에 따라 후자가 세속주의에만 완전히 헌신하지는 않다는 점이 분명하게 드러났다. 이윤추구 대학들은 학생들이 돈을 내고 듣고 싶어하는 프로그램만 제공하며, 이를 통해 대학의 소유주들이 이익을 얻을 수 있도록 한다. 물론 그 프로그램들은 예비학생들이 그 과목을 선택함으로써 자신들의 경력을 향상시키고 돈을 벌 수 있으리라고 믿을만한 것들이다.

물론 연구 대학교들에도 비슷한 프로그램들이 있으며 그런 프로그램들은 대학 당국자들이 적어도 수지 타산이 맞을 것이라고 생각하지 않았다면 시작되지 않았을 것이다. 실상 연구 대학교들은 연구자금이 주어지는 과학 분야와 학생들이 돈을 지급하는 경영학 부분의 직업준비 과정을 통해 상당한 재정을 확보하기도 한다. 이윤추구에 대한 이런 압박들은 아주 강력해서 프랭크 도나휴(Frank Donaghue)는 자기 책의 제목을 『마지막 교수들: 영리법인 대학교와 인문학의 운명 *The Last Professors: The Corporate University and the Fate of the Humanities*』(Fordham University Press, 2008)이라고 붙였다.

하지만 연구 대학교의 교수들과 행정직원들은 돈을 버는 것보다는 지식의 전선을 확장한다는 이상에 헌신하고 있다. 그들은 교수들이나 대학교가 돈을 벌지 못한다 해도 책임 있는 학문성을 소중하게 여긴다. 더 나아가 연구 대학교들은 다양한 여러 학과들을 유지할 재원이 고갈되고 재정적 압박이 심해질 때도 그런 학과들을 유지하고자 한다. 이들은 인문학 과목들을 유지하기에 많은 경비가 들지만, 그런 것들을 계속 개설하는 데 대해 자부심을 가진다. 하지만 이윤추구 대학교들은 이렇게 하지 않는다. 그들은 학문을 발전시킨다고 주장하지 않는다. 이곳에서는 학생들이 자신들의 경제적 성공에 필요하지 않다고 보아서 인문학의 어떤 강좌들을 수강하지 않는다면 그 과목들은 폐강되어 버릴 것이다.

새로운 이윤추구 대학교와 이전의 직업교육을 위한 고등교육 기관들 사이의 관계는 어떠할까? 언뜻 보면 이들 사이의 차이는 별로 커 보이지 않을 수 있다. 하지만 이전의 직업교육을 위한 기관들은 사람들의 공공선을 위하여 설립되었음을 기억할 필요가 있다. 사람들은 교사들, 농부들, 광부들 같은 잘 준비된 노동자들이 핵심적인 역할을 해 줄 때 사회의 전체적 안녕이 유지될 수 있다고 믿었다. 하지만 오늘날의 새로운 기관들은 시장 이데올로기에 기초해 있다. 교육은 다른 물품들과 마찬가지로 수요에 맞추어 제공되며 또한 개인이든 회사이든 구매자의 사적인 이익 추구에 따라 이루어진다. 이것이야말로 진정 가치중립적인 교육이다.

가장 날카로운 대조는 이윤추구 대학교와 인문대학 사이에서 나타난다. 앞에서 언급한 헨드릭스 대학의 카탈로그가 분명히 보여주듯이 인문대학은 학생들의 교양과 지혜를 함양하는 데 관심을 가졌다. 이와 대조적으로 주요한 이윤추구 대학의 하나인 피닉스 대학교(The University of Phoenix)의 설립자 존 스펄링(John Sperling)이 어느 인터뷰에서 한 다음의 말을 보라. "이 대학에 들어오는 것은 그저 통과 의례(rite of passage)가 아닙니다. 우리는 학생들의 가치체계를 결정하려거나 '그들의 정신을 확장'하는 데 관여하지 않습니다."2)

세속주의화된 사회에서 이런 종류의 대학을 부정적으로 바라보기는 어렵다. 그것은 사회의 주도적인 가치들을 따르고 있을 뿐이다. 그것이 돈을 내고자 하는 고객들을 유인하는 데 성공하고 있는 한, 이런 대학들은 공적인 예산에서 이런 훈련을 제공하지 않아도 되게 만든다. 연구 대학교로 설립된 기존의 대학교들 역시 점점 이렇게 되어 가고 있으며 세속주의적인 관점에서는 이런 경향을 반대할 어떤 이유도 없

---

2) Anne Marie Cox, "Phoenix Ascending," *In These Times*, 2002년 5월 13일. 10쪽).

다. 실상 온전히 세속주의적 관점으로 볼 때는 한 부류의 사람들이 다른 부류의 사람들에게 어떤 것을 공부하라고 결정하는 것은 엘리트 계층의 인위적인 가치들을 그렇지 못한 사람에게 주입하는 것에 불과한 것으로 여겨질 것이다. 이는 철저한 세속주의는 어떤 가치들이 다른 가치들보다 더 우월하다고 말할 아무런 근거를 가지고 있지 않기 때문이다.

7. 기독교 고등교육의 세속화

세속주의자들과 대조적으로 세속화하는 기독교인들은 명확하고 강력한 가치들을 가지고 있다. 우리들은 각 사람들과 사회 전체, 그리고 전 세계를 널리 이롭게 하기를 원한다. 우리들이 사람들을 이롭게 하는 것은 그저 단순히 그들이 원하는 것을 주는 것을 의미하지 않는다. 그것은 그들을 진정으로 만족시키는 것이 무엇인지 알게 하며 또한 그들의 개인적 필요와 소망, 그리고 다른 사람들의 필요와 소망 사이를 균형 잡게 하는 더 나은 관점을 갖도록 돕는 것과 관련된다. 사회를 이롭게 하는 것은 사회관계들과 현재의 패턴들이 형성되게 된 방식을 이해하는 것을 요청한다. 그것은 또한 공동선을 이루게 하는 패턴들과 관계들을 성찰할 것을 요구한다. 세계 전체를 이롭게 하는 것은 오늘날 특히 세계가 지금 향해 가고 있는 생태적 재난들로부터 돌아서도록 돕는 것을 의미한다.

세속주의자들 중에서도 이런 관심사들을 가지고 있는 사람들이 있다. 하지만 그들은 그런 것들을 필연적인 것이라기보다 그저 임의로 선택한 것으로 여긴다. 그들의 기관들은 이런 것들을 지향할 수 없다.

오늘날 대부분의 대학들은 이런 세속주의적인 관점을 가지고 있다.

세속화하는 사람들은 대학들이 서구의 기독교적 유산과의 결속을 완전히 끊어버림에 따라 결국 인본주의적 가치까지 포기해 버린 것을 안타까워한다. 이런 결속을 끊기 위해 애썼던 사람들 역시 이런 결과를 원하지는 않았다. 어떤 사람들은 자신들의 종교적인 맥락에서 떠나 순전히 인본주의적인 것만 가지게 된다면 기본적인 내재적 가치들이 계속 유지될 뿐 아니라 더 잘 표현될 것이라고 생각했다. 그러나 결과는 그렇지 못했으며 세속적 인본주의자들은 자신들의 저서들을 통해 오늘날 실제 나타난 이런 결과들에 대한 좌절감을 표현하고 있다.

세속적 인본주의가 고등교육을 개혁하거나 새로운 형태를 만들어낼 비전과 에너지를 다시 획득할 것 같지는 않다. 오늘날의 세속적 인본주의는 기독교를 주된 대상으로 하여 종교를 공격하는 가운데 그 확신을 유지하고 있는 듯하다. 그것은 세속화하는 기독교를 하나의 대안으로는 생각하지 않는다.

주류 개신교는 오랫동안 미국의 주류였다. 일반 문화가 세속주의적이 되고 다원화되면서 대학 역시 그렇게 되었다. 대학들의 목적은 현대의 인문교육 일반의 목적과 마찬가지로 학문적 수월성이며 이때의 수월성은 매우 자주 기독교적 신앙이 아닌 세속주의적인 학문 기관들에 의해 규정된다. 많은 경우 이런 대학들에는 진정 여러 탁월성이 있지만 전체적으로 보아 기독교 신앙의 문화변혁적인 함의에 참여하지는 못하고 있다.

이런 이유로 인해 세속화하는 기독교인이 고등교육에 대해 희망하는 더 나은 예들은 19세기와 20세기의 주류에 속하지 않았던 기독교 기관들에 의해 설립된 고등교육기관에서 자주 발견된다. 여기에는 카톨릭 대학들과 종교개혁 좌파, 특히 평화주의 교회들(pacifist churches)

이 설립한 학교들이 속한다. 이런 공동체들은 주류 사회에 대해 비판적인 거리를 유지했으며 수월성이란 이상을 따라 그렇게 쉽게 세속주의적 파도에 휩쓸려가지 않았다.

이런 대학들 중 일부는 학생들의 성품을 개발하여 섬김의 삶을 살도록 하는 데 관심을 갖고 있음을 과감하게 선언했다. 어떤 학교들은 자기들이 일하고 있는 전 지구적 맥락에 관심을 기울이면서 학생들이 지구를 치유하도록 준비시키는 과업을 수행했다. 어떤 학교들은 의도적으로 대학 자체를 생태적인 책임을 지는 공동체로 만들고자 했다.

세속화하는 모든 기독교 고등교육에 통용되는 단 하나의 특정한 목표는 없다. 이런 의미에서 기독교적이 되기를 원하는 모든 대학은 교수와 행정 직원 또한 건물과 운동장에서 일하는 사람들이 관련되어 있을 것이다. 이런 학교들은 신앙이 학교에서 이루어지고 있는 일에 어떻게 영향을 미치고 있는지에 대해 성찰할 것이다. 우리가 전 지구적 위기에 건강하게 응답할 준비가 되어 있고, 또 그런 능력이 있는 공동체들과 기관들을 찾는다면 이런 대학들 중 몇몇이 최고의 예들에 속할 수 있을 것이다.

사람들이 거의 거론하지 않는 문제는 학교를 기독교적인 목적에 따라 운영할 때 과목의 내용이 달라질 수 있느냐 하는 점이다. 세속화하는 많은 기독교인들은 학교가 가르칠 주제를 선택하고 그 중 어떤 것을 강조하는지에 신앙이 영향을 미칠 것이며, 기독교적 가치가 작동하고 아마도 수업 중의 토론에도 나타날 것이라고 생각한다. 하지만 학문적 과목들은 그동안 누려온 특권이 아주 강하기 때문에 세속화하는 기독교를 지지하는 선생들 중에서도 세속주의적인 학교들에서 가르쳐지는 사실적이며 이론적인 내용에 대해 논박하고자 하는 사람은 거의 없을 것이다.

기독교적인 관점을 강의에 도입하는 데 대한 두려움은 문학 강의에서도 나타난다. 세속화하는 기독교인 영문학 교수라고 해도 본문을 해석하는 데서 최첨단의 해석법을 사용할 때 가장 편안함을 느끼기 쉽다. 그리고 이런 방법론이 일반적으로 발전되어온 세속주의적인 맥락을 생각해 볼 때, 문학이 개인 삶과 학생에 대한 이해와 연관될 가능성은 별로 없다. 하지만 교육이 관심 가져야 할 것이 학생의 인간적 발전이라면, 이런 종류의 질문들을 제기하는 것이 해석 방법론의 역사에서 가장 최신의 단계들에 대해 배우는 것보다 더 중요할 것이다.

사회과학들 역시 가치중립적이 되기 위해 계속 노력해 왔다. 객관적인 이해를 추구해 온 것이다. 사회에 대한 연구들이 사회과학으로 바뀌어 감에 따라 객관성에 대한 탐구는 주관적 경험을 점점 더 무시하게 되었다. 이로 인해 어떤 형태의 사회가 가장 바람직한가 하는 논의는 최소한 상급 과목들에서는 더 이상 다루어지지 않는다. 그럼에도 불구하고 세속화하는 기독교인 선생님들은 사회학자들이 수집한 정보들을 사용하여 학생들이 자신들이 살고 있는 사회에 대해 생각하고 그것이 어떻게 향상될 수 있는지를 상상하도록 격려할 수 있다. 이런 질문을 우선적으로 생각할 때 교재의 선택이 영향을 받게 되고 또 수업역시 교재의 저자가 의도하지 않은 방향으로 진행될 수도 있다.

세속주의적인 표준들 앞에서 기가 죽는 모습은 자연과학에서 가장 많이 나타난다. 하지만 앞 장에서 나는 아직도 과학들을 주도하고 있는 유물론적인 관점들을 비판해야 할 이유들을 말했다. 예를 들어 표준적인 과학적 가르침은 관찰자가 볼 수 있는 것만을 다루며 동물들의 주관적인 삶을 무시한다. 그 결과 학생들은 동물 행동을 철저히 물리적 원인들로만 설명해야 하는 것처럼 생각하게 된다. 이 문제가 중요한 것은 이런 태도가 계속되면 사람들은 고통당하는 동물들에 대한 동정심을 갖지 못하게 되며, 시장에서 대량으로 동물 고기를 만들어 내는 것과 연관된 공포들을 그저 수용하게 되기 때문이다. 그것은 또한 동물들 역시 주관성을 가지고 있다는 많은 증거들을 무시하게 만들기 때문이다.

지금까지 표준적인 것으로 여겨진 가르침은 학생들이 인간을 보는 방식에서 오직 두 가지 선택만 가능하도록 했다. 이 두 선택 모두 나쁜 것이다. 한 관점은 인간은 동물이기 때문에 우리 인간들 역시 객관적이며 결정론적으로 이해되어야 한다고 말한다. 다른 선택은 이원론이며 데카르트적인 이원론이나 칸트의 이원론이 여기에 속한다. 이런 이원론은 우리들을 자연세계 및 다른 생명체들과 철저하게 분리시킨다. 이것 역시 이론적인 결과들뿐 아니라 엄청나게 큰 실제적인 결과들을 가져온다.

하지만 세속화하는 기독교인이 자연에 대해 생각할 때, 비이원론적이며 비결정론적인 히브리적 사고가 데카르트주의보다 더 낫다고 결정했다고 생각해 보라. 동물을 연구할 때 주관성에 대한 관심을 완전히 배제해 버리고 연구하고 또 그렇게 해서 얻은 지식이 얻을 수 있는 모든 지식이라고 생각하는 통념이 문제라고 생각하게 되었다고 가정해보라. 이로 인해 가령 동물의 성에 대한 과목에서 동물들 역시 짝을 찾을 때 선택을 하며, 이런 선택을 할 때 거기에는 개인적인 차이들이 있다고 제언한다고 생각해 보라. 또한 과학에서 일반화는 필요하지만 그것은 결코 결정론적인 법칙일 수는 없다고 말한다고 생각해 보라. 그러면 참 많은 변화가 일어날 것이다.

실제로 동물에 대한 이런 종류의 문헌들은 이미 존재한다. 현재 과학의 첨단에는 야생상태에서 동물들과 상당히 긴 기간 동안 함께 살아온 사람들의 보고서들이 있다. 이 보고서들은 동물들 사이에 개인차가

있음을 보고하고 있다. 그들은 인간 관찰의 대상들만이 아니라 주관성을 가진 것들로 나타난다.3)

세속화하는 기독교 대학의 교과과정은 몇 개의 학문분야들을 대표하는 과목의 집합이어서는 안 된다. 교육의 목적은 오늘날의 주도적인 대학교들에서 조직화된, 지식을 위한 지식의 소개가 되어서는 안 된다. 오히려 우리는 이전의 인문교육 형태가 더 나은 모델이라고 말해야 한다. 인문학에 대한 그리스의 영향이 지대하지만 그것이 우리 시대의 모형이 될 수는 없다. 애초에 그것들은 매우 무역사적(ahistorical)이었다. 반면에 우리의 성서적 유산은 역사를 강조하도록 이끈다.

물리학을 연구할 때, 그것이 어떻게 발생했고 발전했고 변화되었는지를 아는 데 가치가 개입한다. 역사 연구를 통해 우리는 현재 주도적인 형태들 아닌 다른 대안들이 있음을 알게 되고 그것들이 거부되어야 하는 이유를 알게 되고, 역사의 승자들이 언제나 최선은 아닐 수 있는 가능성을 깨닫게 된다. 고등교육의 역사는 그 현재의 형태들의 특수성과 가능한 다른 선택들의 가치를 보여준다.

무엇보다도 오늘날 지구에 있는 생명 시스템이 극도로 위협받고 있기 때문에 우리는 이 점을 고려하면서 큰 그림을 그려야 한다. 모든 기독교 기관들은 다가오고 있는 재난들을 줄이는 방향으로 자신들을 조직화해야 한다. 세속화하는 기독교 대학은 학생들이 이런 상황을 이해하고 그 빛 안에서 자기의 역할을 분별하도록 도울 수 있어야 한다. 그러나 이런 관점에서 만들어진 학과목은 연구 대학교의 학문지향적인 학과목들의 어느 것과도 맞지 않을 것이다.

---

3) 가령 Jeffrey Masson and Susan McCarthy, 『코끼리들이 울 때: 동물들의 감정생활 *When Elephants Weep: The Emotional Life of Animals*』, Dell Publishing, 1995을 보라.

어떤 사람들은 세속주의적인 학문분야들이 규정하는 탁월성을 따르지 않는 것을 학문성이 떨어지는 것으로 여길지도 모른다. 하지만 기억해야 할 것은 이런 학문분야들이 만들어지기 오래 전에 이미 잘 정돈된 사상과 연구가 존재했다는 점이다. 실제로 연구되는 대상의 주관성을 무시한다는 의미에서의 객관성 이전에 연구 주제에 연구자의 선입견과 기호를 강압하는 것을 거부한다는 의미에서의 객관성이 이미 존재했다. 세속화하는 기독교인들은 이런 넓은 의미에서의 정돈된 사고와 객관성을 강력하게 확언한다. 자료를 다르게 조직하기 위하여 다른 전제들을 채택하고 다른 질문들을 던지는 것을 학문성이 떨어지는 일이라고 말할 수 없다. 아무튼 세속화하는 기독교인의 교과과목은 우리 시대의 진정한 필요에 훨씬 더 연관될 수 있는 더 깊고 더 넓은 사고로 인도해 가야 한다.

7장

경제학과 경제지상주의의 승리

1. 들어가는 말

6장에서 나는 지식을 조직화하고 현대적 대학을 구성하는 데 중요한 역할을 했던 학문 분야들에 대해 논의했다. 우리는 이런 분야들이 어떻게 세속주의적인 사고방식을 표현하고 있는지 또한 그것들이 인간 사고에 어떤 영향을 미쳤는지를 살펴보았다. 이 장에서는 경제학이라는 학문 분야를 좀 더 자세히 살펴봄으로써 앞에서 논의한 내용을 보완하고자 한다.

이 장은 또한 **경제지상주의**(economism), 곧 경제가 인간 삶에서 가장 중요한 차원이며 사회 전체는 이를 중심으로 조직되어야 한다는 신념에 대해 살펴볼 것이다. 경제지상주의에 동의하는 사람들은 경제에 대한 학문적 연구가 만들어낸 경제이론을 안내자로 삼는다. 경제지상주의 혹은 경제중심주의적 사고가 국가와 국제 관계를 결정짓는 주된 요인이 됨에 따라 경제에 대한 학문적인 연구의 구체적인 내용들이 지구의 운명에 특히 중요하게 되었다.

경제는 모든 사회에서 언제나 아주 중요했다. 하지만 경제지상주의가 주도적이 된 것은 오직 근래의 일이다. 과거에는 사회를 어떻게 이끌 것인가, 혹은 종교적인 삶은 어떠해야 하는가가 주된 관심사였다. 그러나 오늘날은 많은 지도자들이 경제를 우선적 가치로 생각하고 있다. 교육은 이전에는 다른 목적들을 가지고 있었지만, 이제는 주로 경제를 섬기는 기능을 감당하고 있다.

경제이론은 인간을 주로 경제적 인간(Homo economicus)으로 생각하는 데 근거해 있다. 경제적 인간은 정치적 인간(Homo politicus), 종교적 인간(Homo religious), 도구를 만드는 인간(Homo habilis), 놀이하는 인간(Homo ludens) 등과 같이 인간의 여러 실제적 측면 중 경제적 측면만을 추상화한 것이다. 경제학자들은 경제학과 연관되어 보이는 인간 행동의 특성들을 추상화한 다음, 그들의 연구에 적절한 방법론들을 발전시킨다. 이런 것이 학문 분야들이 이루어지는 표준적인 과정이다.

경제이론은 경제적 인간에 대한 연구의 중요성을 다른 주제들과 비교하여 판단하지 않는다. 이런 연구를 선택하는 사람들은 곧잘 경제가 특별한 중요성을 가지고 있다고 생각한다. 하지만 경제학자라고 해서 반드시 경제지상주의에 동의하는 것은 아니다.

경제적 인간의 행동을 서술하되 거기에 동의하거나 반대하지 않고 그것을 있는 그대로 서술할 수 있다. 학문 세계는 가치중립적인 학문을 이상으로 삼아 추구한다. 그들은 정책 입안자들에게 어떤 특정한 경제정책을 추천하지 않으며 오직 서로 다른 여러 정책들과 그런 정책들이 가져올 수 있는 결과들을 객관적으로 설명하는 데 집중한다고 말한다.

실상 완전히 중립적이거나 공정한 서술이란 이상은 어떤 학문 분야에서도 가능하지 않으나 경제학은 그럴 수 있다고 말하며 이것은 그 자체로 아주 흥미롭고 중요한 현상이다. 경제학자들은 사람들이 시장에서 최선의 거래를 하고자 함을 보았고 그것을 합리적 행동이라고 말한다. 그런데 합리적(rational)이란 말을 사용함으로써 이미 그들은 그런 행동 쪽으로 기울고 있다. 곧 경제학은 시장에 참여하는 사람들이 합리적 행동을 한다고 서술할 뿐 아니라 그런 행동을 좋은 것으로 보면서 사람들이 더 그렇게 하도록 격려한다.

따라서 경제학은 시장의 거래에서는 이익추구만이 합당하다고 주장하며 그 외 다른 가능한 동기들은 정치학이나 종교의 영역으로 넘기고 있다고 말할 수도 있다. 하지만 이런 식의 영역 구별은 사실상 어렵다. 실상 정치적 결정들이 오직 정치적 근거에 의해서만 이루어져야 한다고 주장하는 경제학자들은 별로 없을 것이다. 어쨌든 많은 경제이론들은 정치가 시장에 간섭하는 것을 줄이려는 가운데 발전되어 왔으며, 이런 소위 합리적 행위들이 확장되기를 원하는 것은 광범위한 사회적, 정치적 파급효과를 가지고 있다.

이 사실을 다르게 표현할 수도 있다. 일반적으로 보아 세속주의는 객관적인 가치들이 있으며 그것들을 준행해야 한다는 윤리적 주장을 하지 않고, 그저 가치중립적인 연구만을 지향한다. 그로 인해 그것은 전형적으로 **의무 불이행 상태**(default position)라고 불릴 만한 상태에 빠져버린다. 곧 인간은 그들 자신의 이익을 위해 행동한다. 윤리학자들의 단언처럼 이 점은 인간 삶의 전체에 분명히 해당된다.

이런 관점에 근거하여 윤리학자들은 사람들이 어떻게 하다 보니 원하게 된 행동들과 구별되는 것으로서, 그 행위자에게 최선의 도움이 되는 방식으로 작동하는 행동 형태들에 대해 기술할 수 있다. 이렇게 하여 추천된 원리들은 흔히 통상적인 도덕적 가르침을 지지한다. 이렇게 함으로 그들은 세속주의가 도덕을 위협한다는 통상적 비난에 대응할 수 있다.

반면에 경제학자들에 의하면, 합리적이라는 말은 곧 자기에게 이익이 되어 보이는 것을 따라 행동하는 것을 뜻한다. 그들은 정치적이나 종교적 목적을 위해 도입된 인위적 원리들로 인해 비합리적인 행위들을 하도록 경제정책들이 왜곡되는 것을 원치 않는다. 하지만 윤리이론이든 경제이론이든 간에, 모든 이론은 그 가장 서술적인 수준에서도 사회적, 정치적, 혹은 종교적으로 중립적이지 않다.

경제학자들은 곧잘 자신들은 사람들이 실제로 행동하는 것을 단순히 서술하기만 한다고 변호한다. 스티븐 로드(Steven Rhoads)는 이 문제를 자세히 연구하여 그 결과를 『경제학자가 보는 세계 The Economist's View of World』 (Cambridge, 1985)라는 책으로 출판했다. 물론 시장에서 일어나는 행위의 많은 부분이 그들이 설명하는 모형에 부합한다. 하지만 이런 이해는 경제활동에서 실제 일어나는 일을 기술한 것이라기보다는 그것을 추상화한 것임을 보여주는 강한 증거가 있었다. 로드는 많은 집단들을 대상으로 한 어떤 실험을 보고하고 있다(p. 162).

실험의 내용은 이렇다. 각 집단의 사람들에게 많은 양의 토큰이 지급되었으며 토큰 하나를 1센트로 교환할 수 있었다. 그러나 토큰 하나를 2.2센트로 교환할 경우에는 그 돈을 각 집단의 구성원들이 공평하게 나누어갖게 되었다. 따라서 사람들이 가지고 있는 돈을 모두 두 번째 방식으로 토큰과 교환하면, 모두가 받게 되는 액수가 가장 많아지지만, 개인적으로는 자신을 위해서 1센트로 바꿀 때 가장 많이 받게 된다. 여기에 더하여 그들은 다른 사람들이 공동 모금항아리에 넣은 것도 나누어 갖게 된다. 대부분의 집단들은 그들의 토큰들을 자기를 위한 것과 공동을 위한 것으로 반반씩 나누어 사용했다. 왜 그렇게 했느냐고 물었더니 그렇게 하는 것이 '공정하다'고 생각했기 때문이라고 답했다.

유일한 예외는 경제학을 전공하는 대학원생 집단이었다. 그들은 그들 토큰의 20퍼센트만 공동으로 교환하는 항아리에 넣었다. 이처럼 이론이 실천에 영향을 준다. 경제학자들이 이해한 합리성을 받아들인 결과를 더 잘 보여주는 것은 이 일 후의 소감이었다. 그들 중의 적어도 일부가 보여준 반응은 대부분의 참여자들이 무엇이 합리적인지를 이해하지 못하고 있음을 분명히 보여 주었다.

2. 경제이론의 전제들

오늘날의 경제이론은 수많은 하부 분야들을 포함하고 있는, 주로 수학적 형태로 표현된 거대한 저술의 뭉치들이다. 일반적인 학문 분야들이 그러하듯이 경제학 역시 그 자체의 역사나 전제들에 대해서는 거의 생각하지 않는다. 물론 그런 이론들의 적합성에 대해서는 언제나 논쟁들이 있어왔다. 하지만 특히 이 글을 쓰고 있는 지금, 금융 시스템을 거의 붕괴시킬 수도 있는 사건들이 발생함으로 인해 널리 받아들여져 온 이론들이 흔들리고 있다. 이 장의 앞부분에서 내가 말한 것은 경제이론이라고는 말할 수 없는 것이었다. 그것은 주류 경제학의 역사 속에서 일찍 만들어진 경제이론의 전제들에 관한 것이었다. 철학적 관점으로 볼 때, 이런 이론적 전제들은 수많은 이론들 속에 널리 퍼져 있으며, 그들의 사회적, 역사적 효과들의 일반적 성격을 결정한다. 이런 이론적인 전제들이 받아들여지는 것 자체가 세속주의적 정신 상태를 반영하는 것이며, 그것들을 기초로 하여 발전된 거대한 수학적 구조 역시 세속주의의 전형적인 표현이다.

아담 스미스(Adam Smith, 1723-1790)는 근대 경제학의 아버지로 여겨진다. 그는 윤리학에 관한 책을 한 권 썼고 이 책에서 연민을 강조했다. 하지만 경제학에 관한 고전적 저서 『국부론The Wealth of Nations』(1776)에서 그는 경제 활동은 연민에 기초해 있지 않으며 또 그래서도 안 된다고 주장했다. 이로 인해 그를 따랐던 경제학자들은 인간 행위의 하나의 동기인 연민에 거의 주의를 기울이지 않았다. 아담 스미스는 역사상 최초로 제한된 인간의 노동력으로도 더 많은 재화들을 생산해낼 수 있게 한 산업혁명에 대한 응답으로서 글을 썼다. 그는 새롭게 등장한 기업가적 자본주의(entrepreneurial capitalism)가 경제성장에 큰 기여를 할 수 있다고 호의적으로 서술했다.

스미스와 그를 따랐던 경제학자들은 경제 활동의 목적이 재산과 서비스를 더 많이 얻는 데 있다고 보았다. 스미스는 계몽주의의 아들로서 계몽주의의 개인주의적인 인간 이해를 받아들였고 그를 따르는 주류 경제학자들 역시 그러했다. 그들은 인간을 경제적 동물(Homo economicus) 곧 시장에 참여하는 가운데 개인적으로 가장 유리하다고 생각하는 협정을 맺으려는 자기 완결적(self-enclosed) 개인으로 생각했다. 그들에 의하면 이런 교환이 많을수록 사람들의 삶의 형편은 더 좋아진다. 이런 경제학자들은 대부분 소위 자유방임주의(laissez-faire)를 좋아했다. 그들은 정부가 아무런 간섭도 하지 않고 시장이 그냥 알아서 작동되도록 놓아두기를 원했다.

역사적으로 보면, 중세와 근대가 시작할 무렵의 사람들은 경제 질서가 공정해야 한다고 생각했다. 물론 '공정하다'는 말은 모든 사람이 평등주의적이어야 한다는 것은 아니고, 사회에 공헌한 정도에 맞추어 경제적 보상이 주어져야 한다는 뜻이다. 이로 인해 사람들은 구매자에게 손해를 끼치지 않는 범위에서 생산자에게 적절한 보상을 주기 위해 물건의 적정 가격을 유지하려고 노력했다. 하지만 스미스는 이런 시스템을 유지하는 사람들에게 반대하면서, **시장이 가격을 결정**해야 한다고 가르쳤다.

스미스에 의하면, 모자를 파는 사람들은 물건 값이 매력적이 되도록 다른 사람들과 경쟁을 하면서도 그들의 노력에 대한 보상이 될 만큼의 이득을 얻기 위해 노력한다. 반면에 구매자는 가장 싸게 사려고 노력하며, 생산자는 다른 생산자들과 경쟁하는 가운데 사람들이 가장 효율적으로 원하는 것을 만들기 위해 노력한다. 그 가운데 비효율적인 생산업자들은 시장에서 도태되거나 더 경쟁력 있는 물품을 만들려고 할 것이다. 그 결과 자유 시장에서 물건의 질은 좋아지고 상품 가격은 내려간다. 물건과 서비스의 생산이 시장을 거치게 되면 될수록 상황은 더 좋아진다. 각 사람이 시장의 교환을 통해 할 수 있는 한 가장 많이 얻으려고 함에 따라, 시장은 더 커지며 더 많고 더 좋은 물건들이 더 싼 값에 공급된다. 결국 시장은 각 사람이 개인적인 이익을 추구하는 행동들을 통해 더 많은 사람들에게 혜택이 돌아가게 만든다. 개인적 합리성과 전체의 행복이 이처럼 시너지 효과를 내는 것은 바로 **보이지 않는 손**(the invisible hand) 때문이다.

스미스는 노동 역시 시장을 구성한다고 보았다. 고용주들은 가장 낮은 임금으로 최고, 최선의 노동력을 얻으려고 하며 노동자들은 가장 적게 일하면서 가장 많은 돈을 벌려고 한다. 이 둘 사이의 계약에 의해 시장에서의 노동 가격이 결정된다. 이런 과정을 방해하는 것은 모두 비경제적인 결과들을 낳는다.

대체적으로 보아 대규모로 생산하게 되면 물건의 단가를 낮출 수 있다. 물론 이렇게 되기 위해서는 이런 정도의 생산물을 소화할 정도로 큰 시장이 있어야 한다. 시장이 클수록 규모의 경제가 이루어질 수 있다. 스미스 시대에는 나라 전체가 하나의 시장이 되어서 자본과 물품과 노동이 자유롭게 이동하는 것을 이상으로 생각했다. 오늘날은 세계 전체가 하나의 시장이 되어, 자본이나 물자들이 아무런 제약 없이 이동하는 것을 이상으로 삼는다. 경제이론은 노동력의 자유로운 이동에 대해서도 지지할 수 있을 것이다. 하지만 이것까지 요청하는 경제학자는 거의 없다.

앞에서 말한 기본적인 원리들로부터 거대한 경제이론이 나왔고, 여기에서 우리는 이 이론이 가진 학문으로서의 풍부한 잠재력을 보게 된다. 경제 활동을 통해 사람은 모두 자신의 경제적 이익을 추구한다는 기본적인 가정이 이 거대 체계의 견고한 기초가 되어 있다. 그런데 이런 가정은 철저히 세속주의적이며, 그 위에 세워진 방법론은 연역법적으로 논쟁의 여지가 없는 것을 지향한다. 하지만 이런 전제들을 방어하고 옹호하는 것은 이 학문에 속해 있지 않다. 그것들이 이 학문에서 사용되고 있는 한 그저 당연한 것으로 여겨질 뿐이며, 이 점에서 경제학은 놀라울 정도로 근대철학의 이상이나 목표를 성취하고 있다고 할 수 있다. 오래 전에 로버트 하일브로너(Robert Heilbroner)는 그의 시대까지의 탁월한 경제학자들에 대한 책을 썼다. 그 책의 이름은 『세속의 철학자들 The Worldly Philosophers』(Touchstone, 1953)이었다.

3. 경제지상주의

경제지상주의(economism)는 경제가 사회에서 가장 중요한 부분이며 정치나 교육 같은 다른 차원들은 그것을 섬겨야 한다는 관점을 가리킨다. 경제지상주의는 경제학자들의 주장 때문이 아니라 정치 지도자들, 경제이론가들, 회사 사장들, 그리고 일반 대중이 이를 받아들였기 때문에 지배적 이데올로기가 되었다.

경제지상주의는 어떤 의미에서는 일종의 과학절대주의(scientism)이다. 하지만 경제학은 자연과학들과는 구별된다. 우리가 길(Way)이란 용어를 삶을 개인적, 집단적으로 조직하며 각자 독특하게 구원을 제공하는 것이라는 의미로 광범위하게 사용한다면, 경제지상주의 역시 일종의 비전통적인 구원의 길(Way)이라고 할 수 있다. 실상 그것은 인류 역사에서 가장 성공적이고 보편적인 길이다. 오늘날 지구 위의 모든 주도적인 세력들은 그 가르침들을 받아들이며 여기에 맞추어 자신들의 정책을 결정하고 있다.

다른 전통적인 길들의 경우와 마찬가지로 여기에도 일탈들이 있으며 그 하나의 주된 일탈은 경제적이며 정치적인 세력을 가진 사람들이 이런 이상들을 왜곡시키는 데 있다. 이 이론은 시장을 세계화하는 데 제대로 사용되었지만, 문제는 국가들이 다른 국가들을 희생하면서까지 자국의 부를 증진시키려 한다는 데 있다. 회사의 대주주들은 자기들의 이익을 추구하고 자본가들 역시 마찬가지이다.

하지만 경제지상주의가 사회를 이해하고 또한 인도하는 다른 방식들에 대해 승리를 거둠에 따라, 이제는 경제이론이 의미하는 것들과 국내와 국제 관계에서 실행되고 있는 정책들 사이가 직접적으로 연관되기에 이르렀다. 전통적인 가치들의 관점에서 볼 때, 그 결과들은 매우 충격적이다. 나는 그런 결과들 가운데 일부를 1) 정의, 2) 공동체, 3) 민영화와 세계화, 4) 과학과 역사라는 제목으로 나누어 살펴보려고 한다.

1) 정의(Justice)

경제지상주의가 한 국가, 나아가 전 세계의 정책들을 주도하게 된 결과 중 하나는 정의에 대한 관심의 상실이다. 물론 개인적으로는 정의에 관심을 가지고 있는 경제학자들이 많이 있다. 경제학에서 정의에 대한 질문은 부의 분배와 소득의 편차 등에 대한 관심에서 나타난다. 많은 경제학자들이 소득의 편차가 좁은 경제가 정의의 관점에서 더 나은 경제라고 믿는다. 그들은 상위 1퍼센트의 부자가 가장 가난한 사람의 소득의 1000배를 가지고 있는 사회보다는 가장 큰 부자가 소득의 100배를 가지고 있는 사회가 더 낫다고 생각할 것이다. 경제학자들은 소득의 분배에 많은 관심을 가졌고 불평등의 정도를 재는 최선의 방안으로 지니 계수를 개발했다. 지니 계수가 낮을수록 사람들의 수입의 차이도 적다.

하지만 경제학을 위한 경제학자들은 지니 계수를 낮추는 정책들을 옹호하지 않는다. 이 학문의 관점으로 볼 때 정책 결정자들의 선호는 인위적인 것이다. 국내총생산(GDP)을 증가시키는 것과 지니 계수를 낮추는 것 사이에 선택하라고 하면 다수의 경제학자들은 전자를 선택할 것이다.

이 말은 경제학자로서의 경제학자들은 앞 장에서 서술한 학문 분야들의 기준에 동조하기를 배웠다는 말이다. 앞에서 보았듯이 이들이 볼 때 학문 탐구의 이유는 좋고 나쁜 것에 대한 도덕적 판단을 하기보다 지식을 증가시키는 데 있다. 이를 위해 분석과 기술이 이루어지며 여러 목적들에 사용될 수 있는 방법들이 개발된다. 정책결정권자들이 GDP가 증가되는 가운데 그 부산물로서 가난의 문제를 해결하기보다 가난의 문제를 직접 해결하는 데 관심을 가진다면, 경제학자들은 물론 그런 계획을 지원하는 방법들을 제공할 수 있을 것이다. 하지만 학자들은 어떤 정책이 더 낫다고 제언하는 것은 학문으로서의 경제학의 역할이 아니라고 생각한다. 이데올로기로서의 경제지상주의는 더 말할 나위도 없다.

실상 경제이론에 내재되어 있는 원리들은 정의에 대한 관심을 가지지 않는 경향이 있다. 예를 들어 널리 받아들여지는 파레토 최적이론(Pareto optimality)[1]을 생각해 보자. 이 원리에 의하면, 어떤 행위가 다른 사람들에게 손해를 끼치지 않으면서 어떤 사람들에게 만족을 주면 그것은 좋은 행위라고 말한다. 이 이론은 원리상 그 누구도 각자의 만족 이상의 만족을 표현할 위치에 있지 않다고 논증한다. 따라서 한 사람에게 더 많은 재화를 제공하는 것이 다른 사람에게 그렇게 하는 것보다 더 낫다고 말할 수 없게 된다. 이론적으로 볼 때, 이 원리는 이 과정 중에 어떤 사람들에게 손해를 끼치면서 전체 생산량을 늘리는 것을 하지 못하게 할 수 있다. 이 원리는 사람들을 공정하게 대한다는 점에서 혹은 적어도 모든 사람에게 관심을 보인다는 차원에서는 칭찬받을만하다.

하지만 이런 원리가 실제로 적용되면 그것은 부자와 가난한 자들 사이의 점점 멀어지는 간격을 매우는 행동을 하지 못하게 하는 결과를

---

[1] 역자 주: 파레토 최적이론은 파레토 효율(Pareto efficiency)이라 불리기도 하며 이탈리아의 경제학자 빌프레드 파레토의 이름에서 가져왔다. 그는 경제적 효율성과 수입의 분배에 대한 연구에서 이 개념을 사용했다. 파레토 효율성이란 하나의 자원배분 상태에서 다른 사람에게 손해가 가도록 하지 않고서는 어떤 한 사람에게 이득이 되는 변화를 만들어내는 것이 불가능할 때를 가리키는 말이다. 반면에 파레토 비효율은 파레토 개선(Pareto improvement)이 가능한 상태를 말한다. 어떤 배분상태가 파레토 비효율적이면, 어느 사람에게도 손해가 가지 않게 하면서 최소한 한 사람 이상에게 이득을 가져다주는 파레토 개선(改善)이 가능해진다.

낳는다. 이 원리는 재화가 부자에서 가난한 사람들로 옮겨가는 것과 가난한 사람들에서 부자로 옮겨가는 것을 똑같이 반대한다. 이것은 가난한 사람들을 위한 사회보장 프로그램을 허용하지만 부자에게 해가 되지 않는 만큼만 그렇게 한다. 그런데 불행하게도 가난한 사람들에게 혜택을 주려는 대부분의 정부 프로그램들은 납세자들에게 더 많은 세금을 내도록 요구한다. 당연히 사람들은 세금을 내지 않으려 하며, 그 사이 시장 제도는 계속해서 부자들에게 유리하게 돌아간다. 부자들은 가난한 사람들을 희생하여 자신들의 부를 계속 키워 나간다.

이런 상황이 옳다고 믿는 사회는 아마 없을 것이다. 대부분의 사람들은 굶어 죽어가는 사람에게 음식을 주는 것이 부자에게 네 번째 텔레비전 세트를 가지게 하는 것보다 더 중요하다고 생각할 것이다. 이로 인해 거의 대부분의 국가들이 가난한 사람들의 기본적인 필요를 채우기 위해 노력한다. 하지만 경제지상주의는 이런 노력에 대해서는 관심이 없고 오히려 그것을 거부한다.

경제지상주의를 옹호하는 사람들은 여전히 이 시스템이 적어도 국가들 사이에서는, 또한 높은 수준의 임금을 받는 사람들 사이에서는 평등을 이룰 것이라고 주장한다. 이들은 자본은 값싼 노동력이 있는 곳, 곧 가난한 나라로 흘러가기 때문에 결국 이런 나라들의 임금이 올라가며 시간이 지나면 마침내 모든 곳의 임금이 높아질 것이라고 한다. 런던 대학의 경제학 은퇴 교수인 로빈 매리스(Robin Marris)는 그의 책 『빈곤의 극복 Ending Poverty』(Thames and Hudson, 1999)에서 전 세계의 생산량이 30배 오르면 모든 나라들이 거의 비슷하게 부유하게 될 것이라고 주장하고 있다.

2) 공동체(Community)

아담 스미스가 이해하는 경제는 세속주의적이다. 하지만 여기에 조금 수정을 할 필요가 있다. 그는 계몽주의의 아들이었지만, 그가 이상적으로 생각했던 시장은 지역 공동체라는 맥락에서 작동하는 시장이었다. 따라서 그는 부정부패가 있어도 공동체가 그것을 잘 통제할 수 있으리라고 생각했다. 더 나아가 그가 염두에 둔 것은 개인으로서의 시민들의 부가 아니라 국가들의 부였다. 그는 나라에 대한 사랑이 당연히 투자자들에게 영향을 미치고 시민들을 자극할 것이라고 생각했다. 그에게 경제의 전체적인 목표는 국가의 안정과 능력을 보장하는 데 있었다.

데이비드 리카르도(Daivd Ricardo, 1772-1823)는 나라에 대한 공동체적 감정을 아주 확신했고, 여기에 근거하여 그의 유명한 비교우위론(doctrine of comparative advantage)을 주장했다. 그는 한 나라가 다른 나라보다 모든 종류의 물건들을 더 싸게 만들 수 있다고 해도 가장 강점이 있는 물건들만 국내에서 만들고 나머지 물건들은 수입하는 편이 낫다고 설명했다. 하지만 그는 이런 원리는 국내 시장에는 적용되지 않는다고 지적했다. 이는 자본은 가장 큰 이익을 찾아 국가의 어느 곳이든 흘러가고자 하기 때문이다. 그러나 그는 자본가들이 애국심으로 인해 그들 자신의 나라에 투자할 것이기 때문에 별 문제가 되지 않을 것이라고 믿었다.

불행하게도 이런 제1 세대 근대 경제학자들의 가정들은 이후의 경제이론들에 영향을 미치지 못했다. 경제지상주의는 개인들이 행동과 이익의 기본 단위들이라고 전제한다. 경제적 사고는 사람들 사이의 선한 관계들이 가진 긍정적인 가치를 다루지 않는다. 오직 교환 및 계약과 연관되어 있는 인간관계의 형태들만이 고려될 뿐이다.

오늘날 자본은 놀랄만한 속도로 전 세계를 자유롭게 떠돌아다닌다. 그런데도 놀랍게도 상당히 많은 경제학자들이 여전히 비교우위론에 근거하여 모든 나라들이 자유무역을 통해 혜택을 볼 것이라고 주장하고 있다. 다행스러운 것은 역사적 사실들이 이 점을 다시 생각하도록 해주고 있다는 것이다.

세계화(globalization)가 진행됨에 따라 국가 공동체에 대한 관심은 현저하게 줄어들었다. 1980년 이전에는 전 세계가 국가를 중심으로 하여 움직였으며, 그 국가들은 아담 스미스가 이해한 방식으로 자국의 경제를 발전시키고자 했다. 이런 국가 경제들은 다른 나라들과 더불어 상호 혜택이 되는 무역을 하고자 했기에 상대적으로 소규모의 시장들이 존재했다. 그런데 경제지상주의는 시장이 커질수록 혜택도 커진다고 가정하고 움직인다. 이로 인해 1980년 이후 대부분의 국가와 국가들 사이의 시장은 하나의 전 지구적 시장에 흡수되고 있다.

지역 공동체의 가치를 무시하게 됨에 따라 제3 세계의 경제에 급격한 변화가 일어났다. 공동체적 특성을 가지고 있는 전통사회들은 농업을 산업화한다거나 농촌을 떠나 도시의 공장에 노동력을 제공하는 것에 저항했다. 따라서 경제성장을 위해서는 이런 전통적 공동체들이 파괴되어야 했다. 사람들은 그렇게 해서라도 생산이 많아지기만 하면 경제적으로 손해 보는 것이 없다고 생각했다.

똑같은 경제 원리들을 농업에 적용하는 가운데 미국에서도 비슷한 결과들이 나타났다. 기계가 사람과 가축의 노동을 대체했다. 가족 중심 농업은 사라지고 거대한 농경 산업이 나타났다. 일터를 잃은 노동자들은 도시로 갈 수밖에 없었고 농촌 공동체들은 뿌리 뽑혀 버렸다.

3) 민영화와 탈산업화(Privatization and Deindustrialization)

경제 사상가들은 시장이 최고의 효율성을 보장하기 때문에 정부는 시장 참여자들이 자유롭게 활동하도록 허용하고, 더 나아가 모든 활동을 최대한 시장에 맡겨야 한다고 주장한다. 이들에 의하면, 정부가 하는 사업은 손실을 내기 쉽고 비효율적이며 또한 다른 생산자들과 공정하게 경쟁할 수 없다. 정부가 생산되는 산물에서 손을 떼지 않는 한 시장은 효율적이 되지 못한다.

따라서 이들은 정부는 할 수 있는 한 모든 것을 민영화해야 한다고 주장한다. 이들에 의하면, 이전의 국가 주도적 경제체제 때 이루어졌던 국가 소유의 천연자원과 산업시설들은 최고의 가격을 받고 민간에 넘겨야 한다. 교통과 각종 공공시설도 마찬가지다. 나라의 경제를 관리하기 위해 많은 국가들이 많은 은행들을 국영으로 소유하고 있는데 이것들 역시 민영화되어야 한다. 더 나아가 이들은 교육과 의료제도, 국립공원까지 민영화해야 한다고 주장하기도 한다.

이런 원리들은 주로 작고 힘이 약한 나라에서 가장 많이 관철되었다. 하지만 경제지상주의의 이상들은 미국의 정책들에도 주된 영향력을 행사하고 있다. 가장 분명한 효과를 나타낸 것은 무역장벽을 철폐한 것인데, 이로 인해 미국의 노조들은 같은 수준의 물품들을 더 싸게 파는 나라들과 효율적으로 경쟁할 수 없게 되었다.

그 결과 산업은 미국경제에서 그 중심적인 역할을 상실했다. 미국 회사가 만드는 생산품 중의 상당 부분이 멕시코나 해외에서 만들어진다. 또한 미국에서 소비되는 상품들의 많은 부분이 외국에서 만들어지며, 그 중 상당부분은 외국회사들이 만든 것이다. 이제는 산업체들보다 금융회사들이 미국의 국내총생산량에 더 많은 공헌을 하고 있다.

미국이 탈산업화되어 노동조합이 현저하게 약화되었다. 노조들은 여전히 존재하지만 공장을 다른 지역으로 옮기겠다는 위협 앞에 노조는 한 발 물러설 수밖에 없다. 다른 곳으로 옮길 수 없는 공립학교나 정부 관료들이 소속되어 있는 노조만 아직 힘을 갖고 있을 뿐이다. 트럭 운전사들과 부두노동자들은 살아남았지만, 이마저 멕시코의 항구들과 미국의 교통기관들을 연결하여 비용이 적게 드는 멕시코 트럭 운전사들의 트럭으로 물자들을 수송하는 계획들로 인해 위협 받고 있다.

경제지상주의자들은 이런 현상을 진보라고 할 것이다. 그들은 노동자 개개인이 서로 경쟁하는 가운데 자신들의 임금이 시장에서 결정되도록 하는 것이 이상적이라고 말한다. 서비스와 농업 분야에서 일하는 비숙련 노동자들의 경우 북미자유무역협정(NAFTA) 이후 멕시코 사람들이 대거 이주해 옴으로써 더 심한 경쟁을 겪게 되었다.

사무직 노동은 비교적 안전하다고 생각할지 모르지만 이런 직업들의 상당부분 역시 이미 외주화(outsourced) 되고 있다. 전자 커뮤니케이션 덕분에 수백만의 사무직들은 세계 어디에서도 똑같은 정도로 작업할 수 있기 때문이다.

4) 과학 대 역사(Science vs. History)

경제지상주의의 최종적 전제는 경제이론이 물리학과 같아서 역사적인 요인이나 문화적 요인의 영향을 받지 않으며, 어떤 상황에도 동일하게 연관되고 적용될 수 있다는 것이다. 곧 그것은 그 전제들이 보편적인 인간 본성에 근거해 있기 때문에 동일한 결론이 도출될 수 있다고 한다.

이런 원리를 가장 분명하게 주장하는 이는 이 글을 쓰고 있는 지금

오바마 대통령의 주된 조언자 중의 한 명인 래리 서머스(Larry Summers)이다. 세계은행의 수석 이코노미스트인 그는 이렇게 선언한다. "경제학의 법칙들은... 기계공학의 법칙들과 비슷하다. 오직 한 종류의 법칙만이 있고 그것들은 모든 곳에서 통용된다."[2]

따라서 경제지상주의가 지배하는 곳에는 그 나라들의 실제적인 경제적 발전의 다양한 역사들에 대한 연구는 거의 이루어지지 않는다. 한 나라의 지도자들에게 조언을 할 때에도 경제전문가들은 그 나라 경제의 역사를 굳이 알 필요가 없다. 그들은 그런 세부적인 정보 없이도 그들의 이론으로부터 추론한 내용들을 조언할 수 있다. 서머스는 계속해서 그가 세계은행에서 일하면서 배운 것은 "'하지만 여기 경제는 달라요'라는 말은 바보 같은 소리"라고 말한다.

미국 경제의 최근의 모습들은 경제를 연역적 학문으로 볼 때 어떤 결과가 생기는지를 보여준다. 어떤 경제전문가들은 경제를 촉진하는 최선의 방책은 사람들의 구매력을 증진시키는 데 있다고 주장한다. 이것은 수요 차원의 경제라고 불린다. 다른 사람들은 최선의 방책은 투자를 촉진하여 생산이 잘되도록 하는 데 있다고 한다. 이것은 공급 차원의 경제라고 불린다. 최근 들어, 특히 공화당 정부에서는 이런 공급 차원의 경제가 주도적이었다. 이를 위해 부유한 사람들의 세금을 감면하여 이들이 생산에 투자할 수 있도록 했다.

산업경제에서는 부자들의 손에 더 많은 돈을 남겨주면 이들이 산업에 대한 투자를 늘릴 것이라는 나름의 이론적인 근거가 있었다. 하지만 공급 위주의 경제가 승리한 지금 미국은 탈산업화하고 있다. 이 사실은 역사에 민감한 학문적인 분야들은 결코 놓치지 않을 변화이다.

---

2) Susan George and Fabrizio Sabelli, *Faith and Credit* (Westview, 1994, p. 196).

하지만 오늘날에 이르기까지 경제정책과 연관되어 있는 이런 변화에 관해 언급하는 경제학자들은 거의 없다.

지난 몇 십 년 동안 금융 부분, 특히 파생상품 시장 부분이 엄청나게 성장했다. 이런 시장에서의 지출 증가는 생산경제에 사실상 아무런 긍정적인 효과를 주지 못했다. 이처럼 상황이 바뀌었는데도 불구하고 더 많은 돈을 부자들의 손에 남겨주는 것은 실물경제에 거품을 계속 키우는 결과만을 낳게 된다.

경제이론은 시장이 모든 시장 참여자들을 조율할 수 있다고 믿기 때문에 정부의 간섭에 반대한다. 비록 정부가 금융기관들에 관여하여 그것들을 어느 정도 통제해야 함을 인식하고 있는 경제이론가들이 많이 있지만, 경제이론을 따르다 보니 새로운 파생상품 시장의 규제는 거의 이루어지고 있지 않다. 대부분의 경제전문가들은 이제는 어떤 규제가 필요함을 인정한다. 하지만 월스트리트를 의미 있게 통제할 전망은 사실상 희박하며, 이 사실은 경제학자들의 공감보다도 월스트리트의 정치적 힘이 훨씬 막강함을 말해준다.

블루크레스트 캐피탈사의 조지 쿠퍼(George Cooper)는 그의 책 『금융 위기의 기원 The Origin of Financial Crises』 (Random House, 2008)에서 금융시장은 재화나 서비스 시장과 다르다는 점을 다음과 같이 설명한다. 후자의 경우는 경제학자들이 가르치듯이 그것들이 물건을 사려는 사람들과 팔려는 사람들 사이의 경쟁을 통하여 물건의 가격이 적절히 책정된다는 의미에서 자기 조절적 능력을 가지고 있다. 하지만 금융시장은 이런 특성을 가지고 있지 않다. 가령 어떤 주식이 올라가면 그 주식을 사려는 사람들은 줄어들기보다 오히려 더 많은 새로운 구매 희망자들이 나타난다. 주식 교환이 전체적으로 증가하는 것 역시 새로운 구매자들을 만들어낸다. 이처럼 주식 가격이 오를수록 그것은 계속 자기를 강화시켜 나간다. 하지만 경제 사상가들이 금융시장에 대한 규제를 철폐해야 한다고 말할 때 이런 차이점에 대해서는 고려하지 않는다.

경제지상주의가 연역적 학문이라면 그것이 요구하는 전 세계적 시스템 외의 다른 대안을 생각할 수는 없을 것이다. 마가렛 대처의 공식이 이 사실을 잘 보여주지만, 그녀는 실상 주도적인 관점을 반영하고 있을 뿐이다. 지도자들 사이에서는 다른 대안의 가능성에 대한 논의는 거의 이루어지지 않는다. 하지만 다행스럽게도 탁월한 경제학자들 중에서도 조셉 스티글리츠(Joseph Stiglitz)나 폴 크루그만(Paul Krugman) 같은 예외적인 사람들이 있고, 그들의 목소리는 금융 위기로 인해 이전보다 더 설복력을 갖게 되었다.

경제지상주의의 완고한 정책들 때문에 고통을 당하는 사람들이 생기면서 이것을 거부하는 운동도 일어나고 있다. 그들은 다른 세계가 가능하다는 대안적 주제를 제시한다. 일부 라틴 아메리카 국가들은 이런 "다른 세계"를 진지하게 고려하고 있다. 하지만 세계를 주도하는 권력들은 이런 제언들을 하나의 위협으로 여길 뿐 진지한 논의에 참여하지 않고 있다.

4. 경제지상주의는 어떻게 승리하게 되었는가?

경제적 사고의 과학적 특성을 강조하고 그 역사적 차이를 최소화하는 사람들은 경제지상주의 이외에는 다른 대안이 없다고 계속 주장한다. 하지만 사실은 전혀 그렇지 않다. 경제이론은 사람들이 정의와 공동체의 중요성을 인식할 수 있다는, 인간에 대한 보다 더 적절한 관점 위에 세워질 수 있다. 오늘날 사람들이 합리적으로 판단할 수 있었다면, 경제학이 아니라 생태학이 학문의 여왕이 되었을 것이다. 우리는 경제학을 연구하는 사람들에게 지구를 미래의 파멸로부터 구할 수 있는 제대로 된 경제학을 하라고 요구해야 한다.

경제학을 상대화할 수 있는 한 가지 방법은 서구 역사를 시대별로 나누어 보는 것이다. 수천 년 동안 가장 영향력 있고 특권을 누렸던 것은 교회였다. 이때는 국왕들조차 자신들의 정당성을 교회가 인정해 주기를 원했으며, 우리는 이를 기독교 중심주의 시대라고 말할 수 있다. 기독교가 이처럼 주도적인 세력으로 있는 가운데 17세기 전반기에 구교와 신교 사이에 30년 전쟁이란 끔찍한 전쟁이 일어났으며, 이로 인해 정치권력들이 종교를 대신해서 권한을 갖게 되었다. 그 기점이 1648년의 웨스트팔리아 조약이었으며 이를 통해 평화가 회복되었다. 그 때부터 제2차 세계대전이 끝날 때까지 서구를 주도했던 주역 배우들은 국가들이었다. 이 시기는 국가중심주의 시대라고 할 수 있다.

앞 장들에서 우리는 트라시마쿠스, 마키아벨리, 그리고 홉스 같은 과격한 사상가들이 정치 질서를 철저히 세속주의적인 방식으로 이해했음을 살펴보았다. 오늘날 많은 정치 이론가들은 그 어떤 개인이나 집단도 사회를 인도해 가는 가치들을 제시해서는 안 된다고 가정한다. 하지만 가장 영향력 있는 사람들은 여전히 사회의 구성원들이 이런 질문들을 결정함에 있어서 참여할 수 있는 길들을 찾아야 한다고 생각한다. 모든 사람이 포함되어야 한다는 이런 생각은 철저한 세속주의의 표출은 아니다. 또한 어떤 정치 이론가들은 여전히 정의와 인권에 더 많은 관심을 보이고 있는데 이들은 그리스와 히브리 전통들을 세속화하고 있다고 할 수 있다.

19세기에는 정치적인 것이 경제보다 중요하다는 생각이 당연하게 받아들여졌다. 물론 경제 역시 중요하기는 했다. 이때는 정부가 아닌 국가 전체를 우선적으로 고려했으며 건강한 경제가 국민들에게 중요하다고 보고 있었다. 물론 영국 정부는 때로 국민들보다는 영국 은행에 도움을 주는 정책을 택한 것은 사실이지만 말이다. 정치와 경제의 관계의 역사는 상당히 복잡하지만, 정부를 경제 질서에 종속시켜야 한다는 경제이론은 아직 나타나지 않았다.

19세기에 들어와 하나의 운동이 경제의 우선성을 분명하게 부각시켰다. 마르크스주의(Marxism)는 최초의 경제지상주의로 생각될 수 있다. 그것은 경제적 이슈들이 정치적인 것 이면에 존재하며, 그것을 결정한다는 점에서 경제적인 것의 우선성을 말하는 경제중심주의적 특성을 가지고 있다. 마르크스주의자들은 사회경제적 계급의식이 국가 중심적 감정을 압도할 것이라고 생각했기 때문에 제1차 세계대전 때 독일의 노동자들이 동일한 계급의식을 보이지 않으면서 프랑스 노동자들을 상대로 싸우는 것을 보고 놀랐다.

하지만 마르크스와 그의 많은 추종자들은 경제적인 것 이외의 목표들도 추구했다. 그들은 노동자들의 착취로부터의 해방과 정의로운 사회 건립을 위해 노력했으며 이런 점에서 그들의 목표는 정치적이었다. 그들은 또한 세속주의적인 경제지상주의가 지향하지 않는 목표를 설정했다는 점에서 이상주의적이었다. 이런 이상들이 공산주의 국가들에서 사라짐에 따라, 마르크스 경제지상주의는 주류 경제이론과의 경쟁력을 상실했고 세속주의적이 되었다.

제1차 대전과 2차 대전 사이의 국제 관계에서는 국가적 자존심과 위상이 곧잘 좁은 의미에서의 경제적 고려보다 중요했다. 물론 경제력이 국가들의 위상에 영향을 미치기는 했지만, 경제정책의 주된 목표가 언제나 경제성장만은 아니었다. 당시의 경제 지도자들이 금본위제도를 채택하고 있었다는 데 대한 세부적인 연구, 가령 리아캇 아메드

(Liaquat Ahamed)의 『자금조달의 주인들*Lords of Finance*』 (Penguin, 2009) 같은 책은 국가 GDP의 성장이 그들의 유일한 혹은 가장 중요한 행동 동기가 아니었음을 분명히 보여주고 있다. 예를 들면 영국 은행장은 대영제국의 전 세계적 위상과 책임에 대한 강력한 의식을 가지고 있었기 때문에 높은 실업률과 생산량의 감소를 무릅쓰고라도 파운드화의 운용에서 전쟁 이전의 금본위제도로 돌아갔다.

20세기는 국가주의(nationalism)가 그 정점에 이른 시기였다. 국가주의는 1차 대전 이후 특히 독일, 이탈리아, 일본에서 거의 종교적 수준까지 올라갔다. 독일의 경우 히틀러는 산업가들과 긴밀히 협력했지만 경제적인 관심을 독일의 힘과 자존심보다 더 높이 둘 생각은 추호도 없었다.

국가주의 시대는 기독교왕국 시대보다 훨씬 더 세속적이기는 했지만 그것은 아직 충분히 세속주의적이지는 않았다. 이때만 해도 세속주의적이라고 할 수 없는 가치들이 결정들을 내리는 데 영향을 주었고 때로는 그것을 주도했다. 주도적인 이론들이 이런 다른 가치들을 고려했을 뿐이다.

2차 세계대전을 통해 가장 극단적인 국가주의 세력들은 붕괴되었으며, 유럽에서는 국가주의에 대한 불신이 커져갔다. 유럽은 유럽경제공동체(European Economic Community)로 재조직되었다. 그것은 주로 경제 재건에 대한 관심을 중심으로 하여 통일되었다. 인류 역사상 처음으로 국가의 지도자들이 경제적 질서를 정치질서보다 더 중요하게 여기게 되었다. 이제 정부의 주된 목표는 경제를 튼튼히 함으로써 사람들의 경제적 필요를 채워주는 것이 되었다. 물론 경제지상주의 시대는 그다지 길지 않았고 그 끝이 이미 보이고 있다. 하지만 그것은 여전히 막강할 정도로 중요한 영향을 미치고 있다.

2차 대전 직후에 샌프란시스코에서 유엔이라는 눈에 뜨이는 조직이 결성되는 동안 이보다 덜 유명한 회합이 브레톤우즈(Breton Woods)에서 있었다. 그것은 새로운 국제 경제 질서를 만들기 위한 회의였다. 그 이후 국제통화기금(International Monetary Fund)과 세계은행(World Bank), 그리고 뒤를 이은 세계 무역기구(World Trade Organization)가 유엔보다 세계에서 일어나는 일들에 더 실제적인 영향력을 행사했다.

분명히 경제지상주의는 승리하고 있지만, 국가주의 역시 완전히 사라져버린 것은 아니었다. 일부 이슬람 국가들에서는 이슬람주의(Islamism)가 막강한 힘을 발휘하고 있다. 유럽인들은 삶의 질을 높이는 경제 질서를 설계하라고 요구했다. 공동체와 정의에 대한 외침이 생산을 증가시켜야 한다는 주장과 통합되었다. 미국은 별로 그렇지 않았으나, 그러나 미국에서도 전쟁 이후 강력한 노동조합들은 그저 생산을 증대시키는 것보다는 노동자들의 삶의 질을 향상시키는 데 더 많은 관심을 가졌다. 루즈벨트 대통령의 뉴딜(New Deal) 정책은 여전히 국가적 삶이란 분위기를 가지고 있다.

공산주의가 위협이 되고 있는 한, 엄격한 경제중심주의를 원했던 사람들은 그들의 목소리를 조금 줄여야 했다. 그들은 미국의 노동조합들이 계속해서 반공주의적이기를 바랐다. 하지만 갑자기 반공주의가 미국의 모든 계층들의 마음속에 깊이 스며들어 가면서, 미국의 노동운동이 공산주의의 영향을 받을 위험이 줄어들었다. 그 틈을 타서 시장만능주의에 대한 선전이 거세어졌고 노동자들이 이를 받아들였다. 1980년대에 들어서면서 경제성장을 지지하는 세력들이 힘을 얻었고 로널드 레이건 대통령은 혁명적인 변화를 시작했다. 미국은 경제지상주의가 세계 전체를 장악하도록 크게 노력했다.

1980년 이전에는 세계은행과 국제통화기금이 각 나라의 경제 부흥을 돕는 것이 자기들의 일이라고 공언하고 있었다. 관세와 기타 무역 장벽들을 줄임으로써 나라들 사이의 무역을 증진하려는 노력이 분명히 있었다. 그럼에도 불구하고 모든 국가는 경제정책의 설정함에서 온전한 자율권을 가지고 있음이 전제되었다. 하지만 1980년 이후 브레톤우즈에서 결성된 조직들은 국가 간의 장벽들을 해체하는 도구들이 되었고 그 결과 개발도상국들의 민족주의가 약화되었다.

레이건은 산업화된 국가들과 개발도상국들 사이의 기본적인 관계를 변화시켰다. 그 이후 국가들과 경제 기구들의 선물들과 차관들이 강조되었다. 그 때 이후 경제 개발은 협력적 투자와 함께 이루어졌다. 브레톤우즈의 경제 기구들은 개발도상국들의 경제를 재구성하여 매력적인 투자처가 되도록 하는 데 집중했다. 그 가운데 전 지구적 경제가 개별 국가들 사이의 무역을 대체했다.

물론 이런 변화는 자발적으로 이루어지기보다 대부분의 경우 힘이 약한 나라들에 대한 강압으로 이루어졌다. 그들은 이전 세대에 빌린 차관들을 갚지 못해서 이런 강압에 대해 취약할 수밖에 없었다. 그들은 새로운 차관을 제공 받는 조건으로 구조조정을 받아들여야 했고, 그 가운데 다국적 기업의 수탈이 이루어졌다.

5. 경제지상주의(Economism)와 지구중심주의(Earthism)

경제론자들이나 정부들은 아직까지 정의와 공동체에 대한 관심을 별로 갖고 있지 않다. 하지만 1970년 이후 다른 관심사, 곧 자연세계의 파괴에 대한 관심이 공적 담론과 정치에서 점점 중요한 역할을 하게 되었다. 이 문제는 경제지상주의가 압도적인 힘을 발휘하기 이전인

1970년에 미국인들의 관심을 받게 되었다. 지구의 운명에 대한 관심은 닉슨 행정부 때도 상당한 관심사였고 경제성장보다 자연환경을 보전하는 것이 우선임을 말하는 중요한 법령이 발효되었다.

1970년대 초반에 세속주의적이라고 말하기도 어렵고 세속화하는 운동이라 말하기도 어려운 어떤 깊은 감정들이 표현되었다. 세속주의가 전통 종교를 반대한다는 면에서 보면 이 시기의 생태운동은 분명 세속주의적이었다. 하지만 그것은 세속주의에서 찾아보기 어려운 낯선 열정과 헌신의 모습을 가지고 있었다. 이 운동은 다른 생명체들과 자연세계 전체를 인간중심주의적으로 객체화하는 것을 거부했으며, 미국 인디언들의 영성을 강력하게 재평가했다. 이런 새로운 운동은 분명히 새로운 것이었고, 나는 그것을 지구중심주의(Earthism)라 부르고자 한다.

세속화하는 기독교인들은 지구중심주의를 강하게 지지한 반면에 가장 종교적인 기독교인들 일부는 그것을 반대했다. 반대한 사람들은 이 운동이 기독교의 초월적인 하나님 대신에 지구를 숭배하는 것이 아닌가 두려워했다. 비록 그들은 이런 숭배가 지구중심주의의 부차적인 부분에 불과함을 알았지만, 인간중심주의(anthropocentrism)를 포기해야 한다는 그 요구에 반대했다. 세대주의적인 지구 종말론자들 역시 때로 대재난의 예언들을 사용했지만 지구중심론자들의 주장들에 대해서는 반대했다.

그럼에도 불구하고 전 세계의 정교회와 로마 카톨릭, 프로테스탄트 지도자들은 생태계 이슈들을 심각하게 다루어야 한다고 생각한다. 지도자들은 성경에서 하나님이 인간뿐 아니라 전 세계에 관심을 가지고 있음을 보면서, 기독교의 가르침에 깊이 깃든 인간중심주의를 수정하기도 했다. 1970년에 지구주의자들은 기독교가 지구에 관심을 가지지 않는다고 올바르게 비판했지만, 오늘날은 이들 사이에 반대보다 가까움이 더 많다.

자연과학자들 사이의 변화 역시 흥미롭다. 우리는 4장에서 과학 역시 매우 세속주의화 되어 있음을 보았다. 그 실천가들은 지식을 위한 지식을 증가시키는 데 관심을 갖고 있다. 이들은 과학이 제공하는 정보로 어떤 일이 일어났는가를 검토하는 것은 과학이 해야 할 일이라고 생각하지 않는다.

과학자들 중 어떤 사람들은 자신들의 작업 전체를 철저히 세속주의적인 방식으로 이해한다. 그들 중 많은 사람들이 과학 연구를 확장하고 그런 사상을 학교에서 정확하게 가르칠 수 있도록 하는 것에 대해서만 정치적으로 관심을 갖고, 다른 문제들에 대해서는 방관자로 남는다. 참여하는 사람들 역시 자신들이 가지는 정치적이며 사회적인 관심사들은 그들의 과학과 별개라고 생각한다.

비록 모든 영역의 많은 과학자들이 정치 세계에 대해 여전히 분리된 태도를 취하지만, 핵 문제와 환경 문제들로 인해 그 상황은 바뀌게 되었다. 히로시마와 나가사키에 원자폭탄이 떨어진 직후에 한 그룹의 원자핵 과학자들이 원자탄의 사용에 반대하고 이 문제와 연관된 정책에 영향을 미치기 위해 모임을 결성했다. 이보다 더 중요한 것은 1960년대 후반에 생태시스템을 전공하는 생물학자들이 그들이 관찰한 자연의 황폐화에 대해 처음으로 대중들에게 경종을 울린 첫 번째 사람들이 되었다는 사실이다.

그 후 다른 영역의 과학자들 역시 여기에 합류했다. 그 중 가장 영향력이 있었던 사람들은 기후학자들이었다. 이 모든 사람들이 자기들이 알고 있는 과학적 데이터를 가지고 열정적으로 말했다. 그들은 불길한 예언이 현실화되지 않으려면 취해야 할 변화를 강력하게 촉구했다. 분명히 그들의 과학은 세속주의적이지만 개인적으로는 완전한 세속주의자가 아닌 과학자들이 많이 있다.

다른 한편, 경제지상주의에 헌신하는 사람들은 지구중심주의를 계속 반대한다. 지구중심주의자들이 **먼 미래**(long-term future)를 생각하면서 지금 같은 삶이 계속될 때 나타날 끔찍한 결과들에 초점을 맞추는 반면, 경제중심주의를 따르는 사람들은 지구중심주의자들이 요청하는 변화로 인한 **단기적 문제들**(short-term problems)을 강조한다. 이런 세속주의자들은 시장이 예상되는 부족분들을 최선으로 다룰 것이고, 그 문제를 해결할 충분한 자본이 있다면 환경 파괴 문제를 해결하는 것은 어려움이 없을 것이라고 믿는다.[3]

---

3) 역자주: World Watch Institute를 창설한 레스터 브라운은 *World on the Edge* (2011, 이 책은 『앵그리 플래닛』으로 번역되었다)에서 사람들이 인류문명의 총체적인 위기를 정확하게 인식하고 시급히 방향전환을 하지 못하도록 막는 것은 근본적으로 "시장의 결함" 때문이라고 주장한다. 그는 첫째로 시장이 "생태학적 적자"를 외면함으로써 "현실을 왜곡한다"(186쪽)는 주장이다. 시장은 우선 단기적인 이윤에만 집착하여 "간접비용"을 계산하지 않는다는 점에서 합리적이며 정직한 가격을 매기지 않고 있다는 주장이다. 예를 들어, 미국에서 휘발유의 소비자 가격이 갤런 당 3달러일 경우, 석유자원 확보를 위한 군대 주둔비용, 기후변화로 인한 손실비, 호흡기 질병 치료비, 기름 유출 처리비용 등의 간접비용 12달러를 포함하여 15달러가 되어야만 정직한 가격이 된다는 주장이다(8, 184쪽). 그는 이처럼 간접비용을 계산하지 않는 것을 "장부조작"이라고 판단한다. 세계 굴지의 회사였던 엔론(Enron)사가 파산한 이유가 장부조작이었던 것처럼, "생태학적 적자"를 외면한 경제학은 인류문명을 파산시킬 수밖에 없다는 주장이다. "사회주의가 몰락한 이유는 시장이 경제적인 진실을 말하도록 허락하지 않았기 때문이며, 자본주의 역시 시장이 생태학적인 진실을 말하도록 하지 않으면 몰락할 수 있다."(185쪽)는 말이다.

한편 1990년대 초부터 온실가스 감축 비용을 계산한 모든 경제학자들은 지속적인 경제성장과 기후 보호는 서로 배치되지 않는다는 사실을 입증해왔다. 그러나 미국과 오스트레일리아 정부는 1997년의 교토의정서를 비준하면 "경제적인 재앙"을 맞게 된다고 주장했다. 이런 주장을 반박하기 위해 2005년에 영국의 고든 브라운 총리는 World Bank의 수석 경제학자 출신의 니콜라스 스턴에게 온실가스 감축에 대한 경제적인 비용 분석을 위임했으며, 그 결과로 나온 것이 경제지상주의적인 세속주의자들이 강력해지고 주도적이 됨에 따라, 그들은 경제 활동을 억제할 수 있는 새로운 법률안들의 통과를 방해하거나 기존의 법들을 약화시키고자 했다. 그들은 지구 온난화 문제가 대중의 관심을 끌 때까지 생태 문제를 주변부적인 것으로 만드는 데 성공했다. 실상 대부분의 경제중심주의 사상가들은 이 문제로 인해 경제중심주의적인 프로그램의 진행이 지체될 것이라고 생각하지는 않았지만, 대중들의 의견은 환경 과학자들을 뒤따라 지구의 환경 변화를 유발하는 활동들을 제한할 것을 요구하기에 이르렀다. 하지만 불행하게도 자기들 원하는 대로 쓸 수 있는 자원들을 더 많이 가지고 있는 쪽은 경제지상주의의 지지자들이다.

니콜라스 스턴의 보고서 『기후변화의 경제학』(2007)이다. 이 책에서 스턴이 분명하게 밝힌 것처럼, 지구 온난화의 최악의 상태를 방지하기 위해 온실가스 배출량을 감소시키는 데 들어가는 비용은 2050년까지 전 세계 GDP의 약 1%가 될 것이지만, 그 비용을 들이지 않을 경우 지구 온난화로 인해 초래되는 비용은 2050년까지 전 세계 GDP의 5~20%가 될 것이다. 즉 "대기 중의 온실가스를 감축하는 것이 지속적인 경제성장에 장애물이 아니라, 지속적인 경제성장을 보장하는 유일한 길"이라는 경제적 분석이다. 이런 점에서 기후 재앙은 시장의 실패이며, 해결책은 시장을 완전하게 하는 길이라는 주장이다. 온실가스 감축으로 인해 연간 GNP의 약 0.1%가 줄어들게 된다는 니콜라스 스턴의 이런 분석에 대해 영국 정부의 선임 과학자 데이비드 킹이나 오스트렐리아의 로스 가르노 등의 학자들도 지지했다. 그러나 스턴의 목표처럼 온실가스 농도가 550ppm CO2-e가 될 경우에는 지구 평균온도가 섭씨 3도 상승하게 되어, 온실가스 농도 목표를 450ppm CO2-e으로 삼을 경우보다 굶주리는 인구가 25%에서 60%로 높아지며, 아마존 열대우림의 생태학적 붕괴가 매우 낮을 가능성에서 매우 높을 가능성으로 나타난다. 스턴의 온실가스 감축 목표는 이처럼 위험한 목표였으며, 그 목표를 달성하기 위해 드는 비용도 연간 GNP의 약 0.1%임에도 불구하고, 미국과 영국과 오스트렐리아는 "비용이 너무 많이 든다"는 이유로 이런 감축 목표를 거부했다. 기후 위기에 대한 정치인들의 근시안적 태도와 세계 굴지의 에너지 재벌들의 치밀한 로비 때문이었다. 기후재앙의 75~80%의 피해를 입는 것은 온실가스를 가장 적게 배출하는 가난한 나라 사람들이기 때문이다. 케냐의 마사이 족은 최근 몇 년 동안 가뭄으로 가축 5백만 마리를 잃었다. 미국을 비롯한 선진국들이 기후 대책을 전혀 세우지 않는 이유이다.

경제지상주의는 인간 공동체뿐 아니라 땅에 대해서도 관심이 없다. 사실 이 말은 약간 과장된 말이다. 경제중심주의자들은 땅이 천연자원과 농산물을 공급하는 역할을 하고 있음을 알고 있다. 하지만 땅이 가진 이런 역할은 경제중심적 사고에서는 거의 사라져버렸다. 이들은 천연자원들을 본질상 무한한 것처럼 여긴다. 물론 일부 특정 자원들은 소진될 수 있지만 기술력으로 그것들을 다른 것으로 대체할 수 있다고 믿는다. 어쨌든 이들이 볼 때 그것들은 생산 경비를 계산하는 데 부수적인 역할을 할 뿐이다. 땅은 한때 경제론자들에 의해 자본과 노동과 함께 생산의 한 요소로 여겨졌으나, 오늘날은 단지 상품이나 자본으로 간주된다. 경제이론에서 땅은 그 어떤 특별한 역할도 하지 않는다.

경제적 계산은 농장을 대규모로 키우고 인간과 동물의 노동력을 석유로 움직이는 기계로 대체할 때 농업 생산 경비가 줄어든다고 말한다. 이런 이유로 인해 산업화된 농경이 전통적인 가족 중심 농장보다 우월한 것으로 간주된다. 이런 계산은 토양을 기름지게 유지하는 데 거의 관심이 없는데 이는 화학 비료로 부족한 부분을 보완할 수 있다고 보기 때문이다. 더 나아가 땅을 일정 기간 내버려두고 생산물을 다른 곳으로 옮길 때 이익이 극대화된다고 본다.

그러나 지구에 대한 사랑은 땅에 대한 사랑을 포함한다. 수천 명의 지구중심주의자들은 새로운 형태의 농경을 추구하고 있다. 그들은 미래 세대들을 위해 토양을 유지하고자 하며, 근대 농업이 잡초와 벌레들을 죽이기 위해 사용했던 독들로부터 토양을 해방함으로써 자연적 풍요함을 회복시키고자 한다. 그들은 땅을 산업화된 농경이 의존하는 중기계와 화학비료들로부터 해방시키기 위해 그들 자신의 노동력을 더 많이 투여할 준비가 되어 있다. 어떤 점에서 그들은 과학이 땅에 대해 가르쳤던 것을 결코 거부하지 않으면서도 고대적 농경법으로 돌아가고 있다. 물론 경제중심주의는 이런 사람들의 노력에 찬동하지 않을 것이다.

과거의 가족 농장에서는 가축들과 수확물 사이가 긴밀히 연관되어 있었다. 곧 농작물에 사용되는 비료의 상당 부분이 가축들로부터 나왔다. 하지만 경제주의적인 계산으로는 고기를 대량 생산하는 편이 더 유익하다. 이로 인해 소나 돼지들을 인위적이며 건강하지 못한 조건들에서 사육하게 되었다. 그 결과 그들의 배설물들로 인해 물이 오염되었고 그로 인한 불결함은 대량의 항생제로 처리했다. 그런데도 이렇게 생산된 돼지고기가 통합적인 농경에서 생산되는 것보다 싸기 때문에 경제중심적인 계산은 이것을 진보라고 말한다.

경제지상주의자들의 초점은 시장 활동을 늘리는 데 있기 때문에 그들은 지구에 주된 관심을 보이는 사람들에게 이런 성장에 방해가 되는 경제적인 사실들을 명확히 제시하라고 요구한다. 실제 그런 예를 들 수 있다. 가령 거의 모든 사업들은 많이 팔수록 수익이 높아진다고 전제하고 있다. 하지만 환경단체인 〈인간은 혼자가 아니다Not Man Apart〉의 전 대표였던 애모리 로빈스(Amory Lovins)는 대부분의 경우 꾸준하게 계속 팔 수 있을 때 수익이 더 커짐을 보여주었다. 그 이유는 생산을 증가시키려면, 설비투자를 해야 하고 그로 인해 더 많은 비용이 들며, 이로 인해 판매가 증가함에 따라 생산에 드는 경비가 판매로 인한 수입보다 더 빨리 증가하기 때문이다. 이로 인해 오늘날은 많은 회사들이 냉장고 같은 가전제품을 팔 때 효율성이 더 높은 것을 할인해 주는 방식 등으로 꾸준하게 판매량을 유지하려고 한다.

두 번째 예는 아주 다르다. 국민총생산(GDP)은 기본적으로 시장 활동의 척도이다. 경제론자들 역시 그것이 경제적 행복의 척도가 아님을 안다. 그럼에도 불구하고 그들은 그것을 여러 목적들에 사용하면서 그것을 증가시키는 것을 정책의 올바른 목표로 생각한다. 환경론자들의 비판에 대응하여 윌리엄 노드하우스(William Nordhaus)와 제임스 토빈(James Tobin)은 경제적 행복 척도(a measure of economic welfare, MEW)를 발전시켰다. 이 척도는 연구가 이루어진 지난 20년 동안 GNP는 많이 증가했으나 MEW는 거의 증가하지 않았음을 보여주고 있다. 하지만 그들은 자신들이 발견한 이런 부분을 무시했고 GNP(나중에는 GDP)가 경제를 평가하기에 충분한 지표라고 주장했다. 이처럼 자료가 보여주는 것과 다른 결론들을 이끌어냄으로써 경제전문가들은 그들의 진정한 관심이 시장 활동의 증가에 있음을 분명하게 드러내고 있다.

나는 경제전문가들이 더 나은 경제적 진보의 척도를 발전시키는 데 관심을 보이지 않는 데 낙심하여 나 자신이 이 분야의 전문가가 아님에도 불구하고 조그만 그룹을 결성하여 지속가능한 경제 행복 지수(Index of Sustainable Economic Welfare)를 만들었다. 이 일은 내 아들인 클리프 캅(Cliff Cobb)에 의해 완성되었고 내가 허만 데일리(Herman Daly, 1938-)와 함께 저술한 『공동선을 위해서For the Common Good』에 수록되었다. 환경운동단체인 〈진보 재정의Redefining Progress〉는 이것을 진정한 진보 표지자(genuine progress indicator)라고 부르면서 이를 계속 사용하고 있으며, 같은 관심을 가진 다른 나라의 사람들 역시 비슷한 척도들을 만들어 왔다.

물론 이런 노력들은 나름의 문제와 한계를 가지고 있다. 하지만 전체적으로 볼 때 그것들은 GDP의 성장이 곧 사람들의 경제적인 행복의 증가를 보장하지 못함을 잘 드러내고 있다. 그러나 대부분의 경제중심주의자들이 이 사실에 관심을 보이지 않고 있다는 점과 경제중심적 사상가들이 계속해서 국내적, 국제적으로 생산량의 증가만을 지향하는 정책을 취하도록 압력을 넣고 있다는 점은 전 세계적으로 합리성의 수준이 떨어져 있다는 현실을 보여주는 우울한 언급이다.

하지만 예외도 있다. 1970년대 초반부터 허만 데일리는 끊임없이 증가하는 시장 행위라는 이상을 포기할 것과 그것을 비유동상태 경제 (stationary-state economy)를 목적으로 하는 것으로 대체할 것을 요청하고 있다. 그의 이상은 〈생태적 경제를 위한 국제 협의회International Society for Ecological Economics〉와 그 산하의 여러 협의회들로 표현되었다. 비록 주요한 대학들에 있는 주류 경제학자들이 여기에 참여하고 있지는 않으나, 자연자원들을 다루는 어떤 경제학자들은 여기에 참여하여 심각하게 대안을 찾고 있다. 공공정책을 결정하는 사람들 역시 다른 경제 시스템의 필요성을 인식하고 있다. 이 글을 쓰고 있는 지금 〈스티글리츠 위원회Stiglitz Commission〉의 보고서가 발표되었고 정책 결정에서 GDP 외의 다른 변수들을 고려해야 한다고 주장한다.[4]

오늘날 경제적인 길드들은 오랫동안 확립되어 온 원리들을 다시 검토하도록 만드는 사건들로 인해 흔들리고 있다. 아직까지는 이런 자극들이 정말로 중요한 변화를 만들어낼 것 같지는 않다. 하지만 지구의 운명에 대해 깊은 관심을 가지고 있는 사람은 그런 일이 일어나기를 희망해야 한다. 전문적인 경제중심주의자들이 무슨 일을 하고 있든지 관계없이 경제지상주의는 반드시 토마스 베리(Thomas Berry, 1914-2009)가 말한 생태대(Ecozoic Age)에 자리를 내어주어야 하는 것이다.[5]

---

[4] 역자주: 생태적 경제를 위한 국제 협의회(ISSE)는 1989년 환경을 생각하는 경제와 그런 경제 전문가들을 키워내기 위해 설립되었다. 이 단체는 매달 *Ecological Economics*라는 잡지와 이 주제와 연관된 많은 책들 및 자료들을 발간하고 있으며 각종 강의와 세미나를 개최하고 있다. ISSE는 현재 미국, 캐나다, 아프리카, 러시아, 유럽 연합 등의 10개의 지역 협의회로 나뉘어서 활동하고 있다.

[5] 역자주: 토마스 베리, 『신생대를 넘어 생태대로』(김준우 역, 2006); 『위대한 과업』(이영숙 역, 2009); 『지구의 꿈』(맹영선 역, 2013)을 보라.

8장

세속주의에 대한 반발

1. 들어가는 말

원리적으로 볼 때, 우리는 인생의 의미를 알려주며 사람들이 제기하는 긴급하고 다양한 질문들에 답변하는 한 사람의 직접적인 경험이라는 확고한 요소들에 기초하여 사상의 체계를 세울 수 있을 것이다. **세속주의**에 대한 나의 정의로 볼 때 이렇게 해서 이루어진 사상 체계는 세속주의적인 것으로 여겨질 것이다. 그리고 그렇게 된다면 세속주의에 대한 나의 비판은 세속주의 자체가 아니라 어떻게 하다 보니 오늘날 이런 모습으로 나타난 세속주의의 형태들에 대한 비판으로 보일 것이다. 이것이 정말 그러할지는 흥미 있는 이론적 질문이다.

하지만 나는 지금 이론적인 가능성들이 아니라 현재의 필요들과 실제로 일어난 역사를 서술하고 있다. 실제로 이루어진 것은 과거의 축적된 지혜에서 출발하지 않은 사상이 나타나 많은 정보를 산출할 뿐 아니라 동시에 엄청난 미친 짓을 하기도 했다는 점이다. 역사적 현상으로서의 세속주의는 사람들이 알고 싶어 하거나 자기의 이익만을 추구하는 잘못된 입장을 제외하고는 **가치**에 대한 어떤 질문도 묻지 않도록 만들었다. 그것은 언어에서 발견되는 것이나 외부 세계에 대한 한 사람의 개인적인 경험에서 기인한 것만 제한적으로 논의하려 한다. 그것은 삶의 의미에 대한 질문을 거의 다루지 않으며 삶이 이루어지는 더 넓은 맥락을 설명하지 않는다.

많은 사람들, 특히 세속적 인본주의자들(secular humanists)은 세속주의의 범주에 빠지지 않으면서 그들의 세속성(secularity)을 강조한다. 인본주의자들로서 그들은 가치들에 관심을 가지며 의미를 추구하는 인간의 깊은 질문에 답하고자 한다. 그들은 세계의 문제들을 해결하려는 강력한 열망을 가지고 있으며 그 모두를 세속적인 방식으로 해결하기를 원한다. 세상변혁적인 기독교인들은 이 모두를 아주 바람직한 것으로 여긴다. 하지만 기독교인들은 세계의 필요에 응답하려는 이런 존경할만한 인본주의적인 열정이 엄격한 세속주의적인 관심들에 의해 촉발되고 또한 지지되고 있는 것은 아닌지 의심하게 된다. 서구에서 그것은 그리스나 히브리적 원천이 기독교의 중재를 통해 나타난 것이다. 만일 세속적 인본주의자들이 이런 영향에서 벗어나 세속주의자들의 대열에 합류하고자 한다면 그들의 인본주의는 약화되기 쉬울 것이다.

오늘날 기독교에 대한 가장 대중적인 공격은 세속적 인본주의자들로부터 나온다. 그들의 기독교 비판에는 나름의 역사적 근거가 있다. 세상변혁적인 기독교인들은 그들이 말하는 많은 부분에 동의한다. 많은 부분에서 그들이 추구하는 것과 우리가 추구하는 것은 동일하다. 우리는 이처럼 깊이 헌신된 사람들과 함께 일하기를 바란다. 우리는 그들이 기독교 안의 파괴적인 종교적 가르침들과 실천들을 볼 수 있듯이 자신들의 세속적 인본주의의 뿌리 역시 상당부분 기독교에 근거해 있음을 볼 수 있기를 바란다. 또한 이미 오래 전에 기독교의 부정적인 모습에서 해방된 많은 기독교인들이 있으며, 세속적 인본주의자들도 그들의 논증을 상대화한다면 기독교인들의 많은 지원을 받을 수 있음을 알기를 바란다. 내가 염려하는 것은 그들이 기독교에 대한 적개심으로 인해 세속주의를 선택하게 되고, 그 결과 그들의 인본주의가 위협받게 되는 것이다.

이 장에서 나는 세속주의적인 사고방식들, 세속주의적인 기관들, 세속주의적인 정책들이 주도하게 된 결과들에 대해 다룰 것이다. 앞 장들에서는 이런 입장들을 받아들인 사람들에게 나타나는 결과들을 서술했다. 세속주의는 우리의 지식을 엄청나게 증가시켰지만, 그런 정보가 갖는 의미에 합당하게 응답하도록 사람들의 관심과 노력을 쏟게 하는 능력은 없다.

여기에 더하여 세속주의로 인해 사람들은 그들이 유지할 수 없는 신념을 받아들이게 되었다. 과학자들은 자신들이 그저 기계라는 믿음을 사실인 것처럼 고수한다. 많은 철학자들은 적어도 은연중으로라도 인간의 인식과 관계없이 외부에 어떤 세계가 존재하고 있음을 거부한다. 대학은 교육의 가장 발전된 최고의 기관임을 자임하지만 전문화된 연구를 목적으로 개발된 학문들로 그 자체를 구성하고 있으며, 경제지상주의는 미래의 건강한 경제의 가능성을 소멸시키는 정책들을 지향하고 있다.

하지만 세속주의의 이런 미친 짓은 반발을 불러일으키고 있는데 그 반발들 역시 대부분 미친 짓이다. 이 장은 이런 부분에 대해 말하고자 한다. 물론 세속주의가 이런 형태의 미친 짓에 완전히 책임져야 하는 것은 아니지만, 그렇다고 해서 책임이 없는 것도 아니다.

2. 종교적 근본주의

근본주의(fundamentalism)는 엄격한 의미에서 20세기 미국 개신교 안의 독특한 현상이다. 근본주의라는 명칭은 기독교의 세속화하는 형태들에 개방적이었던 교회 지도자들이 기독교 신앙의 **본질적인 요소들**을 충분히 확언하지 않는다고 느낀 한 무리의 기독교인들의 선언에서 기인했다. 그 긴장은 19세기, 특히 진화론을 둘러싼 논쟁에서 싹이 텄다.

당시에 많은 교회 지도자들은 사회 복음(Social Gospel)에 헌신했다. 이 운동은 성경을 이해함에 있어서 합당하며 의미 있는 방식으로 그 부르심을 명확하게 함으로 교회에 활력을 불어넣었다. 또한 성경에 대한 역사비판적 연구(historical-critical study)로 인해 기독교는 진화론을 받아들일 수 있을 뿐 아니라 그것을 괜찮은 것으로 여기게 되었다.

19세기부터 성서학자들은 성경적 사고가 역사적 성격을 가지고 있고, 성경 안의 하나님과 인간의 삶에 대한 이해는 수백 년 동안 발전되어 왔음을 보여주었다. 곧 이런 발전들을 통해 초기의 부족적 전쟁의 신(tribal war-god)은 사라지고 그 자리를 예레미야 선지자의 보편적인 한 분 하나님(one universal God)과 예수의 아바(Abba) 아버지로서의 하나님이 차지하게 되었음을 알게 되었다. 예언자들이 외친 개인적이며 사회적인 정의의 메시지는 예수의 도래하고 있는 하나님의 민주적 나라의 선포로 나타났으며, 사회복음운동은 이런 예수를 충실하게 따르는 길은 하나님과 함께 정의롭고 평화로운 세계를 건립하는 것이라고 믿었다. 당시 사람들은 역사의 발전에 대한 믿음 속에서 과학이 중요한 공헌을 하는 진보(progress)에 대한 강한 의식을 가지고 있었다. 그들은 이스라엘 역사 초기의 부족적인 전쟁의 신 개념이 하나님에 대한 제대로 된 이해가 아니었듯이 고대 히브리인들의 창조 이해 역시 정확한 이해일 수 없다는 생각을 받아들였다. 또한 수천 년 동안 신적 본성과 그 뜻을 알려주려고 한 하나님이라면 인간을 만들어내기 위해 수억 년 이상 일하실 수도 있다고 믿을 수 있게 되었다.

이전 시대의 기독교인들 대부분이 가정했던 많은 부분들은 이런 새로운 이해에 거의 아무런 역할을 하지 못했다. 이제 초점은 이 땅의 정의(justice) 문제에 오롯이 집중되었다. 예수의 동정녀 탄생이나 육체적인 부활, 하늘로의 승천, 재림 같은 주제들은 모두 주변부로 밀려났다. 그 모든 체제는 성경을 인간이 만들어낸 책으로 보느냐 여부에 달려 있었다.

근본주의자들이 거부하려고 한 것은 바로 이런 것들이었다. 그들은 성경 무오설(scriptural inerrancy)과 엄격한 문자주의를 주장했는데, 이런 것들은 과거에는 기독교적 사상의 주된 특성들이 아니었다. 결국 기독교인들은 기독교에 대한 이런 아주 다른 두 가지 관점들 사이에서 선택해야 했다. 이로 인해 큰 논쟁들이 일어났고 그 가운데 여러 교단들이 분열되었다.

근본주의자들이 확언했던 교리들은 이전에도 널리 퍼져 있었다. 하지만 근본주의적인 개신교는 새로운 현상이었다. 20세기 이전에는 성경이 영감으로 기록되었다고 할 때 그것이 뜻하는 바가 무엇이냐 하는 점은 대부분의 진영들에서 모호한 상태로 남아 있었다. 루터는 오직 성경(*sola scriptura*)을 말했지만, 야고보 서신의 정경성에 대해서는 의심을 품었다. 실상 르네상스와 종교개혁 시대에 이미 성경은 인간의 문서로 연구되었다. 고대 교회의 경우 오래된 성경 이야기들 중 문제가 될 만한 것들은 그 문자적인 해석보다 이스라엘 역사의 후대에 발달되었던 다른 차원의 해석들을 더 중요하게 여기는 복잡한 해석 시스템 안에서 다루어졌다.

그러나 20세기에는 성경의 모든 진술들은 문자 그대로 정확하다는 (literal accuracy) 믿음이 교단들과 교회병행단체들의 기초가 되었다. 새로운 학자들이 나타나서 이로 인해 일어난 많은 문제들을 다루게 되었다. 그들은 성경 본문들 사이의 분명한 모순들을 설명해내고 성경의 진술들과 명백한 과학적 사실들 사이를 조화시켜야 했다.

이 8장의 제목은 "세속주의에 대한 반발"이다. 근본주의는 세속화하는 기독교에 대한 반발이었다. 따라서 그 기원에서 근본주의는 이 장에 잘 들어맞지 않는다. 하지만 이제 사회적 상황이 바뀌어서 근본주의자들은 한편으로는 세속주의를, 다른 한편으로는 그들이 볼 때 세속주의와 타협하는 것 같은 세속화하는 기독교를 공격 목표로 삼게 되었다.

20세기 전반부와 20세기 후반부의 첫 20여 년 동안 주류 교회의 지도자들은 근본주의를 심각하게 여기지 않았다. 사람들은 근본주의자라는 호칭을 모욕적인 것으로 생각했고, 심지어 분리의 반동적 측면을 대변하는 교단들조차 이 용어를 좋아하지 않았다. 이 때문에 신학적인 우익에 속한 사람들은 자신들을 근본주의자 아닌 보수적 복음주의자로 불렀다.

20세기의 마지막 30여 년 동안 근본주의적 성향을 지닌 보수적 복음주의자들과 정치지향적인 종교적 우익들이 미국의 개신교를 주도하게 되었고, 그 결과 많은 사람들이 이런 모습을 개신교의 주된 모습이라고 생각하게 되었다. 이렇게 된 데는 세속주의의 확산이 중요한 역할을 했다. 세속주의가 교육과 문화를 더 많이 지배하게 됨에 따라, 많은 사람들이 보수적 종교만이 그것의 유일한 대안처럼 보게 되었다. 기독교의 세속화하는 형태와 세속적인 인본주의는 완전한 세속주의로

미끄러져가는 중간 단계 정도로 여겨졌다.

먼저 교육의 역할에 대해 살펴보자. 인문학에 집중하는 대학들이 고등 교육을 주도하고 있을 때는 교육을 많이 받은 사람일수록 그들의 가치와 과학적, 역사적 지식을 서로 연관시킬 수 있으리라는 대중의 기대가 있었다. 인문대학의 일반적 성향은 세속적 인본주의나 세속화하는 기독교를 지향하고 있었으며 그 졸업생들 다수는 소위 주류 교회들 속에서 편안함을 느끼고 있었다. 세속화하는 기독교인들은 사람들이 고등교육을 많이 받게 되면 될수록 근본주의적 기독교는 약해질 것이라고 생각했다.

하지만 상황은 그렇게 전개되지 않았다. 그 주된 이유 하나는 지극히 세속주의적인 학문들을 지향하는 연구 대학교들이 인문대학들을 대체해 버렸기 때문이다. 오늘날의 대학들은 학생들에게 지식은 서로 분리된 학문 분과들 안에서 발생한다고 가르친다. 대부분의 사람들은 대학에서의 공부 과정 중에 기독교에 대해 배우지 않으며, 어떤 학과들도 교회에서 마주치는 관심사들을 다루지 않는다. 이로 인해 대학의 수업에서 배우는 내용과 교회에서 배우는 내용은 서로 아무런 관계없이 진행된다. 그러는 가운데 아주 종교적인 기독교인들이 세속화하는 기독교인들보다 대학 캠퍼스에서 사람들의 관심을 끄는 데 더 성공하게 되었다.

고등교육의 현장에서 일어난 이런 사회적 변화를 넘어서 첨단적 사고를 공부하는 곳으로 가보면, 오늘날은 현실에 대한 통합적인 관점들을 구성하려는 노력은 포기하라는 것이 가르쳐지고 있음을 보게 된다. 이 문제에서 이성은 아무런 영향도 미치지 못하고 있다. 이성은 그저 어떤 신념 체계이든 모두 다른 것과 동등한 권한을 가지고 있는 것으로 여기게 만들 뿐이다. 대부분의 교수들은 학생들이 교회에서 배운 것을 우습게 여기지만 그것에 대해 합리적인 반대를 하지는 않는다. 학생들이 갖가지 이상야릇한 것들을 믿는다 해도 그저 개인적인 취향의 문제로 치부해 버린다. 그들은 세속주의자가 되기를 더 좋아한다.

간단히 말해서 오늘날의 대학 교육은 보수적이며 반발적인 종교적 가르침과 경쟁할 수 있는 어떤 것도 제공하지 않을 뿐 아니라 오히려 그런 종교적 가르침이 득세할 수 있는 환경을 만들어내고 있다. 반면에 세속화하는 교회들(secularizing churches)은 역사가들이나 과학자들이 가르쳐 온 것에 부합하는 것을 가르치려고 한다. 대학은 이런 노력들을 장려하지 않으며 그 결과 교회가 대학이 가르치는 것을 수용하는 것은 그저 단순히 문화를 맹종하는 데 불과하게 된다.

물론 보수적 개신교의 급격한 성장과 세속화하는 기독교의 쇠퇴의 책임이 대학에 있는 것은 아니다. 하지만 세속주의가 미국의 고등교육에서 인본주의적 연구에 대해 압도적인 승리를 거두었다는 사실이 세속화하는 기독교를 약하게 만들었다는 점을 부인할 수는 없다. 비록 전혀 의도하지는 않았지만 그것은 근본주의가 확산되는 데 도움을 주었다.

학문에서의 세속주의는 개신교 신학교육에도 직접적 영향을 주었다. 한때 주류 교단에 속했던 교단들의 신학대학교 교수들은 대부분 대학에서 교육받은 학자들이다. 그들은 학문적 수월성을 세속주의적인 방식으로 이해하도록 훈련받았다. 이로 인해 그들 중 많은 사람들이 성경과 교회사, 그리고 신학에 대한 '객관적인' 학문적 지식을 서로 분리된 분야들로 나누어 제시한다. 학문적 분야들로서 이런 각각의 연구는 그 자체의 주제들과 방법론을 가지고 있다. 미래의 목회자들은 이런 학문 분야들을 잘 습득하도록 기대되지만, 그들이 배우는 것과 목회자로서의 그들의 역할을 어떻게 연관시키느냐 하는 문제는 그저 간접적이고 모호할 뿐이다. 학생들은 때로 그들의 교수들이 진짜 기독교인들인지 의아해 하지만, 교수들은 좋은 학교들에서 배운 이들이려니 생각하고 자신들의 개인적 관점들은 내려놓고 그냥 교수들을 추종하려고 한다.

건강한 기독교인으로 살려면 자신이 믿는 내용을 깊이 생각해보아야 한다. 하지만 신학이 아카데믹한 학문으로 규정됨에 따라 그것은 교회의 삶과 분리되어버렸다. 대부분의 목회자들은 자신들이 신학자가 아니라고 말할 것이며, 평신도들은 더더욱(a fortiori) 그럴 것이다. 슬프게도 평신도들도 목회자들도 그들이 진정으로 믿는 내용을 성찰하는 다른 방식은 배우지 못했다. 세속화하는 교회들, 즉 세상의 변혁을 위해 신앙 전통을 재구성하는 교회들이 그들의 신앙을 성찰하지 못하는 사람들로 채워진다면, 점점 더 강해지고 있는 세속주의적 환경에 흡수될 가능성은 더 많아질 것이다. 그렇게 되면 결국 자신들의 신앙을 진지하게 여기는 사람들은 근본주의적인 교회로 가기 쉽다.

역사는 특히 중요한 의미를 갖는 영역이다. 성경은 세계 역사가 미래의 성취를 향해 가고 있음을 말하고 있다. 성경 저자들은 이 역사는 하나님이 이스라엘과 맺는 관계를 중심으로 이루어지고 있다고 보았다. 역사가 계속 진행될 것이 분명해 짐에 따라 기독교인들은 교회를 성 아우구스티누스가 그의 책 『신의 도성』에서 본 것처럼 역사의 중심으로 생각했다. 근대에 와서는 헤겔, 스펭글러, 토인비 등이 역사 전체를 살피는 가운데 현재의 의미를 밝혀보려고 했다.

시대가 세속주의화 되어감에 따라 역사가들의 시선은 성경과 기독교로부터 그리스와 로마로 옮겨갔다. 그들은 르네상스 시대의 고전적인 원천들을 재발견함으로써 유럽이 중세 암흑시대로부터 해방되었으며, 그 최고의 성취는 근대 들어 계몽주의의 이상과 과학과 기술의 발전을 통해 나타났다고 보았다. 세속주의적 역사 이해로 인해 근대 서구 역사에 미친 이스라엘과 기독교의 유산은 희미하게 되었다.

비록 이런 근대의 역사들이 세속주의를 향한 중요한 움직임을 대변하지만 언제나 그랬던 것은 아니다. 완전한 세속주의는 역사를 전체적으로 조망한다거나 역사에서 의미를 찾으려고 하지 않는다. 세속주의는 그저 과거의 특별한 때와 장소에 일어났던 일들에 대한 정보의 양을 축적하는 것을 목적으로 삼을 뿐이다.

학생들은 그들의 대학 경험을 통해 인류가 점점 더 많은 지식을 갖게 된 것을 진보로 생각하게 된다. 이로 인해 그들은 연구원의 삶을 중요하게 여기게 된다. 사람들은 의학과 기술, 그리고 아마도 경제학에서 증가된 지식을 더 많이 사용할 수 있다. 하지만 과거에 대한 연구가 중요한 공헌을 하리라고는 더 이상 생각하지 않는다.

세속화하는 기독교인들은 대학과 그 학문적 자유에 대해 존경의 마음을 가지고 있기 때문에 대학이 기독교를 무시하고 사상의 탈역사화(dehistoricization of thought)를 가져온 것에 대해서는 거의 비판하지 않았다. 반면에 근본주의자들은 세속주의의 이런 최근의 모습에서 과거에 대한 새로운 이야기를 만들어낼 틈을 찾아냈고, 그것을 개신교와 미국 중심주의를 축하하게 만드는 하나님의 섭리 같은 것으로 여기게 되었다.

더 광범위하게 말하면 세속주의적인 고등교육은 전체적으로 볼 때 경제적인 관심에 굴복해버렸다. 세속주의적인 사회와 대학에서 소통되는 주도적인 가치는 남보다 경제적으로 더 앞서는 것이다. 많은 사람들이 적어도 한동안은 이 정도도 인생의 목적이 될 수 있다고 생각한다. 물론 이렇게 생각하지 않는 사람들도 있지만, 적어도 키워야 하는 아이들이 있는 사람들은 이 대열에 합류한다. 많은 사람들이 그들

인생의 여러 측면에서 길 안내를 해줄 사람들을 찾고 있으며 대학은 이들에게 권위 있는 정보를 제공하는 전문가들을 소개해 주곤 했다. 반면에 근본주의적 교회들은 가정 문제를 해결하거나 삶을 잘 살게 해주는 신념들을 권위 있게 가르치는 사람들을 제공한다. 그들은 같은 또래의 청소년들이 모여 서로 관심사를 나눌 수 있는 모임을 만들어 주기도 한다. 하지만 이들만큼 권위주의적이지 않은 세속화하는 교회들은 사람들이 느끼는 필요를 제대로 채워주지 못하고 있다.

근본주의는 개신교의 특정 그룹에 붙인 명칭이지만, 오늘날은 다른 종교 공동체들 속에서 일어나는 비슷한 사회학적 현상을 가리키는 말로도 널리 사용되고 있다. 이런 집단들은 세속주의의 영향으로 과거의 종교 문화가 잠식되고 있는 곳에서 통상적으로 일어난다. 우리가 사는 문화 속에는 전통 종교 대신 그저 개인적인 욕망 추구로만 만족하고 삶의 방향을 제공하는 의미의 구조에는 관심이 없는 삶을 사는 사람들이 있다. 어떤 사람들은 이런 현상을 심각한 위협으로 느끼며 여기에 대한 반발로서 전통적인 종교의 어떤 특징들을 완고하게 붙듦으로써 믿음의 합리성이나 가르침의 실제성을 고려하지 않으면서 허무주의(nihilism)에 저항하려고 한다.

전통적인 문화 속에서 공동체들은 그 종교적 실천들을 통해 세워졌다. 하지만 종교적 실천들이 공동체를 한데 묶는 역할을 상실하게 됨에 따라 종교인들은 더 종파적(cultic)이 되어버렸고 특정 지도자들에게 목을 매게 되었다. 이런 신앙인들은 자신들을 구별 짓는 것들에게 전투적으로 헌신하려고 하며, 심지어는 그 공동체를 위해 기꺼이 죽기까지 하려고 한다.

이런 근본주의의 등장은 세속주의자들을 겁에 질리게 했고 전통적인 길들을 원수로 여기면서 공격하게 만들었다. 이렇게 되자 근본주의자들의 두려움과 적개심은 더 커졌다. 그 가운데 전통 종교의 길들을 세속화하거나 중도적인 입장을 가진 사람들은 이런 전통들의 의미를 아주 획일적으로 이해하는 근본주의자들과, 그 길들을 완전히 거부하는 세속주의자들 중간에 끼어버리게 되었다. 근본주의자들은 그들의 신앙 체계와 실천들을 세속화하는 모든 시도들을, 사람들을 완전한 세속주의로 빠지게 하는 것으로 간주하며, 이로 인해 전통들을 세속화하는 것은 더 어렵게 된다.

3. 새로운 철학

오늘날 사람들이 지구와 그 위기를 보게 하고 필요한 행동을 하도록 영감을 주고 인도하려면 어떤 철학이 필요할까? 그렇게 하려면 먼저 지구를 살아 있는 유기체로서 수많은 생명들을 먹여 살리는 것으로 보아야 한다. 그리고 이런 생명들을 인간의 필요에 따라 평가하기보다 그 자체의 고유한 가치들을 지니고 있는 것으로 인식할 수 있어야 한다. 여기에 더하여 인간 생명 역시 지구 시스템의 한 부분으로서 다른 것들과 철저하게 연관되어 있고 상호 의존하는 것으로 깊이 존중할 수 있어야 한다. 또한 인간이 가진 능력 중에서 책임적인 자유를 개인적으로 또 집단적으로 행사하는 부분을 강조해야 하며, 인류의 가치와 확신, 그리고 헌신이 전체 지구의 운명에 엄청난 영향을 미칠 수 있음을 강조하고 또한 가장 중요하게 여길 수 있어야 한다. 또한 이처럼 인간이 자연의 일부이며 자연의 운명에 대해 특별한 책임을 가지고 있다는 이해는 세계에 대한 일관된 과학적 이해와 통전적으로 연관되어 이해되어야 할 것이다.

4. 초심리학(parapsychology)과 뉴에이지 종교(New Age Religion)

이상적인 세속주의적 방법으로 볼 때 엄격한 세속주의자의 접근법은 현재 이용 가능한 모든 경험적 증거를 중립적으로 대한다고 할 수 있다. 하지만 근대과학과 근대철학에 의해 시작되었고 근대 대학을 통해 표현되어온 근대세계의 실제적 세속주의는 결코 중립적이지 않다. 그것은 철저히 자연세계가 운동하는 물질로만 구성되어 있다는 데카르트 철학의 영향 아래 있다. 그것은 자연세계는 폐쇄된 체계(closed system)로서 모든 물리적 운동은 다른 물리적 운동들에 의해서만 생긴다고 보고 있다.

사실상 인간의 의도가 육체의 운동에 분명히 영향을 미친다는 생각에 대해서는 처음부터 의심이 있었다. 철학자들은 이 주제를 논의했고 아주 이상한 결론에 도달했다. 초기에는 그렇지 않으면 철학적인 변화들을 유발했을 문제들을 해결하는 데 하나님을 도입했다. 그 가장 좋은 예는 니콜라스 말레브란체(Nicholas de Malebranche)의 이해이다. 그는 물질세계와 정신세계는 하나님이 태엽을 감아서 완전히 똑같이 움직이도록 만든 두 개의 시계와 같다고 했다. 정신적 사건들은 정신적 원리를 따라 발생하고, 물리적 사건들은 물리 법칙을 따라 발생하지만 둘 다 동시적으로 발생한다. 따라서 한 사람이 산보를 하려고 결심하는 것과 산보를 하는 것 사이에는 어떤 인과율이 없고 그냥 동시적으로 발생한다.

아마도 말레브란체 자신을 포함하여 그 누구도 이런 철저한 이원론을 믿지는 않았을 것이다. 모든 사람은 사고와 신체 운동이 서로 연관되어 있는 것처럼 행동하고 생각한다. 하지만 이런 극단적인 이원론이 도입되자 과학은 상식적으로도 제기될 수 있는 여러 질문들에 관여하지 않아도 되게 되었다. 과학 일반은 자연세계는 폐쇄되고 완전히 물질적인 체계라고 계속 전제했다. 과학은 정신적이거나 주관적 사건들이 그것이 초점을 맞추고 있는 물질적인 사건들과 어떻게 연관되는지를 고려하지 않았고 설혹 고려해도 정신적인 면들을 부차적이거나 종속적인 것으로 생각했다. 그런 것들의 발생은 현상을 설명하는 데 아무런 역할을 하지 못하며 따라서 과학자들이 연구를 할 필요가 없다고 여겼다.

그러나 인간의 경험 같은 주관적 사건이 어떤 원인이 될 수 있음을 부인하는 것은 경험적 증거에 근거해 있기보다 형이상학에 근거해 있다. 이런 형이상학을 수용한 이유는 놀라운 성취들을 이루어온 자연과학이 그렇게 하기 때문이었다. 그것은 거의 신성불가침한 지위를 확보했다.

하지만 동물의 행동을 연구하는 사람들과 진화 이론가들 중에는 동물들이 가진 지적이며 목적 지향적인 행위를 무시하는 이런 태도를 비판하는 사람들이 곧잘 있다. 인간의 뇌에서 일어나는 사건들과 인간 경험의 관계를 연구하는 사람들 중 일부는 뇌에서 일어나는 사건들만이 인간의 경험을 만들어낼 뿐이라는 전제를 의심한다. 오늘날의 신경과학은 이 점에서 이전의 생리학적 심리학자들보다 좀 더 개방적인 것처럼 보인다.

정신적이거나 주관적인 사건들이 원인적 효과를 가져온다고 함으로써 유물론적인 형이상학에 직접 도전하고 있는 학문 분야의 하나로 초심리학(parapsychology)을 들 수 있다. 이 분야는 세속주의자들이 다른 학문들에 사용하는 것과 같은 종류의 방법론을 사용하여 그 연구 결과를 인정받고자 한다. 하지만 실상은 별로 인정을 받고 있지 않다. 그러나 만일 심령 현상(psychic phenomena)에 대한 학문적 연구 결과를 받아들인다면 물질세계는 폐쇄 체계라는 교리를 거부해야 한다. 세속주의자들은 증거가 있다면 언제든지 자기들의 입장을 바꿀 준비가 되어 있다고 주장하지만, 사실은 자신들의 형이상학에 깊이 헌신하고 있다.

세속주의가 점차 승리를 거둠에 따라 초심리학에 대한 편견 역시 강화되어왔다. 한 세기 전에 존경 받는 많은 과학자들과 철학자들이 이 문제들을 열린 마음으로 조사했다. 영국의 헨리 시드윅(Henry Sidwick)과 프랑스의 앙리 베르그송(Henri Bergson, 1859-1941), 그리고 미국의 윌리엄 제임스(William James, 1842-1910) 같은 탁월한 학자들 역시 초심리학적인 현상들이 있음을 확신했다.

미국의 대학교 가운데 초심리학에 대한 연구를 해온 대학들이 있다. 가장 널리 알려졌고 또 가장 심도 있는 연구를 하는 곳은 듀크 대학의 라인(J. B. Rhine) 교수의 초심리학 실험실이다. 하지만 그 실험실은 라인이 은퇴한 다음 폐쇄되었고, 과학자들은 그와 그의 동료들을 그저 무시했다. 대학 내의 강력한 세속주의는 이런 종류의 연구를 받아들일 수 없었던 것이다. 프린스턴 대학 내의 프린스턴 공학 이상 연구 실험실(Princeton Engineering Anomalies Research Laboratory)이 2007년 문을 닫게 됨으로써 대학교의 후원 아래 이루어지고 있던 초심리학적 연구는 적어도 미국에서는 끝이 났다.

이 장에서 나는 세속주의에 대한 반발을 기술하고 있다. 대학 밖의 세계에서는 많은 사람들이 초심리학적인 방법 외에는 설명할 수 없는 경험들을 했다는 보고를 하고 있다. 이런 경험을 했던 사람들의 이야기가 많이 들리고 또 기록되어 읽히고 있다. 많은 사람들이 그들의 마음이 그들의 몸의 반응에 영향을 주고 있음을 확신한다. 그들은 위약 효과(placebo effect)가 분명히 있기 때문에 신약을 테스트할 때 이 부분을 고려해야 한다고 말한다. 데이비드 그리핀(David Griffin, 1939-)이 그의 책 『초심리학, 철학, 그리고 영성Parapsychology, Philosophy, and Spirituality』(SUNY, 1997)에서 보여주는 것과 같은 사례들을 조심스럽게 조사해 보면 초심리학적 현상이 실재한다는 증거가 많이 있다. 물론 대중 잡지들이나 텔레비전이 이런 증거들을 때로는 무책임하게 보여줌으로써 혼선이 오기도 하지만, 어쨌든 대학이 이런 현실을 그저 무시만 하고 있는 것은 전혀 도움이 되지 않는다.

루퍼트 쉘드레이크(Rupert Sheldrake, 1942-)의 경우는 아주 인상적이다. 그는 존경받는 생화학자이고 왕립학회의 회원이기 때문에 그의 증언을 가볍게 무시할 수 없다. 그는 그 분야에 대한 과학적 연구를 통해서 과학자들이 고려하지 않는 어떤 일이 일어나고 있음을 보게 되었다. 그는 1981년에 『생명에 대한 새로운 과학: 형성적 원인에 대한 가설A New Science of Life: The Hypothesis of Formative Causation』을 출판했다. 이 책에 대해 대학 사회는 엄청나게 적대적인 반응을 보였다. 네이처(Nature)의 편집장 존 매독스(John Maddox)는 "불태워 버려야 할 책"이란 제목의 편집자 기고문을 썼다. 1994년에 그는 BBC 방송을 통하여 공격을 계속 이어갔다. "쉘드레이크는 과학 대신 마술을 도입하고 있으며 교황이 갈릴레오를 정죄했던 것과 똑같은 언어로 정죄 받아 마땅하다. 그것은 이단이다."(John Maddox, "불태워버릴 책," 구글 비디오/Adobe Flash video). 결국 쉘드레이크는 대학 사회에서 파문되었다.

하지만 더 넓고 덜 세속주의화된 대중들 속에서는 쉘드레이크의 책은 큰 관심의 대상이 되었다. 그는 스스로 많은 실험을 행했고 주류 대학의 연구자들이 여기에 참여하기를 원했지만 별 호응을 받지 못했다. 그러나 초심리학적인 현상들에 대한 증거들을 계속해서 거부하는 주류 과학자들은 더 큰 대중 가운데서 신뢰를 잃어 버렸다. 쉘드레이크는 대학 밖의 많은 사람들에게 그의 실험 결과들이 그의 이론과 맞아 떨어지고 있음을 진술했다. 하지만 대학은 여전히 이런 증거나 실험 결과를 들으려 하지 않으며 그것들을 과학적으로 무의미한 것으로 간주한다.

물론 초심리학과 그 해석을 지지하는 것들의 많은 부분은 검증되지 않은 일화적인 이야기들에 근거해 있고, 그 중 어떤 것들은 무책임한 결론들을 산출하기도 한다. 분명히 근본주의적인 종교에 참여하고 싶지는 않으나 대학이 제공하는 것보다는 더 많은 것에 목말라 하는 사람들이 있다. 그들은 놀라운 사건들로 가득 차 있고 다양한 여러 실재의 층들이 존재하며 흥분되는 많은 일들이 가능한 세계에 매력을 느낀다. 이런 아주 다른 세계에 부합되는 계속되는 세계에서는 죽음까지도 그저 사소한 사건이 될 수 있다.

이 세계는 많은 면에서 아주 종교적인 곳이며 위대한 길들과 서로 중첩되는 부분들이 있다. 그 모든 것들을 세속주의자들은 불가능하다고 여기지만, 이 세계와는 부합되는 사건들에 대해 이야기한다. 하지만 초심리학의 세계와 위대한 길들이 말해온 세계를 같은 것이라고 보는 것은 잘못이다. 그 위대한 길들 안에는 이런 문제들에 너무 집착하지 말라는 경고가 있다. 가령 개신교인들은 대부분의 경우 성경 본문이 확정된 다음에는 기적도 멈추었다고 주장한다. 불교인들 역시 참선 과정 중에는 엄청난 능력을 얻을 수도 있으나, 그것들이 해탈에 이르는 것을 방해하게 해서는 안 된다고 말한다.

전통적인 위대한 길들과 초심리학이 말하는 세계 사이의 모호한 관계를 말해주는 재미있는 예가 구약성경에 나온다(사무엘상 28장). 오늘날과 마찬가지로 고대 이스라엘에도 직업적인 영매(접신하는 자)가 있었다. 사울 왕은 규범이 된 히브리 종교와 경합 중에 있는 그들을 보았고 이스라엘로부터 쫓아냈다. 하지만 이런 추방은 그들이 가짜라서 그렇게 한 것은 아니었다. 이미 죽은 사무엘의 도움이 절실히 필요하게 되었을 때 사울은 아직 이스라엘에 영매가 있는지 부하들에게 물었고, 부하들의 말을 따라 엔돌에 있는 한 여인을 찾아갔으며 이 여인의 중재를 통해 사무엘을 만났다. 하지만 이 사건이 사울로 하여금 그 땅에서 접신하는 자들을 금하는 것을 멈추게 하지는 않았다.

이 이야기는 사울이 과학으로 설명할 수 없는 이런 형태의 대화가 가능하며 죽음 이후에도 어떤 종류의 삶이 있다고 믿었음을 보여준다. 다른 한편 이 이야기는 죽은 자와의 소통이 그렇게 바람직하지 않음도 말하고 있다. 죽음 이후에도 어떤 종류의 삶이 있다는 믿음의 근거로 구태여 이런 것들을 거론할 필요는 없다.

초심리학적 현상에 대한 관심은 세속주의 때문에 일어난 것은 분명히 아니다. 하지만 세속주의적 대학들이 이런 경험들을 획일적으로 거부함에 따라, 이런 것에 대한 관심과 생각, 이론들이 뒤죽박죽 튀어나오는 것도 사실이다. 그렇다면 주관적인 경험이 효과를 미치는 원인이 될 수 있음에 대해 열려 있는 세계관을 가지는 것이 더 낫지 않을까? 그렇다면 이런 가능성을 인정하면서도 그 한계를 생각하는 방식으로 여러 증거들을 진지하게 검토하는 것이 더 적절할 것이다.

5. 세속주의와 비합리주의

과학적 세속주의(scientific secularism)는 세계를 폐쇄된 물질 덩어리로 보기 때문에, 인간의 경험들 같은 주관적인 것들이 어떤 사건들의 원인이 될 수 없다고 생각한다. 하지만 나는 이런 판단을 선험적으로 하지 않고, 편견 없이 증거들을 보게 하는 세계관을 가질 필요가 있다고 주장했다.

이제 나는 주관적 경험이 어떤 효력을 가져올 수 있음을 부인하는 것은 애당초 비합리적임을 주장하고자 한다. 과학자들은 이렇게 판단하는 증거가 있다고 선언하지만, 그것은 극히 역설적이다. 만약 이런 선언이 믿어지게 하려면, 그것을 표현하는 일련의 소리들의 발성은 물리적 법칙들에만 종속되는, 철저한 물질적 운동들의 산물이어야 하고 인간 이성과는 아무런 관련이 없어야 한다. 근대과학과의 긴밀한 관계 속에서 현재와 같은 모습으로 나타난 세속주의적 세계관을 확언하는 것은 사실상 우스꽝스럽다. 어떤 과학 이론이 다른 의견들보다 원리상 우월하다는 확언은 과학적 세속주의의 기본적 세계관이 틀렸을 경우에만 의미가 있다.

비합리성은 다른 데서도 나타난다. 오늘날의 지배적인 유물론적 세계관으로는 양자(quanta) 현상들을 도무지 이해할 수 없다. 이 점은 오늘날 널리 인정되고 있다. 그것이 파동(wave)이며 입자(particle)라는 생각은 유물론적 맥락에서 둘 다 발전되어 왔다. 그것들은 사람의 관찰에 따라 입자로 보이기도 하고 파동으로 보이기도 한다. 하지만 그것이 왜 파동이면서 동시에 입자일 수 있는지는 합리적으로 설명할 길이 없다.

이 점은 일반 대중들도 오래전부터 알고 있는 이야기다. 이런 개념적인 혼란은 **상보성**(complementarity)이란 용어로 기술되었다. 완전히 합리적인 상보성의 형태들이 있다. 세포에 대한 화학적 분석과 그것이 어떻게 기능하는지에 대한 생물학적 논의는 서로 보완된다. 하지만 양자가 입자이면서 파동이기 때문에 서로 상보성을 가진다는 진술은 모순이다. 그것은 이제 용납되는 용어를 사용해서 모든 종류의 모순들을 대충 눈가림 하려는 것에 불과하다. 그것은 비합리적이다.

양자이론(quantum theory)의 또 다른 면모들은 이 이론을 극히 비합리적인 것으로 만든다. 그 중요한 예는 두 가지 결과들이 똑같이 가능하다면 그 둘은 서로 다른 세계들에서 각각 발생한다는 이론이다. 세계는 그 자체를 거의 무한한 비율로 증가시킨다. 우리 각자는 수백만 수천만이 되는 이런 세계들에서 다른 형태들로 존재한다. 이런 관점은 아직 널리 받아들여지지는 않으나 물리학자 진영은 그들이 비물질주의적인 이론에 보이는 태도와는 달리 그것을 배제하거나 조롱하지 않는다. 많이 알려진 영화인 "삐삐소리가 무엇인지 아는가?(What the Bleep Do We Know?)"는 이런 생각을 극단적으로 보여준다. 물리 이론들은 이제는 비합리성을 거부하지 않는다.

현대 물리학은 세계가 정녕 어떻게 만들어져 있으며 어떻게 작동하는지를 기술하는 노력 가운데 시작되었다. 그런데 과학에 대한 유물론적인 범주들로서는 양자 문제를 설명할 수 없기에 이제는 많은 물리학자들이 이런 설명이 자신들의 목표라는 점을 부인한다. 어떤 사람들은 그들의 목표는 그저 검증 가능한 예측들을 구성하는 정도라고 말한다. 그렇게 하면 새로운 이론들과 옛날 이론들을 통합할 필요가 없고 그 예측이 이루어지는 실체들에 대해 어떤 설명들도 할 필요가 없으며 물리학의 다양한 가지들 사이를 통합하려고 애써야 할 이유 역시 없다. 물리학의 과업은 더 이상 세계를 의미 있게 설명하는 것이 아니게 된다.

데이비드 봄(David Bohm)과 힐리(B. J. Hiley)는 봄이 죽기 얼마 전에 『분리되지 않은 우주: 양자 이론에 대한 존재론적 해석*Undivided Universe: An Ontological Interpretation*』(Routledge, 1993)을 썼다. 이 책은 양자 현상들을 훨씬 더 일관된 방식으로 설명한다. 하지만 물리학자들은 이들의 해석이 현재의 주도적인 논의에 맞지 않고 또한 쉽게 테스트해 볼 수 있는 새로운 예측들을 제공하지 않기 때문에 별다른 관심을 보이지 않았다.

상황은 상대성 이론(relativity theory)의 경우도 비슷하다. 아인슈타인의 애초의 공식들은 합리적인 정신들에게 충격을 주었지만 주류 물리학자들에 의해 수용된 다음에는 적어도 과학 공동체 안에서는 그것들이 가진 가정적인 특성을 잃어버렸다. 오늘날의 물리학자들은 이런 입장들을 고수하기 위해서는 무슨 일이든 할 수 있을 것 같다. 그들의 이론들을 고수하기 위해서 직접적인 증거가 있는 에너지나 물질보다 암흑 에너지(dark energy)와 암흑 물질(dark matter)에 더 많이 관심을 가지며 그들 이론 속의 모순들은 계속 무시한다.

여전히 엄청나게 많은 것들을 이루어내고 있는 과학이 비합리적인 전제들 위에 건립되어 있으며, 세계에 대해 일관되거나 이성적인 관점을 제공하고자 하지 않는다는 사실을 인식하는 것은 특히 20세기 중반 이후 지성인들에게 중요한 문제가 되었다. 오늘날은 합리성이나 이해는 얻어질 수 없는 것으로 여겨지며, 여전히 그런 것들을 목적으로 하는 사람들은 최신의 사고에 무감각한 사람들로 간주된다.

이런 현상이 나타나는 한 영역은 오늘날의 종교철학이다. 철학의 한 분야로서의 종교철학은 다른 철학 분야들과 마찬가지로 세계에 대한 일관된 이해를 제공하는 노력을 포기하고 있다. 이전의 종교철학은 여러 전통적인 길들이 제시하는 사상들의 타당성과 합리적 정당성을 성찰하는 것으로 이해되었다. 이런 사상들을 연구하는 철학자들은 실재의 본성에 대한 그들의 넓은 성찰에 근거하여 자신들의 사상을 발전시켜 나갔으며, 세속화하는 기독교는 이러한 철학 작업에서 많은 도움을 얻을 수 있었다.

하지만 오늘날 이런 접근법은 시대에 뒤떨어진 것으로 간주된다.

인간 정신이 세계를 이해할 수 없다고 말하고 있는 지금은 기독교적 사고를 이런 더 넓은 맥락에 맞추어보려는 것은 무의미하다. 어떤 사람들은 오늘날 철학은 오직 한 가지 역할, 곧 의미 있는 문장들과 의미 없는 문장들 사이를 구별하는 것만 할 수 있다고 단언한다. 그들은 종교철학자들은 우연히 그들의 흥미를 끌게 된 전통적 선언들을 검토할 수 있고 그것들이 의미 있는지의 여부만 결정할 수 있으며, 만일 그것들이 의미가 있다면 그 자체로 좋은 것이고 그것들이 진리라고 주장할 이유를 제시할 필요는 구태여 없다고 말한다.

신학자들은 그들의 철학 동료들보다 더 오랫동안 타당성과 합리성에 대한 탐구를 해왔다. 하지만 신학의 세속화(secularizing of theology)를 계속해서 추구하는 사람들은 큰 위기를 경험하고 있다. 이것은 진리 및 연관성(relevance)을 목적으로 하는 것에 근거한 지적인 과업이다. 하지만 현대 사상 중 가장 존경받는 형태들은 이런 탐구를 계속 좌절시키고 있다.

세속화하는 신학자들(secularizing theologians), 즉 세상의 변혁을 위해 신앙 전통을 재구성하는 신학자들 대다수는 성찰보다 실천을 더 중요시한다. 이것은 그들의 신앙 때문에 인류의 고통과 환경을 위협하는 것에 민감하게 응답하기 때문이다. 그들은 또한 사람들이 다른 사람들을 억압하고 착취하는 많은 방식들에 대해 민감하다. 그들은 이런 악들을 지원하는 것을 멈추도록 사람들의 신앙을 형성하는 것을 자신들의 과업으로 삼는다. 그들은 자신들의 이런 역할이 동료 신앙인들에게 중요하다고 본다. 이것은 세속화에 대한 중요한 공헌이다. 하지만 그들은 자신들의 전통이 더 넓은 현실적 연관성을 갖는 지혜를 제공한다는 주장은 하지 않으려고 한다.

철저한 세속주의자들은 과학이 이전에 가졌던 목적들을 거부했고 이는 곧 종교철학과 신학에 영향을 미쳤다. 그것은 또한 학문 분과들의 파편화를 수용하도록 촉진했고, 대학들로 하여금 일관성 있는 전망을 발전시키는 노력을 더 이상 하지 않도록 만들었다. 그것은 경제지상주의의 실제적 지배를 뒷받침했으며, 또한 세계에 대한 합리적 설명을 할 수 없다는 관점을 가진 사람들에게 위로를 제공했다.

6. 세속주의와 민족주의

철저한 세속주의는 인생의 마지막에 대해 아무런 안내도 해주지 않는다. 그것은 다양한 헌신들에 대해 서술할 수 있으나 그 무엇도 추천하지 않는다. 물론 일반적으로 볼 때 세속주의적 사고를 확언하는 사람들도 어디엔가 헌신하기도 한다. 그들 중의 어떤 사람들은 과학적 세계관에, 어떤 사람들은 특정한 학문 분야에, 어떤 사람들은 자신들의 사고방식을 선전하는 기관에 헌신한다. 또한 어떤 사람들은 세계를 구원하는 데 헌신하기도 한다.

이런 헌신들을 볼 때 우리는 경제이론에 의해서만 구성되는 사람은 거의 없다는 사실을 알게 된다. 엄청나게 많은 사람들이 '우리'와 '그들'을 구별한 다음, 자신들이 동일시하는 공동체에 어느 정도의 헌신을 보인다. 세속주의자들의 공동체들 역시 이와 같아서, 그 공동체들은 세속주의가 위협을 받을 때면 그 참여자들로부터 상당한 지원을 기대할 수 있을 것이다.

세속적 인본주의자들은 적절한 행동이 어떤 것인지에 대해 강력한 관점들을 가지고 있지만 순수한 세속주의자들은 그렇지 않다. 자신의 학문적 작업에서는 세속주의자인 과학자일지라도 여가 시간에는 다른 헌신들을 표현할 것이다. 예를 들어 그녀는 구성원들에게 더 많은 헌신을 요구하는 근본주의적 교회에 속해 있을 수 있다. 세속주의적 공동체에 참여하는 것은 의미 있는 삶에 거의 공헌하지 못하기 때문에 세속주의적 기관들의 요구에 매여 있는 많은 사람들은 자신들을 동일시할 수 있는 다른 공동체들을 찾는다. 세속주의가 어떤 공동체들에 속해야 하는지 결정하는 데 대한 아무런 합리적 근거를 제공하지 않기에 세속주의는 근본주의 교회를 선택하는 것을 반대할 수 없다.

기독교는 17세기 중반부터 서구 사회에 대한 주도성을 상실했다. 그런 주도성은 언제나 인종적이며 민족적 감정과 맞서 싸워왔다. 웨스트팔리아 조약(1648년)을 통해 정치적 권위가 우선권을 갖게 되었다. 그때 이후로 서구인들이 우선적으로 헌신한 것은 대부분 인종적이거나 정치적으로 형성되어 있는 공동체들에 대한 헌신이었다.

세속주의는 더 높은 어떤 가치도 옹호하지 않기 때문에, 그것은 민족주의를 지지하는 것으로 귀결된다. 다시 말해 대항하는 사회화가 없다면, 우리/그들의 구별은 더욱 강화하며 그 중에서도 가장 강력한 주장은 부족적 혹은 인종적 집단이나 국가이기 때문에 그것들은 절대적인 충성을 요구한다. 세속주의가 강력하게 나타나는 세계의 지역들에서는 국가가 대부분 '우리'가 누구인지를 규정한다.

대부분의 국가들에서 대부분의 기독교인들 역시 민족주의자들이 되었다. 그럼에도 불구하고 여기에는 차이점이 있다. 세속주의는 민족주의에 대해 그 어떤 반대도 하지 않는다. 하지만 아브라함의 전통에는 모든 사람을 똑같이 사랑하시는 하나님에 대한 가르침이 있기 때문에 국가에 대한 헌신은 더 큰 전체에 대한 헌신에 종속되어야 한다. 세속화하는 기독교인들에게 이 점은 매우 중요하다.

7. 세속주의와 도덕적 삶

이 장을 마치면서, 앞에서 한 말들을 다른 방식으로 말할 필요가 있다. 앞에서 나는 세속주의가 부정적인 결과들을 가져온다고 주장했다. 하지만 사실 아닌 비판도 여기에 개입될 수 있다. 가령 사람들은 곧잘 세속주의자들을 무신론자들과 동일시하면서 이런 점에서 그들은 개인적 도덕성에서 문제가 있을 것이라고 주장해왔다. 하나님을 부인하기 때문에 그들은 모든 종류의 비도덕성을 추구하리라는 것이다.

하지만 이런 예상이나 단언에 대한 사실적 근거는 없다. 오히려 이런 판단은 기독교 왕국의 도덕적 가르침이 많은 부분에서 문제가 있음을 반영한다. 교회는 사람들을 통제하기 위하여 오랜 세기 동안 그 가르침을 어기는 사람들은 처벌을 받게 된다고 경고해왔다. 이런 처벌은 이 땅에서 항상 이루어지지는 않았기 때문에 연옥과 지옥이 기독교의 가르침에 중요한 것이 되었다. 많은 기독교인들은 이런 전망으로 인해 두려움에 사로잡혔고, 교회의 지배에 마지못해 순종했다. 곧 그들은 믿기를 멈추면 그들이 갈망했던 쾌락을 즐기게 될 것이고, 결국 죽음 이후 규칙을 깨트린 것에 대해 처벌을 받을 것이라고 생각했다.

이런 규칙들은 곧잘 성(sex)을 중심으로 이루어졌다. 젊은이들, 특히 처녀들은 결혼 전의 성 행위는 안 된다고 배웠고 성인들, 특히 여성들은 간음에 대해 경고를 받았다. 하지만 이런 모든 두려움에도 불구하고 음행과 간음은 자주 일어났다. 하지만 두려움을 가진 사람들은 처벌에 대한 위협을 제거한다면 더 많은 '죄짓기'가 이루어지리라고 생각했다. 그런데 무신론자가 된다는 것은 이런 두려움에서 풀려나는 것을 의미했고, 이 점에서 많은 종교적인 사람들은 무신론을 비도덕과 동일시했다.

하지만 무신론자들이 종교적인 신앙인들보다 성적으로 더 방탕한지의 여부는 알려지지 않았다. 그들 대부분은 하나님뿐 아니라 기독교의 가르침으로 인한 율법주의의 속박을 거부한다. 또한 생각해 보면 무신론자들은 이런 속박에서 벗어나 있기에 설혹 그들이 더 방탕하다고 해도 그것이 그들에게 큰 심리적인 해악을 끼치지는 않을 것이다.

실제로는 죄인들을 위해서 영원한 형벌들이 준비되어 있다고 믿는 사람들만이 성적인 정결을 지킨다고 믿을 이유는 없다. 비유신론적인 문화들 역시 그 나름의 성 행위의 규범들을 가지고 있고 그것을 아주 잘 지킨다. 그 대부분은 여성의 자손은 생물학적으로 볼 때 아버지의 후손이라고 확신시키는 가부장적 문화의 필요에 근거하고 있다. 그 문화들은 남자들이 성관계에서 여성의 역할을 하는 데 대해 가부장적인 공포를 표현한다. 이런 염려에 근거한 규칙들을 깨트리는 것은 대부분의 문화에서 위험한 것이었다. 더 나아가 많은 장소와 시기에서 방탕한 성은 곧잘 질병을 유발했다. 즉 두려움을 갖기 위해서 반드시 죽음 이후의 처벌을 믿을 필요가 없다는 것이다.

가부장 제도의 쇠락과 질병에 대한 두려움이 감소되면서 성 행위에 대한 사회의 관심은 점점 느슨해지고 다양해졌다. 이것은 더 넓은 사회의 사람들뿐 아니라 교회 안의 사람들에게도 영향을 미쳤다. 우리 사회의 어떤 부분에서는 새로운 규칙들이 적용되고 있다. 오늘날 대부분의 사람들은 권력을 가진 자와 그 권력의 지배를 받는 사람 사이의 성 관계나 어른과 아이 사이의 성 관계는 정죄하지만, 당사자들이 자발적으로 동의하고 두 사람이 함께 즐거움을 추구하는 성행위는 문제 될 것이 없다고 생각한다. 서로에게 신실하려는 두 사람 사이의 결정은 새로운 도덕적 결과를 가져오는 새로운 상황을 창조한다. 비록 어편 종교적 공동체들 속에는 예전의 성도덕들을 고수하려는 강력한 움직임이 있지만, 그렇다 하더라도 그런 공동체들에 속해 있는 사람들과 세속주의적 공동체들에 속해 있는 사람들의 성과 연관된 행위들은 크게 다른 것 같지 않다.

도덕성의 또 다른 중요한 영역은 정직성이다. 모든 사회는 죄 없는 거짓말은 상당히 너그럽게 받아들이지만, 동시에 사회의 건강한 기능을 위해서 사람들이 진실을 말하기를 요구한다. 사람들은 하나님이 모든 것을 다 알고 계신다고 믿는 신앙인들은 거짓말에 대한 사회적 결과가 심각하지 않더라도 다른 사람들보다 더 진실할 것이라고 기대하기도 한다. 하지만 실제로 그런지는 알려지지 않았다. 진실을 말해야 한다는 내적 압력은 신학적 믿음보다 어린 시절의 훈련과 더 연관되어 있을 것이다. 하지만 사실을 말하는 것이 사회적으로 중요한 경우들에서는 큰 차이가 있다고 기대할 이유는 없다. 세속주의자와 종교적 신앙인들 사이에 연말 소득보고에서 정직성의 정도에 차이가 있을까? 아마도 큰 차이가 없을 것이다. 만일 정직하지 않다면 그 이유는 두 경우 모두 별로 알려지지 않은 요인들과 더 많이 연관되어 있을 것이다.

도덕성의 세 번째 영역은 곤궁한 사람들에 대한 자선의 영역이다. 여기서는 틀림없이 어느 정도의 차이가 있을 것이다. 초기 기독교인들은 자기들의 공동체 안에 있는 어려운 사람들을 돕는 일을 사회 전체와 비교할 수 없을 정도로 잘 감당했다. 몰몬 교인들(Mormons)은 지금도 이렇게 하고 있다. 세속주의자들 역시 개인적으로는 신앙인들이 하듯이 그들의 친구나 아는 사람들을 돕겠지만, 신앙인들의 공동체들과 비슷한 세속주의자들의 공동체들은 존재하고 있는 것 같지 않다. 하지만 그 차이는 아마도 그들의 믿음의 차이보다 자선 행위를 하기 위한 조직을 가지고 있지 못한 데서 나올 것이다.

세속주의자들의 이런 조직이 없다는 것은 또한 그들이 살고 있는 공동체들 안에서 활발하게 자선 행위를 하지는 않으리라는 것을 뜻한다. 대부분의 교회들은 교인들에게 헐벗고 집 없는 사람들의 필요에 응답하라고 촉구한다. 그들은 태풍이나 사고로 인해 특별한 도움이 필요한 경우 반복해서 헌금을 모으기도 한다. 이런 점이 아마도 그 구성원들의 자선의 정도에 차이를 만들어낼 것이다.

하지만 세속주의자들이 어려운 형편에 있는 사람들을 적게 동정하고 또 적게 돕는지의 여부는 대답하기 어렵다. 유신론적 전통은 동정과 공감을 아주 중요하게 여기지만 그것은 또한 모든 정상적인 사람이라면 자연스럽게 일어나는 감정이기도 하다. 여기에서도 아이일 때 얼마나 사랑을 받았느냐가 그들이 성인이 되어서 무엇을 믿으라고 교육받는지보다 더 중요할 것이다. 기독교인들은 교회에서 자란 사람들은 계속해서 동정하는 마음을 갖도록 격려 받아왔기 때문에 전체적으로 보아 이런 방식의 꾸준한 헌신을 하지 않는 부모 밑에서 자란 사람들보다 동정하는 마음을 더 많이 표현할 것이라고 생각하겠지만 정말 그러한지는 아무도 모른다. 대부분의 종교 공동체들 속에 여전히 계속되는 율법주의가 이것을 막고 있기 때문이다.

8. 결론들

이 책은 세속화(secularizing), 즉 세상의 변혁을 위해 전통을 재구성하는 것을 옹호한다. 하지만 오늘날 널리 이해되는 형태의 종교에 대한 세속주의자의 비판이 대부분 정당하다는 사실도 인정한다. 이런 비판을 하는 사람들 대부분은 세속주의에서 종교에 대한 충분히 발전된 대안을 본다. 앞의 장들에서 나는 세속주의가 서구 사회, 특히 미국에서 취했던 중요한 형태들에 대해 살펴보았다. 내가 계속 주장해온 것은 종교에서 세속주의로의 전이(shift)는 사람들을 몇 가지 악에서 풀려나게 했으나 동시에 다른 종류의 문제들에 빠지게 했다는 점이다.

세속주의로의 전이가 세속적 인본주의에서 끝난다면, 앞에서 내가 한 비판의 많은 부분은 해당되지 않을 것이다. 하지만 문화 전체를 볼 때 이런 일은 일어나지 않았다. 오늘날의 철학은 인간을 존중하지 않으며 근대의 대학교들 역시 인간을 존중하지 않고 있다. 경제이론은 인간중심적이기는 하지만 여기에서 인간들은 아무런 인간적 가치를 가지지 못하는 것으로 서술된다. 다행스럽게도 세속주의를 따라 먼 길을 걸어온 사람들 중에도 여전히 인간을 존중하는 가치들을 고수하고 있는 사람들이 많이 있다. 하지만 세속적 인본주의는 우리 사회의 안정적인 선택권은 아니다. 오히려 유사 종교적인 지구중심주의(quasi-religious Earthism)가 더 전망이 밝다.

이 장에서 나는 세속주의를 비판하는 가운데 그것이 더 넓은 사회에 가진 역사적 결과들을 살펴보았다. 대체적으로 보아 세속주의는 사회에서 광범위한 승리를 거두었지만, 그 결과들은 대부분의 세속주의자들이 개탄하는 것이 되었다. 나는 오직 세속주의 때문에 이런 결과들이 나왔다고 주장하지는 않는다. 하지만 이런 결과들은 상당부분 세속주의의 이상이나 실천에 대한 역작용이나 그 확장이었다. 세속주의로 인해 그 결과들에 대한 저항이 약화된 것 역시 사실이다.

아브라함 종교의 길들(Abrahamic Ways)을 믿는 사람들은 개인적인 도덕에 대한 질문들에 특별히 큰 비중을 두어 왔다. 그들은 그들의 신학적 신념들과 거의 관계가 없는 행동 규범들을 상당히 받아들였다. 너무 많은 사람들이 신적인 형벌에 대한 두려움에 근거한 복종을 강요해왔다. 하지만 이렇게 이해된 도덕성으로부터 자신을 해방시켰다고 생각하는 세속주의자들 역시 신앙인들만큼이나 사회적 규범들에 계속해서 동조할 가능성이 많다. 신적인 제재(divine sanction)가 있을 때만 개인적인 도덕성이 유지된다는 생각은 잘못된 것이다.

이 장에서 내가 전개한 논증은 아마도 이 책 전체에서 제일 논란의 여지가 많은 부분일 것이다. 그럼에도 불구하고 모든 위대한 길들 속에 현존해 있는 종교가 가진 악들에 분개하는 세속주의자들은 자신들이 제시하는 대안 역시 문제투성이임을 인식해야 한다. 이 요약에서 나는 세속주의에 대해 이 책이 말하는 비난과 그렇지 않는 비난을 최대한 명확하게 구별하여 지적하기를 원한다. 나는 거기에 대한 비판적 응답을 듣고 싶다.

9장

철학에서의 새로운 시작

1. 새로운 철학에 대한 전망들

앞에서 나는 세속주의의 한계들을 지적했다. 이런 한계들은 세속주의가 우리가 이어받은 근대 이전의 사상들을 거부하고 그것들로부터 단절함으로써 생겨났다. 이런 모습은 철학에서 가장 분명하게 나타나지만 과학과 고등교육에서도 나타난다. 그것은 가치와 인간 삶의 의미, 그리고 개인적 헌신 같은 문제들을 진지하게 여기려는 모든 노력을 거부한다. 그것은 오늘날의 세계 전체, 심지어 순수한 물리적 세계의 경우까지도 통전적으로 이해하려고 하지 않는다. 지구 전체가 위기에 빠져 있고 그것을 구하기 위한 철저한 헌신이 절실한 지금, 이런 한계들은 아주 심각한 문제들이다.

만일 세속주의가 오늘날의 인간 삶에 별다른 영향을 미치고 있지 않다면, 그것을 비판하는 것은 그저 학문적 작업 정도로 충분할 것이다. 하지만 이것은 실제 상황이다. 물론 삶이란 결국 가치와 의미와 헌신의 문제이기 때문에 개인적인 삶에서까지 철저한 세속주의자로 사는 사람들은 거의 없을 것이다. 하지만 세속주의는 개인적 삶보다 사회 질서에 훨씬 더 큰 영향을 미친다. 실상 세계 전체는 주로 세속주의적인 경제적 관심으로 조직되어 있기 때문에, 지배적인 경제이론을 전파하고 그런 경제 체제들에서 일하는 사람들은 비록 다른 일들에 많은 관심을 보인다고 해도 그 구조를 계속 유지하게 되어 있다. 세계가 이렇게 가면 결국 멸망이 앞당겨질 수밖에 없다. 우리는 인간 지성(human intelligence)을 사용하여 이 문제를 해결해야만 한다.

세속주의가 우리 시대의 엄청난 위기 앞에 우리를 제대로 인도하지 못하지만, 그렇다고 해서 이 사실 때문에 세계가 고대의 길들로 되돌아가지는 않을 것이다. 실상 세계의 위대한 길들은 계속해서 종교에 굴복해 왔다. 심지어 전통적인 사고 속에 구현되어 있는 가장 탁월한 지혜도 지구를 구하기 위해 필요한 새로운 이론과 조직과 실천을 형성하는 데 직접적인 도움을 주기는 어렵다.

하지만 고대의 위대한 길들이 세속화될 수 있다면, 즉 세상의 변혁을 위해 재구성될 수 있다면, 그들은 필요한 변화를 이끌어 내는 데 크게 공헌할 수 있다. 이런 세상 변혁적 재구성은 그 가장 깊은 본성으로 인해 전통들 안에서 발생한다. 이것은 좋은 일이지만 그 정도로서는 오늘날의 아주 새로운 필요를 채우기에 충분하지 못하다. 위대한 길을 세속화하기 위해서는 그 내적인 원천들에서 벗어나 그 자체의 유지와 확장에만 집중하는 자폐적인 사고들을 거부해야 한다. 세속화는 타자로부터 배우는 것과 관련된다. 실상 세속화의 수준은 그것이 배우고자 하는 타자들의 수준에 상당히 많이 좌우된다.

대부분의 기독교 역사를 통하여 교회의 사상가들은 기독교적 이해를 확장시키는 수단과 원천으로서 철학을 쳐다보았다. 물론 기독교는 플라톤과 아리스토텔레스로부터 흡수한 것들을 다시 씻어내야 했지만 만일 교회가 이런 철학자들의 도움 없이 세계를 이해하려고 했다면 그 사상은 더 나빠졌을 것이다. 데카르트가 그리고 그 다음에는 흄과 칸트가 철학을 새롭게 만들었으며, 기독교사상을 세속화하려 했던 사람들은 곧잘 그 철학자들과 그들의 후예들에게로 돌아가서 도움을 찾으려고 했다. 그러나 그 결과는 실망스러웠다. 근대의 주된 철학들을 받아들이는 것은 좋은 점보다 나쁜 점이 더 많았다.

    교회는 언제나 세계에 대해서 진실로 알게 된 모든 지식과 조화를 이루기를 원했다. 근대에 들어와서 교회는 철학보다 과학에 대해 더 관심을 보이게 되었다. 근대 초기에 교회의 세속화하는 사상가들은 과학적 세계관으로 이해된 것과 밀접하게 자신들을 연관시켰다. 하지만 칸트의 엄청난 영향력으로 인하여 유럽 대륙은 이원론을 받아들였고 이로 인해 과학으로부터 바로 배울 수 있다는 기대를 하지 않게 되었다. 하지만 영어권에서는 과학에서의 새로운 발전들, 특히 진화론으로 인해 엄청난 신학적 변화가 일어났다.

    불행하게도 과학이 받아들인 형이상학 때문에 교회의 응답에는 큰 제약이 있었다. 과학으로부터 신학을 발전시킬 최선의 길을 배우고 싶어 했던 세속화하는 사상가들은 과학이 선택한 유물론적 세계관을 받아들일 수 없었다. 그렇게 하려면 자기들의 전통적인 지혜를 포기해야 했기 때문이다. 과학자들이 실재를 이해하려는 목표를 포기함에 따라 교회의 사상가들은 더 혼란스럽게 되었다.

    교회는 서구의 대학들을 만들었으며 여러 세기 동안 교회의 사상가들이 하는 일과 학생들이 기독교세계의 고등교육에서 습득한 것은 긴밀하게 서로 연관되어 있었다. 하지만 근대에 이르러 대학들은 제도적 교회로부터 분리되었을 뿐 아니라, 교회와 대학이 한때 공유했던 목표들인 진, 선, 미 역시 받아들이지 않았다. 이로 인해 교회는 대학들로부터 많은 정보를 얻을 수 있었으나 지혜를 얻기는 어려웠다.

이처럼 파트너를 갖지 못하게 됨에 따라 세속화하는 기독교인 사상가들은 현대 세계가 그들의 가장 깊은 관심사인 "**지구의 구원**(the salvation of the Earth)"을 인도하고 지원할 수 있는 새로운 형태의 사상을 산출할 능력이 있는지를 질문하게 되었다. 그 답변은 긍정적이다. 즉 중요하고 진실로 가능성 있는 방안들을 보여주는 철학들이 있다. 20세기에 그것은 두 가지 형태로 나타났다.

지난 30여 년 동안 철학 및 연관된 학문들에서 가장 큰 주목을 받았던 운동은 프랑스에서 일어났으며, 그것은 **해체**(deconstruction) 혹은 **탈근대**(postmodern) 운동이라 불린다. 나는 그것을 이 책의 5장에서 서술했다. 다른 하나의 운동은 20세기에 일어났다. 그것은 자연을 진지하게 생각했으나 결코 움직이는 물질로 보지는 않았다. 그 대표자 중의 한 명은 앙리 베르그송(Henri Bergson, 1859-1941)으로 프랑스에서는 대표적인 탈근대주의 사상가인 질 들뢰즈(Gilles Deleuze, 1925-1995)가 그의 중요성을 인식했다.

미국에서 가장 유명한 인물은 윌리엄 제임스(William James, 1842-1910)였다. 제임스는 자연주의자(naturalist)이자 실용주의자(pragmatist)이며 철저한 경험론자(radical empiricist)였다. 철학적 질문들에 대한 이런 새로운 접근법들은 그 가장 통찰력 있는 실천가들이 이제 그 종국에 이르렀다고 보았던 근대철학과 아주 다른 어떤 결과를 가져왔다.

앨프래드 노스 화이트헤드(Alfred North Whitehead, 1861-1947)는 그의 책 『과학과 근대 세계 Science and Modern World』(1925)에서 제임스가 대변하는 새로운 시작의 중요성을 인식했다. 화이트헤드는 1904년 출판한 그의 글 "'의식'은 존재하는가?(Does 'Consciousness' Exist?)"에서 제임스가 철학의 "새로운 단계"를 열었다고 말했다. 과학의 발전으로 인해 데카르트적인 유물론이 거부되는 같은 시기에 제임스는 데카르트적인 자아(Cartesian ego)를 거부했다.

만일 화이트헤드가 이런 새로운 유형의 철학이 철학계를 곧 주도할 것이라고 생각했다면 안타깝게도 그가 잘못 본 것이다. 그 이후의 몇 십 년 동안 물리학에서의 새로운 발전으로 인해 **새로운 자연주의**(new naturalism) 및 철학과 과학의 재결합이 가능하게 되었지만, 영미 철학은 그 분석적 형태 속에서 언어에만 관심을 보이면서 훨씬 더 협소한 근대 후기적인 기획에 머물러 있었고, 베르그송과 제임스 같은 사람들은 이 운동의 주변부에 머무를 수밖에 없었다.

2. 새로운 철학

오늘날의 사람들이 필요한 행동을 하도록 영감을 주고 인도하는 방식으로 지구와 그 위기, 그리고 인류를 보게 하려면 어떤 철학이 필요할까? 나는 다음과 같은 부분이 중요하다고 생각한다. 먼저 우리들은 지구를 **살아 있는 유기체**(a living organism)로서 그 안에 수많은 생명체들을 살게 하는 것으로 볼 수 있어야 한다. 이 생명들은 인간의 목적을 이루기 위한 수단들이 아니라 그 자체의 가치를 가지고 있으며, 이 점을 사람들은 깊이 깨달아야 한다. 인간의 생명 역시 지구 시스템의 한 부분으로 깊이 존중 받을 뿐 아니라 지구의 다른 부분과 **철저하게 연관되어 있고 의존되어 있음**(radical interconnectedness and interdependece)을 인식해야만 한다. 또한 개인적으로, 공동체적으로 책임 있는 자유를 행사할 수 있는 **인간의 능력**을 강조해야 한다. 인간들의 가치, 확신, 그리고 헌신이 지구 전체의 운명에 엄청난 영향을 미치기 때문에 이것들이 가장 정확하게 이해되고 평가되어야 한다. 자연 세계의 한 부분이자 자연의 운명에 대해 특별한 책임을 지고 있는 존재로서의 인간 이해는 세계에 대한 통전적인 과학적 이해와 통전적으로 연관되어야 한다.

세속주의는 필요한 것을 제공하는 데 극적으로 실패했다. 그 한 이유는 그것이 **감각 경험**(sense experience)과 그 과정에 집중했기 때문이다. 이런 것에 집중함으로 인해 근대철학자들은 과거와의 연관성을 상실하게 되었다. 그 목표는 특별히 **시각 경험**(visual experience)을 통해 모든 논의의 공통되는 토대를 발견하려는 데 있었다.[1] 이제 우리는 시각 경험이 문화에서 독립되어 있는 것으로 보는 이런 관점이 과장된 것임을 안다. 극동 아시아인들과 서구인들은 전경과 배경을 포착하는 방식이 다르며, 이런 예에서 보듯이 세계를 다르게 본다.

제임스는 전체 경험에서부터 시작하는 **철저한 경험론**(radical empiricism)을 제언했다. 이렇게 하기 위해서는 철학이 현대의 경험을 형성하는 데 끼친 과거의 엄청난 영향을 인식하고 있어야 하며, 중립적이고 무조건적인 사고의 출발점을 발견한다는 생각을 포기해야 한다. 철학이 해야 하는 일은 과거를 대체하기보다 과거로부터 기인한 사상을 비판적으로 평가하는 것이 되어야 한다.

사상가들이 자신들이 서 있는 위치와 가장 확신하고 있는 신념이 무엇인지를 검토하는 것으로부터 사유를 시작한다면 그 사유는 다양한 많은 모습들로 나타나겠지만 거기에는 분명 중첩되는 부분들이 있을 것이다. 그렇게 하게 되면 자신들이 가장 확신하고 있는 신념들이

---

1) 역자주: 오늘날 매우 일반적인 세속주의적/자연주의적인 혹은 유물론적 세계관이 무신론이나 불가지론에 빠지는 이유는 휴스턴 스미스의 지적처럼, 눈에 보이는 "증거가 없다는 것"(absence-of-evidence)을 실재가 "없다는 증거"(evidence-of-absence)로 간주하기 때문이다. *The Soul of Christianity* (2005), p. xvi.

사실은 가장 생각해 보지 않은 것들에 속해 있음을 발견할 가능성이 높다. 그 이유는 우리는 이런 저런 면에서 도전을 받아온 신념들에 대해 더 잘 알고 있기 때문이다.

대부분의 사람들은 자신들이 실제 세계에 살고 있으며, 그 세계 안에는 자신들의 감각 경험과 별개로 다른 사람들과 물리적 대상들이 실제로 존재한다고 믿는다. 그렇지 않다고 진실로 믿는 사람은 심각한 정신질환적인 문제를 가지고 있다. 철학을 공부한 사람들은 자신들이 이런 신념을 갖고 있음을 인식하고 있거나 아니면 이런 관점을 거부했다고 주장할 것이다. 하지만 그것을 거부했다고 주장하는 사람들은 이렇게 주장하는 행위 속에 이미 자신들이 거부하는 사회적 매트릭스(social matrix)가 존재함을 전제하고 있는 것이다.

따라서 사람들의 실제 경험에 대한 비판적 검토로서 철학을 시작하는 사람들은 이런 비판적 검토를 더 확신할 수 있는 어떤 것의 지지가 필요한 것으로 보지 않고, 오히려 이것을 가지고 다른 신념들을 평가하려고 할 것이다. 외적 세계의 현실성을 의심함으로 시작하는 데카르트적인 의심은 인식론에 과도하게 몰입하게 만들었다. 하지만 철학이 자연세계와 인간 사회가 존재함을 전제하면서 시작한다면, 이제 그 과제는 이런 것들을 설명하는 것이 될 것이다. 그것은 이런 세계가 있다는 주장을 정당화하기보다 인간 존재와 세계의 나머지 것들과의 관계를 이해하고자 할 것이다. 그리스 철학과 마찬가지로, 그것은 인식론이나 언어가 아닌 **존재론**(ontology)에 집중하게 될 것이다. 물론 알고 말하는 행위들은 설명되어야 할 현상이기는 하다. 하지만 근대철학의 역사를 통해 우리들은 인식론적이며 언어적인 출발점이 유용한 결론에 도달하지 않음을 알게 되었고, 또한 언어에 대한 분석이 전 지구적인 위기 앞에서는 점차로 사소한 활동에 불과한 것이 되고 있기 때문에 이제는 그리스의 풍성한 철학과 비슷한 것으로 돌아갈 때가 되었다.

사람들의 실제 경험은 그들의 몸 안의 사건들과 그들의 개인적인 정서, 목적, 결정들 사이에 상호 연관성이 있음을 보여준다. 따라서 철저한 경험적 다양성의 철학은 - 유물론자들이나 관념론자들처럼 - 이런 자료들을 무시하거나 배제해야 하는 것 아닌 설명해야 할 것으로 간주한다. 과학이 자연을 종합적으로 연구할 것을 제언한다면 물리적인 것과 심리적인 것 사이의 상호연관성은 그 연구의 중요한 한 부분이 될 것이다. 만일 과학이 자신의 과제는 물리적 현상을 오직 다른 물리적 현상들로만 설명하는 것으로 제한한다면, 우리는 그것을 다른 학문 형태들로 보완할 필요가 있을 것이다.

이런 상호연관성에서 가장 중요한 특징의 하나는 우리는 매순간 우리 몸의 조건과 우리 과거의 특별한 사건들에 의해 바뀌어 가지만 동시에 우리의 자기 결단(self-determination)이 이런 변화에 영향을 미친다는 점이다. 이런 부분을 받아들이지 않는다면 우리의 사고와 행동, 우리의 합리성, 그리고 우리의 도덕적 판단들에서 우리가 책임이 있다는 의식은 완전히 무의미한 것이 될 것이다. 하지만 실상 이런 것들은 우리의 경험 속에 깊이 내재되어 있다. 여기에서도 철학의 과제는 이런 것들을 배제하기보다 설명하는 데 있다.

과학 역시 이전의 낡은 패러다임으로는 설명할 수 없는 새로운 발견들을 진지하게 대하면서 우리의 새로운 지식을 의미 있게 이해할 수 있게 하는 새로운 패러다임을 발견하려고 해야 할 것이다. 우리는 각 학문의 영역 및 다른 학문들과의 관계에 대한 통전적인 설명을 발전시키는 가운데 더 큰 통전적인 관점을 가질 필요가 있으며, 이렇게 얻어진 관점은 바뀌어야 할 충분한 이유가 있게 되면 언제나 새롭게 수정되어야 할 것이다.

모든 문화권이 하나님과 세계에 대한 사상들을 가지고 있는 것은 아니다. 하지만 이런 것들을 오랫동안 중요하게 여겼던 문화들에서는 그것들을 그저 단순히 답습하기보다 비판적으로 계속 검토해야 한다. 이런 새로운 계열에 속해 있는 철학들은 모두 이런 접근법을 선택했다. 어떤 사람들은 **질서**(order)와 **새로움**(novelty)이란 개념을 숙고하는 가운데 신론을 비판적으로 수정할 필요를 발견한다. 이런 새로운 패러다임은 주관적인 것이 객관적인 세계에, 혹은 목적이 물리적 행동에 영향을 미칠 수 있음을 받아들이기 때문에 현대의 세속주의와 달리 **신적 영향력**(divine influence)의 가능성에 대해 열려 있다. 다른 사람들은 도덕적이며 종교적인 경험을 강조할 뿐 아니라 하나님에 대한 성찰을 요청하는 충분한 설명을 요청하는 장소로서의 인간 자유의 놀라움을 강조한다. 하지만 이런 새로운 방법과 출발점은 이런 유신론적인 질문에서 특정한 결론들을 미리 결정하지는 않는다.

여기에서 요점은 세계를 이런 식으로 생각하게 된 사람들은 우리 시대의 가장 심각한 문제들을 인식할 수 있고 분석할 수 있다는 점이다. 그 때 그들은 자신들을 자연의 시스템 안에서 중요한 역할을 감당할 사람들로서 통전적이고 포괄적으로 이해하며, 또한 그런 관점이 요구하는 책임을 기꺼이 지려고 할 것이다. 그들은 그 어떤 영역의 전문가들의 결정도 미리 따르지 않으면서, 여러 원천들에서 필요한 정보들을 지혜롭게 선택한다. 이렇게 하는 것은 여러 학문 분야들 중 하나로서의 학문적 철학은 아니지만 그것보다 훨씬 중요하다. 이것은 새롭고 압도적인 실제적인 문제들 앞에서 인류에게 꼭 필요한 도움이 될 수 있는 고대의 지혜에 대한 탐구를 오늘날 갱신하는 작업이라고 할 수 있다.

3. 앨프래드 노스 화이트헤드(Alfred North Whitehead)

가장 포괄적이고 철저한 관점을 발전시켰던 사람은 앨프래드 노스 화이트헤드였다. 제임스가 심리학자였던 반면, 화이트헤드는 수학자이자 물리학자였다. 오늘날의 과학적 발전 단계에서 수학과 물리학의 지식은 진정으로 포괄적인 사상 체계를 형성하는 데 꼭 필요하다. 이런 점에서 이런 영역에 정통했던 화이트헤드가 제임스의 선구적인 천재성을 인식했고 그의 사상을 발전시켜 20세기의 가장 독창적인 **우주론**(cosmology)을 형성했다는 사실은 우리에게 행운이었다고 할 것이다.

화이트헤드는 상대성 이론에 많은 관심을 가졌고 그것이 시간, 공간, 물질, 운동에 대한 뉴턴적인 이해를 극복하는 데 대단히 중요하다고 확신하고 있었다. 하지만 그는 시공 가변곡률(variable curvature of time-space)에 대한 아인슈타인의 공식은 물리학과 기하학을 융합함에 있어서 일관성을 가지고 있는 것은 아니라고 보았다. 화이트헤드가 볼 때 공간은 직선이거나 곡선으로 휘어져 있는 것이 아니었다. 타원이나 쌍곡선의 기하학으로 이해할 수 있는 공간은 유클리드 기하학으로도 이해할 수 있다. 아인슈타인과 마찬가지로 그 역시 중복 시간 시스템(multiple time systems)에 근거한 이론을 발전시켰고 그것에 근거하여 똑같은 현상을 예측했다. 하지만 그는 아인슈타인과 아주 미세하게 달랐고 그로 인해 다른 예측을 하게 한 미세하게 다른 이론을 개발하는 데 더 많은 노력을 기울였다. 그가 도출해낸 미세하게 다른 예측을 입증하는 증거는 없다. 하지만 어떤 공식이 가장 최선의 것이었는가 하는 문제와 관계없이 그는 그 현상들이 지적으로 설명될 수 있음을 보여주었다. 이런 태도는 앞 장에서 말했듯이 자연 현상을 이해 가능한 형태로 설명하려는 것에 대해 물리학자들이 거의 관심을 가지고 있지 않다는 점에서 예외적이다.

비록 화이트헤드는 양자이론에 큰 관심을 보이지 않았지만 그의 철학은 양자적 사건들(quantum events)을 근본적인 현상으로 여겼고, 양자 물리학의 여러 부분에 대해 관심을 보였다. 실상 실제로 발생하고 있는 것을 입자와 파동이란 관점에서 이해하려고 하는 대신에 양자적 사건들의 장에서의 변화를 포착하는 편이 통일된 이론을 형성할 가능성이 훨씬 크다. 아직 실현되지는 않았지만 상대성이론이 양자이론의 용어로 구성될 수 있으며 여기에는 화이트헤드의 개념이 공헌할 가능성이 많이 있다. 확실히 그의 개념들은 오늘날 모호한 입장에 있는 기계론적인 관점보다 생물학에 더 일관성 있게 적용될 수 있다.

화이트헤드가 물리적 우주를 설명하는 최종적인 답변들을 제시했다고 주장할 수는 없을 것이다. 화이트헤드는 그렇게 하지 못했다. 하지만 그는 지적 설명력과 일관성을 포기하지 않으면서도 계속 발전할 수 있는 접근법과 개념을 제공했다.

화이트헤드가 철학에 끼친 최고의 공헌은 아마도 포착(prehension)이라는 그의 개념일 것이다. 그것은 다음 장에서 계속 다룰 세속화하는 기독교인들에게 엄청난 도움을 줄 뿐 아니라 모든 영역의 사상에 중요하다.

인과율(causality)의 문제를 다시 살펴봄으로써 그의 사상의 중요성에 대해 생각해보자. 우리의 세계 이해는 어떤 일들이 앞서 일어났기 때문에 이 일 역시 일어난다는 생각에 깊이 토대를 두고 있다. 우리가 책임적으로 살아야 한다든가, 미래에 어떤 기대를 한다든가 하는 것은 모두 이런 생각에 근거해 있다. 만일 당신이 내일에 대해 생각할 때 오늘 있었던 일이 내일에 아무런 영향을 주지 않는다면 어떻게 될지한 번 생각해 보라. 우리의 상식이나 과학은 원인과 결과라는 관념 없이는 제대로 이루어질 수 없다.

그런데 감각 경험의 우선성을 심각하게 다루는 가운데 데이비드 흄은 인과율을 거부하든지 아니면 그것을 완전히 바꾸어 그 원래적인 역할을 더 이상 하지 못하도록 재규정해야 한다고 생각했다. 칸트 역시 이 문제를 인식하는 가운데 객관적으로 존재하는 실제 자연에 대한 모든 논의를 포기하고 그것을 인간 정신이 필연적으로 현상들을 질서 잡는 것으로 대체했다. 이로 인해 칸트에 의하면 하나의 실제 사건이 어떤 후속되는 결과들을 낳는다고 주장할 수 없게 되었다. 그에 따르면 우리는 오직 우리의 마음이 원래 그렇게 구성되어 있기에 그것들이 경험을 구성하는 감각들을 인과율적인 관계로 질서 잡을 뿐이라고 말해야 한다. 전에는 실제 세계에서 일어나는 사건들 사이에는 필연적으로 어떤 관계들이 있다고 생각했으나, 칸트 이후 칸트를 따르는 사람들에게는 오직 인간 정신이 그렇게 이해하는 것으로 바뀌었다.

하지만 우리가 감각 경험이 아니라 인간의 전체 경험으로부터 시작한다면 우리는 완전히 다른 방향으로 나아갈 수 있다. 물론 과거의 영향을 받으며 미래에 영향을 미친다는 느낌은 아주 모호하다. 하지만 그것을 결코 피할 수 없음 역시 사실이다. 물론 한 사람의 경험의 현재 순간이 무로부터 나왔다거나 그 이전이나 이후와 아무런 관계없이 전적으로 그 자체로만 존재하는 행위라고 생각할 수 있으며 나 역시 이런 생각을 완전히 배제할 수는 없다. 그러나 지금 경험 속에 있는 것 대부분은 다른 것에서 기인했다고 느껴진다. 그 다른 것은 우리 몸일 수도 있고, 바로 직전의 경험 혹은 좀 더 이전의 경험일 수도 있으나 어쨌든 다른 것에서 기인했다고 느껴진다.

예를 들어보자. 당신은 지금 한 문장의 세 번째 단어의 두 번째 음절을 듣고 있다. 당연히 지금 당신이 듣고 있는 것은 한 문장의 일부분이다. 하지만 곧 당신은 당신이 앞선 단어들이나 지금 단어의 첫 번째 음절을 구성하고 있는 소리들을 듣고 있는 것이 아님을 인식한다. 그것들은 현존하지만 현재에 영향을 주는 과거로서 현존한다. 만일 현재의 경험에 과거가 영향을 주지 않는다면, 소리는 들리겠지만 우리는 그 어떤 문장들도 들을 수 없고 심지어 단어들도 들을 수 없을 것이다.

우리 경험의 한 순간이 그 직전의 순간들과 맺는 관계를 어떻게 이해할 수 있을까? 당구공이 다른 당구공을 치는 모형은 서로 외부에 존재하는 자기 완결적인 물건들 사이의 접촉의 모형이기 때문에 도움이 되지 않는다. 대신에 우리가 가져야 하는 모형은 현재 속에 과거의 현존을 말하는 모형이다. 과거는 현재 속에 과거로 현존하지만 그것은 여전히 현재의 중요한 양태(mode)이다. 다른 말로 바꾸면 과거의 경험은 현재의 경험을 구성하는 데 중요한 역할을 한다. 그것은 이전에 있었던 – 이제는 과거가 된 – 경험으로만 있지 않고 현재를 구성하는 기능을 수행한다.

근대철학은 이런 관계성에 거의 관심을 보이지 않았다. 하지만 철저한 경험론자들에게 이 점은 아주 분명하다. 화이트헤드는 그것에 이름을 부여했다. 현재의 경험의 계기(occasion of experience)는 이전 것을 포착한다. 이런 용어는 현재의 계기의 활동을 강조한다. 하지만 이 관계에서 일어나는 것 대부분은 이전의 계기에 의해 결정된다. 그래서 이전의 계기는 현재의 계기를 구성하는 데 인과율적인 효과를 가진다고 말할 수 있다. 이전의 계기는 현재 계기의 어떤 모습들의 원인이 되며, 현재 모습들은 그 결과가 된다.

그 어떤 사건이나 경험도 완전히 다른 사건이나 경험의 결과만은 아니다. 모든 사건이나 경험은 엄청나게 많은 수의 과거의 사건들이나 경험들을 포착하거나 일정 부분 설명한다. 이 포착들 대부분은 사소한 역할을 하지만, 그 모두가 합력하여 우주를 공고하게 만드는 데 공헌한다. 우리 모두는 과거에 있었던 모든 것에 의해 한데 묶여 있고, 또한 미래에 있을 모든 것 역시 우리들과 한데 묶여 있다. 우리 존재는 가면 갈수록 관계적(relational)이 되어 간다.

인과율이 하나가 다른 것과 맺는 관계라는 것을 이해하게 되면, 우리는 또한 어떻게 이런 생각이 근대의 실체 철학(substance philosophy)에서 사라지게 되었는지를 알게 된다. 그 어떤 두 개의 실체들도 같은 시간 같은 장소에 동시에 있을 수 없다. 운동하는 물질로 구성되어 있는 세계에서는 그 어떤 인과율도 있을 수 없다. 화이트헤드는 이런 흐름을 바꾸어 사건들과 경험들의 세계를 보게 했다. 우리의 경험을 잠시 동안만 검토해 보면, 우리들은 이전의 경험들이 그 안에서 중요한 역할을 하고 있음을 본다. 모든 단위 사건들(unit events)이 이와 같다. 양자적 사건들 역시 엄청나게 넓은 양자 사건들의 장이 그 자체를 특정한 위치에서 표현되는 방식으로 이해될 수 있다. 간단하게 말해서 양자적 사건들은 많은 포착들의 통합(a synthesis of many prehensions)이다. 박테리아의 삶의 역사의 모든 계기들 역시 상황은 비슷하다.

나는 **사건들**(events)과 **경험들**(experiences)이라는 두 가지 용어를 사용해왔다. 경험이 곧 사건이라는 것은 쉽게 이해할 수 있다. 그것은 발생하고 곧 사라진다. 하지만 그것은 새로운 경험들 속에 과거의 한 부분으로 현존한다. 그것은 모든 사건들 안에 현존하는 인과율적 관계들의 단서를 제공한다.

사건들 중에는 제2차 세계대전 같이 엄청나게 크고 방대한 사건이 있다. 그리고 그런 큰 사건은 또한 수많은 인과율적 관계들이 들어 있는 수백만 개의 작은 사건들로 나누어질 수 있다. 하지만 이런 분석

과정은 여기까지만 갈 수 있다. 2차 대전을 구성하는 사건들 가운데는 수백억 개의 순간적인 인간 경험들이 들어 있다. 이것들은 단위적 사건들이다. 경험은 절반이 될 수 없다. 아무리 복잡하다고 해도 경험은 존재론적 통일성을 가진다.

물리 세계에서는 한때 원자가 그런 역할을 한다고 여겼지만 이제는 양자들(quanta)이 이런 존재론적 통일성을 가지고 있는 것으로 여겨진다. 양자들은 인간 경험의 계기와 가장 유사하다. 그것들은 과거 사건들에 대한 자신들의 포착들을 통합하여 새로운 양자 사건들을 위한 과거의 한 부분이 된다. 화이트헤드는 철저한 실재론자(realist)였다. 그는 이런 양자 사건들이 인간이 경험했는지 여부에 관계없이 그 자체로 발생한다고 보았다. 이 말은 곧 그것들이 그 자체로 존재하며 또한 그것들이 발생할 때면 그것들이 주체(subjects)가 된다는 말이다. 우리가 주체에 대해 추정할 수 있는 유일한 생각은 그것이 경험이라는 점이다. 따라서 화이트헤드에게는 모든 단일하고 분리될 수 없는 사건들은 경험들이다. 물론 경험들은 아주 다양하며 그것들 대부분은 의식되거나 감각으로 지각되지 않는다. 그것들은 무의식적 정서의 진동들(throbs)로 생각될 수 있다.

내가 지금까지 논의한 포착들은 물리적인 것이었다. 다시 말해 그것들은 다른 경험들이나 사건들의 포착들이었다. 하지만 경험의 새로운 계기들이 단지 이전에 경험한 계기들의 여러 측면들의 통합에 불과하다면, 이것은 다시 결정론적인 시스템이 되고, 이때 인간의 사고와 행위를 이해할 수 있는 길은 없을 것이다. 하지만 화이트헤드는 설명을 포기하기보다는 시도해 보려는 철학 공동체에 속해 있다.

자기 결정(self-determination)과 더 고등한 모든 주관적 능력들을 설명하기 위해 화이트헤드는 물리적 포착 외에 개념적인(conceptual) 포착들이 있다고 말한다. 이것들은 순수한 가능성들 곧 플라톤주의자들이 이데아라고 부르는 것과 비슷한 어떤 것들을 포착한다. 하지만 그것들에 대한 화이트헤드의 사상은 수학적 논리에 기초한 그의 창조적 작업에서 나왔고, 그것은 플라톤이 사용할 수 있었던 어떤 것과도 아주 다르다. 개념적인 포착들은 그것이 과거에 받았던 것들과 대조되는 어떤 것을 만들어 내는 계기를 도입한다. 이것은 정서의 더 강력함을 획득하는 아주 단순한 계기들까지 가능하게 만든다. 대부분의 물리학자들이 **파동들**(waves)이라고 부르는 것을 그는 **진동들**(vibrations)이라고 부른다. 그는 물리적 세계는 진동적 특성을 가지고 있으며, 이 사실은 그 가장 기초적 실체들에 있어서도 대조의 중요성을 증언한다고 말한다.

인간 경험에서, 실현되지 않은 가능성의 인식은 우리로 하여금 실현된 가능성들을 의식하게 만든다. 우리는 어떤 것을 다른 것 아닌 바로 그것으로 경험할 때 의식적이 된다. 이것은 개념적 포착들을 전제할 때 가능하다. 개념적 포착의 데이터는 또한 시각적 경험과 사상에서 중요한 역할을 한다. 화이트헤드는 물리적 포착들과 개념적 포착들이 통합되고 발전되는 방식들을 아주 자세하게 분석하며, 이를 통해 원초적 계기들과 복잡한 계기들 사이의 복잡성의 큰 차이를 설명한다.

각각의 계기의 물리적 포착들은 물리적 극(physical pole)을 형성하고 이 둘의 모든 통합과 함께 개념적 포착들은 정신적 극(mental pole)을 형성한다. 이렇게 함으로써 화이트헤드는 물리적이며 정신적인 극을 구별한다. 하지만 모든 경험 혹은 모든 실제적인 계기는 이런 두 극들의 통합이다. 순전히 물리적 사건들로만 구성되는 것도 없고 순전히 정신적인 사건들로만 구성되는 것도 없다. 여기에 이원성(duality) 혹은 양극성(dipolarity)은 있으나, 이원론(dualism)은 아니다.

인과율은 하나의 실체(entity)가 다른 것들에게 힘을 행사함을 가리키는 말이다. 오늘날까지 사람들은 힘을 어떤 사람이나 어떤 것을 자신이 원하는 대로 외적으로 강압하는 능력으로 이해한다. 이런 생각은 분명히 사건들에 근거를 두고 있다. 한 사람이 당구공으로 다른 공을 겨냥하여 치면 그 공은 당구대 위의 포켓에 들어갈 것이다. 이것은 분명 당구채로 공을 어떻게 쳤느냐에 따라 결정되는 강제적인 것으로 보일 것이다.

인간관계에서도 어떤 사람들은 이런 종류의 힘을 다른 사람에게 행사하기를 원하며 실제로 이런 일들이 일어나는 순간들이 있다. 어린 소녀가 교통사고를 당할 것 같은 순간이면, 그것을 본 어른은 아이의 동의 없이 그녀를 잡아채어 사고를 피하게 할 것이다. 이런 종류의 힘이 필요할 때가 있다. 하지만 그것은 또한 파괴하고 죽일 수도 있다.

데이비드 흄은 외적 세계에 대한 감각 경험에서 이런 종류의 강제적인 힘을 현상들에게 귀속시킬 근거가 없다고 생각했다. 그러나 화이트헤드는 인과율에 대한 현실적인 이해를 회복하기 위해 하나가 다른 것 속에 어떻게 있을 수 있는지를 분석했다. 다시 말해 그는 외적인 관계들에서 내적인 관계들로 관심을 옮겼다. 이것이 모든 인과율의 우선적이며 궁극적인 근거이다.

하지만 우리가 경험하는 일상 세계는 주로 이런 많은 개별적인 것들로 구성되는 것들의 세계이다. 이런 개별적인 것들의 결합이 그것들을 더 큰 전체, 가령 돌멩이 같은 것을 구성한다. 이런 결합들은 내적인 관계들 곧 물리적 포착들이다. 하지만 우리가 창문을 향해 돌멩이를 던지는 결과를 생각해 보면 이런 내적 관계들은 창문이 깨지는 데 간접적인 역할만 한다. 많은 경우에 우리는 외적 관계를 주로 보게 되며 이 점은 과학의 영역에서는 그 자체의 관점에서 다루어질 필요가 있다. 인간관계에서도, 특히 전쟁의 경우에는 이것들이 중요한 역할을 한다.

하지만 사실은 그 모두가 결국 내적인 관계들에서 파생되어 나오는 것이다.

인간관계들에서 우리는 타인들, 즉 매순간 개별적인 경험들(individual experiences)인 타인들을 만난다. 여기에서 우리는 내적 관계들이 직접적으로 작동하고 있는 것을 발견한다. 한 사람의 외양은 한 사람에게 다른 사람에 대한 경험으로 입력된다. 한 사람의 단순한 현존은 다른 사람에게 다시 확정이 되는 것이거나 방해가 되는 것이 된다. 따라서 상대방에 대한 물리적 감정들－화이트헤드는 이를 **인과적**(casual) 감정들이라 불렀다－은 우리 각각을 구성하는 데 중요한 역할을 한다.

인간관계들에서 우리는 상대방에게 다른 종류의 힘을 행사한다. 우리는 때로 사람들이 특정한 방식으로 행동하기를 바라며 그들에게 새로운 아이디어를 주거나 어떤 주제에 대한 그들의 의견을 변화시키려고 한다. 이런 경우에는 그들이 우리를 물리적으로 포착하는 것으로는 충분하지 않다. 그들은 우리의 생각까지 포착해야 한다. 하지만 이 경우에 우리는 우리가 말이나 글이나 모범을 통해 전달한 우리의 생각들을 그들이 물리적으로 포착을 했다 해도 애초 우리의 목적 자체가 성취되리라고 기대하지는 못한다. 그것은 단순한 생각의 포착에 끝날 수도 있기 때문이다. 여기에서 관건은 그 생각이 **어떻게** 느껴지는가이다. 우리는 그것에 영향을 미칠 수 있으나 결정할 수는 없다. 설복(persuasion)은 내적인 관계이다. 하지만 설복은 내적이며 외적인 다양성의 물리적 인과율(physical causality of both the internal and the external variety)과 구별되어야 한다.

4. 화이트헤드의 유신론

화이트헤드는 오늘날의 과학 지식에 부합할 뿐 아니라 인간 경험에 대한 최고의 이해와 연결되는 개념성(conceptuality)을 발전시키는 데 가장 많은 노력을 기울였다. 그리고 그가 이런 관점을 일관되게 전개하게 하는 데 중심적인 역할을 한 것이 인과율에 대한 그의 이해였다. 이 점은 그 자체로 세속화하는 기독교인들에게 아주 중요하다. 하지만 그의 공헌은 여기에서 한 걸음 더 나아간다. 그는 신적인 인과율에 대한 성찰의 문도 열었다.

인과율을 이해하는 유일한 선택들이 흄이나 칸트의 이해밖에 없다면 하나님이 어떤 식으로든 원인이 된다는 생각은 애초에(a priori) 불가능하다. 하나님이 아무런 원인이 될 수 없다면 성경 이야기는 어떻게 되며 창조, 은혜, 성육신은 어떻게 되겠는가? 우리는 그것들에 대해 아무런 말도 할 수 없을 것이다. 기독교를 세속화하고자 하는 사람들은 그들의 믿음의 내용을 주도적인 철학이 허용하는 선에서 재구성하고자 하기 때문에 유신론적인 주장은 결국 주변부적인 것이 되어버렸다. 성경이 말하는 하나님의 행위에 가까운 것들은 모두 세속화하는 기독교인의 글들 속에서 사라졌다.

하나님에 대해 말하는 것이 일정 부분 어렵기 때문에 결과적으로 세속화하는 기독교인들에게는 인간과 역사에 대한 이해가, 한때는 하나님과 인간 영혼이 차지했던, 중심적인 역할의 자리를 떠맡게 되었다. 세상의 창조주 하나님 자리를 개인들의 구원자이자 사회운동의 지도자인 예수가 대신하게 되었다. 이것은 대부분의 경우 진정한 기독교적 세속화라고 할 수 있다. 하지만 이용 가능한 최고의 철학을 진지하게 수용하려는 기독교인들이 하나님과 세계 속의 하나님의 행위에 대한 진지한 논의를 포기해버리자 그들의 과업은 심각하게 약해졌다. 그리고 종교적인 기독교인들은 이 점을 보면서 세속화 전체에 대해 경고를 했다.

화이트헤드가 한 실체가 다른 실체에 효과적으로 현존하는 것으로서의 인과율 개념을 회복함으로써 상황은 바뀌게 되었다. 이런 사고방식은 신약성경이 말하는 주된 인과적 양상과 긴밀히 병행한다. 성경은 하나님이 그리스도 안에 계셨고 그리스도는 모든 믿는 사람들 속에 있으며 믿는 사람들은 또한 서로 서로 안에 있고 또 그 믿는 사람들은 그리스도 안에 있다고 말한다.

화이트헤드의 개념성으로 인해 하나님이 자연세계의 창조주라는 사상 자체도 충분한 의미를 가질 수 있게 되었다. 하나님과 세계 사이에 어떤 인과적 관계가 있음을 거부하는 것은 세계에 대한 무신론적 설명이 유신론적 설명보다 우월해서가 아니라 19세기 전반기의 형이상학 때문이었다. 흄에게 자연법칙들은 연속되는 감각 데이터에 대한 관찰을 추상화한 것에 불과했다. 칸트에게 인간 정신은 자연 및 그 법칙의 창조자였다. 여기에서는 인간 정신과 분리되거나 인간 정신이 존재하기 이전의 세계에 대해서는 아무것도 말할 수 없었다. 그러나 인과율에 대한 현실적인 이해를 제공하는 새로운 형이상학이 나타남에 따라, 하나님의 자리를 자연과의 관계 속에 설정하는 이전의 논리들이 애당초 선험적으로 무시되기보다 다시 검토될 수 있었다.

화이트헤드의 하나님 이해는 기독교 전통에서 주도적이었던 이해와 아주 다르다. 주도적 전통은 하나님이 이 세상에서 일어나는 모든 일들을 전적이며 일방적으로 통제한다고 말했다. 하지만 화이트헤드에게는 모든 사건이 무수히 많은 과거의 사건들에 의해 인과율적 영향을 받음과 동시에 어떤 부분에서는 아무리 작다 해도 자기 결정적인 특성을 가진다. 하나님은 많은 원인적 요소들 중의 하나이며 그 요소들의 하나도 없애지 않는다. 이런 관점은 하나님을 전능한 존재로 보는 이해와 아주 다르다. 하지만 화이트헤드에게서도 하나님의 역할은 다른 어떤 원인적 요소와 달리 본질적이다. 하나님의 내재성(immanence) 없이는 이 세상의 그 무엇도 발생하지 않는다.

전통적인 관점에 의하면 하나님은 불변하며 세상에서 일어나는 그 무엇에도 영향을 받지 않는다. 그러나 화이트헤드의 관점에서는 모든 것이 다른 것들의 포착의 종합(a synthesis of prehensions of other things)이다. 그는 이것이 진정한 하나님이기도 하다고 생각했다. 하나님은 세상 안에서 일어나는 모든 것에 의해 완전히 영향을 받는다.

전통적 관점에 의하면 하나님의 힘(power)은 힘의 형태들이 혼합된 것을 포함한다. 하지만 화이트헤드의 분석에서는 힘의 한 형태, 곧 우리가 힘에 대해 생각할 때 제일 먼저 떠오르는 힘의 형태는 배제된다. 외적인 힘은 눈에 보이지 않는 수많은 사건들을 포함하고 있는 사회들에게만 속할 수 있다. 대상들을 외적으로 움직이는 힘은 하나님에게서 배제된다. 하나님은 그 원래적 의미에서 어떤 것의 밖에도 계시지 않는다. 하나님은 우선적으로 세계의 사건들 속에 질서를 만들어내기 위해 그렇게 배열되어 있는 잠재성들 안에서, 또 그것들을 통하여 세계 안에 내재한다.

화이트헤드가 말하는 질서는 규칙적인 패턴들을 뜻하지 않는다. 세계에서 가장 고도로 조직된 실체는 인간의 뇌일 것이다. 그것은 규칙적인 것으로 간주될 수 있는 그런 반복적인 패턴들로 구성되어 있지 않다. 신경세포들이 극히 복잡하고 때로 비규칙적으로 질서 잡고 있기 때문에 지금 일어나고 있는 가장 가치 있는 사건들 곧 인간 경험들이 가능하다. 잠재성을 질서 잡는 가운데 나타나는 하나님의 목적은 우주에 할 수 있는 한 가장 가치 있는 존재를 가져오기 위함이다. 하나님은 그 목표를 이루기 위한 길들을 우리가 따라오도록 유혹한다(lure).

기독교를 세속화하려는 사람들이 볼 때 하나님을 보는 관점에서의 이런 변화들에는 두 가지 이점이 있다. 첫째로, 그것들은 전체적으로 볼 때 그리스의 영향 속에 초기 교회가 형성했던 전통적인 이해보다 성경적 이해에 더 가깝다. 둘째로, 그것들은 지금 세계에서 일어나고 있는 일과 그 일에 대한 인간의 책임성의 중요성에 관심을 기울이게 만든다. 화이트헤드가 이해한 하나님은 우리가 전해 받은 유신론적인 전통을 세속화하는 것을 강화시킬 수 있는 것이다.

5. 세속주의적 제도들에 대한 함의

앞의 몇 장에서 나는 과학과 고등교육, 경제에서 나타나는 세속주의의 결과들을 비판적으로 다루었다. 그러나 우리가 데카르트의 형이상학(metaphysics)에서부터 윌리엄 제임스가 시작했고 화이트헤드에 의해 충분히 발달된 **새로운 자연주의**(new naturalism)로 옮겨간다면 우리는 다른 결과들을 가져올 수 있다. 나는 이 장의 결론으로서 이런 관점이 과학, 고등교육, 경제에 미칠 수 있는 결과들을 간단히 말하고자 한다.

1) 과학

화이트헤드는 과학자였기에 그의 사상이 과학 영역에서 가져올 변화에 대해서 아주 명확하게 말했다. 우선 그는 아인슈타인의 상대성

이론의 공식들을 받아들임으로 생긴 기하학과 물리학 사이의 구별의 폐기를 다시 원래처럼 구별하고자 했을 것이다. 또한 과학 전반의 이해 가능성과 통전에 대한 탐구를 되살리려 했을 것이다. 실제로 그는 한 번은 기존의 생리 심리학(Physiological Psychology)을 보완하기 위한 심리 생리학(psychological physiology)을 발전시킬 것을 제언했다. 여기에 덧붙여 그는 또한 연구 주제의 범위에 초심리학(parapsychology)을 포함시키려고 했을 것이다.

더 넓게 말하면 그는 기계론적 모형을 유기체적 모형(organic model)으로 대체하고자 했을 것이다. 유기체는 언제나 환경과 상호 작용 속에 있다. 이 말은 더 넓은 환경과 그것이 실체에 미치는 영향에 대한 연구가 실체 그 자체를 이해하는 데 중요하다는 말이다. 때로는 유기체 자체가 더 넓은 환경이 되기도 한다. 가령 세포의 분자에 대한 연구는 기계론자들이 하듯이 그 각 부분들에 대한 연구뿐 아니라 세포의 한 부분으로서 연구할 필요가 있고, 그렇게 함으로써 세포 수준에서 일어나는 것에 의해 받는 영향 역시 연구할 필요가 있다. 만일 그 세포가 뇌의 한 부분이라면, 과학은 전체로서의 뇌가 그것에 영향을 미칠 때 어떤 일이 일어나는지를 고려해야 한다. 물론 뇌 역시 몸의 한 부분이며, 그 몸 역시 전체 심리생리적인 유기체 전체의 한 부분이며, 후자는 또한 가족의 한 부분이기 때문에 그런 맥락에서 더 큰 환경의 부분들로 계속 연구되어야 한다. 기계론적 모형은 세포와 뇌와 신체에 대한 지식을 세포에 대한 지식과 신체를 벗어난 세포의 행동에 대한 지식에 근거해서 축적해왔다. 화이트헤드에 의하면 그런 영향이 양방향으로 이루어지는 것을 보는 것이 중요하다. 그는 동물의 행동을 연구하는 일부 학생들이 야생 상태의 동물들과 실제로 함께 살았다는 점을 기쁘게 생각했을 것이다. 그는 야생 상태의 동물들과 우리에 갇혀 있는 동물들 사이에 분명한 차이가 있으며, 그 차이는 행동에서 가장 크게 보이겠지만 동시에 그 내적인 신체 기능에서도 차이가 있을 것이라고 예상했을 것이다.

그렇다고 해서 화이트헤드적인 과학이 자연에서 발생하는 많은 부분이 역학적인 특성을 가지고 있음을 부인하지는 않는다. 때로 화이헤드는 그의 관점을 **유기체적 역학**(organic mechanism)이라 부르기도 했다. 그는 과거의 성취들을 집어던져버리려고 하지 않았다. 뉴턴의 물리학은 일부 수정할 부분을 제외하면 올바르다. 그리고 그 사용의 많은 부분에서 수정할 부분은 그렇게 중요하지도 않다. 우리가 피해야 하는 것은 뉴턴(혹은 이 점에서 아인슈타인도 마찬가지이다)의 성취가 완벽하다고 보면서 그의 원리들에 부합되지 않는 현상들은 무시하거나 거부하는 태도이다. 과학 이론들은 가정들이며 언제나 가정들로 있을 수밖에 없다. 과학자들은 그 가정들이 다른 이론들에 잘 들어맞고 그들이 발견한 사실들에 부합하는 한, 그것들을 가지고 작업해야 한다. 하지만 그들은 다른 형태의 전통에서와 마찬가지로 과학 역시 과학절대주의라는 종교성에 빠지지 않도록 조심해야 한다. 이 점에서 과학자들의 점수는 그리 좋지 못하다.

2) 고등교육

새로운 자연주의를 옹호하는 사람들은 교육에 대해 많은 글을 썼다. 존 듀이(John Dewey, 1859-1952)의 저서들은 대학에는 큰 영향을 미치지 못했으나 아동교육 부분에는 큰 영향을 미쳤다. 교육에 관한 화이트헤드의 저서 역시 낮은 학년의 교육에서는 좀 더 진지하게 고려되었다. 실상 새로운 자연주의자들(new naturalists)은 고등교육의 문제는 많이 다루지 않았다. 그럼에도 불구하고 그 수준에서 필요한 변화를 지적하기는 어렵지 않다.

지식을 학문 분야에 따라 구획화한 것은 연구에 큰 도움을 주었지만 동시에 중요한 주제들과 중요한 상호연관성들을 놓치게 했다. 어쨌든 고등교육의 주된 목적이 연구가 되어서는 안 된다.

대학들은 이 사실을 이미 여러 경로로 인식하게 되었다. 오늘날 대학 업무 중 많은 부분은 연구보다 학생들이 직업을 얻도록 훈련하는 것이 되었다. 이것은 파이를 조금 다르게 자르는 것에 불과하며, 그 가운데 시장이 점차 중요한 역할을 하고 있다. 오늘날의 대학은 학생들이 돈을 내고 듣고 싶어 하는 과목들을 주로 개설하고 있으며, 이 점은 자격증에 대한 요구가 증가한 것과 상당부분 연관되어 있다. 오늘날의 학문적 통전은 곧잘 그 분야를 실제로 실천하고 있는 사람들에 의해 이루어지고 있으며, 이로 인해 정확성과 진리에 대한 개방적인 탐구는 어느 정도 유지되고 있다.

하지만 진정한 교육을 위해서는 사실들만큼이나 사실들 사이의 관계가 중요하다. 또한 정확한 사실만큼이나 사실들과 개인적이며 사회적인 삶과의 연관성(relevance)이 중요하다. 또한 오늘날은 모든 종류의 사실들과 인간의 운명 사이의 연계성(connection)이 지극히 중요하다. 인간의 가치와 분리된 객관적인 정보는 진정한 교육의 내용이 될 수 없다.

철저한 경험론자들은 학생중심적 교육을 옹호한다. 이 말은 대학들이 학생들에게 더 많은 선택권을 주는 것을 의미하지 않는다. 그것은 사람들이 배우는 방식과 개인과 사회의 진정한 필요에 대한 성찰이 고등교육을 비롯한 교육 전체에 반영되어야 한다는 뜻이다.

이런 협력이 어떤 구체적인 결과를 낳을지에 대해서는 예측할 수 없다. 하지만 한 가지 확실한 점은 그것이 고등교육과 직업훈련을 분리시킬 것이라는 점이다. 물론 연구와 마찬가지로 직업훈련도 중요하지만 그것이 고등교육의 중심이 될 수는 없다.

이렇게 되면 고등교육은 인문대학들의 특징적인 모습으로 돌아가게 될 것이다. 사려 깊고 책임 있는 사람들이 마땅히 알아야 하는 좀 더 넓은 영역들을 구체화하는 노력이 필요할 것이다. 학과목들은 그 영역의 연구를 위한 개론을 제시하기보다 바로 필요한 정보를 제공할 수 있도록 설계되어야 할 것이다. 가령 생물학의 경우 어떤 과목은 학생들이 생태학, 동물학, 그리고 인간 건강의 관점에서 세계에서 어떤 일이 일어나는지를 이해하도록 설계될 수 있을 것이며, 또 다른 과목은 상위 단계의 학생들이 실재 전체를 조감하는 데 도움을 주는 생명 현상을 과학적으로 공부하도록 구성될 수 있을 것이다. 이런 과목들과 다른 영역들에서의 비슷한 과목들은 화이트헤드가 **로맨스**(romance)라고 부른 교육 단계에 부합된다고 할 수 있다. 그들은 학문 영역들 사이의 상호연관성들을 강조하는 방식으로 배울 수 있을 것이다. 학생들은 상호 학습을 통하여 연관될 수 있을 것이다.

화이트헤드는 또한 **정확성**(precision)의 중요성을 말했다. 학생들은 교육과정 중에 그들이 진지하고 충분한 주의를 기울이도록 준비된 어떤 주제를 찾을 수 있을 것이다. 그것은 모든 영역에서 가능하고 때로는 일반적인 학문 영역의 범주를 넘어서도 가능할 것이다. 그러나 그것은 중요한 주제여야 할 것이다. 학생은 선택한 주제를 정복하는 데 필요한 시간을 충분히 가져야 할 것이다. 예를 들어 어떤 학생이 산업의 확장이 어떻게 전 세계의 생태시스템을 위협하고 있는지, 또 이 문제를 어떻게 공론화해야 하는지에 지대한 관심을 가지고 있다고 하자. 그녀는 중국 남부에서 이 문제를 연구하기로 결정할 수 있을 것이다.

이런 경우 정확성을 획득한다는 것은 생물학의 범주에 완전히 포함되지는 않을 것이다. 거기에는 경제적 실천들, 문화적 민감성들, 정치적 정책들, 그리고 인구 동태 등의 문제 역시 포함될 것이다.

그녀는 이 문제를 분석하는 과업이 그녀 혼자 하기에는 너무 복잡함을 알게 될 것이다. 학교 역시 실제 세계의 문제에 대한 이런 진지한 연구가 한 학생이 다루기에는 너무 방대함을 인식하고 다른 학생들에게도 함께 연구할 것을 독려하면서 그 모두에게 세부 과제들을 주고 또한 통일된 결론들과 제언들을 산출할 수 있도록 서로 연락하도록 할 수 있을 것이다. 이런 과정을 통해서 학생들은 개인적 연구의 한계들을 알게 되고 함께 하는 연구의 이익과 필요성, 그리고 그것이 가져오는 다른 어려움들을 알게 될 것이다.

학생시절 프로그램의 상당 부분을 이런 연구에 보냄으로써 그녀는 책임 있는 연구를 하는 것이 무엇인지 알게 되고 또한 다른 사람의 결론 중 신뢰할 것이 무엇인지를 분별하게 될 것이다. 학과의 관심에 의해 이루어지는 연구가 실제 세계의 필요에 간접적으로만 연관되는 반면, 실제 세계의 문제와 연관하여 정확성을 탐구하는 경험을 한 학생은 현재의 위기를 다루는 데 문제를 정확하게 포착하는 것이 왜 중요한지를 이해하게 될 것이다. 이런 종류의 진지한 연구에 한 번이라도 종사한 학생은 삶의 환경이 그것을 요청하게 될 때 다시 한 번 이런 일을 할 수 있을 것이다.

마크 테일러(Mark C. Taylor)는 "우리가 알고 있는 대학의 종말End the University as We Know It"(New York Times, 2009년 4월 27일)이란 글에서 학과 구분을 폐기할 것과 문제 중심적 프로그램들에 따라 대학 교수들을 재조직화하고 그때그때의 필요에 따라 이를 계속해서 재구성하고 재조직화할 것을 제언했다. 이렇게 한다면 앞에서 서술한 종류의 학생 경험을 하는 데 큰 공헌을 할 수 있을 것이다. 그것은 또한 연구의 방향을 정말 필요한 부분으로 재조정하게 할 것이다.

화이트헤드는 세 번째 단계인 **일반화**(generalization)를 요청했다. 이 단계에서는 첫 번째 단계의 로맨스와 두 번째의 학자적 엄격성의 통합이 이루어진다. 그 질문은 이러하다. 로맨스의 단계에서만 다루어진 것에 대한 더 깊은 평가를 허용하는 그 정확성의 일을 통해 학생들이 배운 것은 무엇이었는가? 오직 일반화를 통하여 우리들은 정확한 학문성의 결과들의 진정한 의미와 중요성을 발견하게 된다.

중세 전통에서는 학생들이 삶에 감사할 줄 알고 사회의 지도자가 되도록 배운 다음에야 전문 훈련을 받았다. 그 전문 영역들은 의학, 법학, 신학이었다. 그런데 오늘날은 비즈니스의 지도자들이 곧잘 사회의 인도자들로 여겨지고 있기 때문에 이런 영역에서도 진정한 전문적인 프로그램이 운영되어야 할 것이다. 이외에도 도시를 인도하고 공공정책을 결정하는 사람들과 여러 형태의 기구들을 운영하는 사람들 역시 전통적인 의미에서 전문가들이 되어야 할 것이다. 법학의 경우에는 법을 실천하는 사람들과, 법의 본성과 사회에서의 역할 그리고 그것을 언제, 또 어떻게 바꾸어야 하는지를 이해하기를 원하는 사람들을 구별해야 할 것이다. 이 두 가지 중 후자를 담당하는 사람들은 전문가를 위한 프로그램을 습득해야 할 것이다.

3) 경제

경제적 사고는 국내 정책과 국제 정책들에 아주 광범위한 영향을 미치기 때문에 반드시 변화되어야 한다. 오늘날 그것의 목표는 성장으로서 경제지상주의는 끊임없는 경제성장을 지향한다. 하지만 우리는 경제의 목표를 인류의 지속가능한 행복(sustainable well-being)과 전 지구적 생태시스템(global ecosystem)의 유지에 두어야 한다. 연구에 따르면 경제가 성장해도 인간의 행복은 거의 늘어나지 않으며 오히려 경제성장이란 이름으로 정당화되는 정책들이 대개의 경우 행복을 감소시키고 있다. 따라서 경제이론은 완전히 바뀌어야 한다. 진정한 행복은 오늘날의 표준적인 경제적 사고가 무시하거나 거부해온 대인 관계들에서 발견된다.

이 말은 시장 활동을 증가시키는 것이 애초에 악하다는 말이 아니라, 성장이 국가나 국제기구들의 주된 목적이 되어서는 안 된다는 말이다. 오히려 사람들과 전체 생명시스템의 행복이 그 목적이 되어야 한다. 성장이 이런 행복을 증진시킬 수 있다면 그것은 제 역할을 하고 있는 것이다.

경제활동을 증가시키는 두 가지 방식이 있다. 하나는 간디(Gandhi, 1869-1948)가 채택한 방법이며 많은 비정부기관들이 선택하고 있는 방법이기도 하다. 이것은 공동체들이 그들의 생산물을 증가시키도록 돕는 방법이다. 간디는 농사일이 그렇게 많지 않을 때 재봉기계들을 농촌에 도입해야 생산이 올라갈 수 있다고 생각했다. 다른 사람들은 적정 기술(appropriate technology)에 대해 말했다.[2] 이들에 의하면 그 물건을 쓰는 사람들이 자기들이 원하는 변화를 결정할 수 있어야 하고 또한 그들에게 제공되는 기구들을 사용할 수 있어야 한다. 공동체 발전에 대한 이런 접근은 마을에 더 많은 재화와 서비스를 제공할 뿐 아니라 마을 사람들 사이의 관계도 진작시킨다. 철저한 경험주의에 헌신한

---

[2] 역자주: 적정기술이란 태양열을 이용한 밥솥처럼 단순하지만 효율적인 기술로서, 화려한 신기술을 사용할 형편이 되지 않는 빈곤국가의 사람들을 위해 연구되고 있다.

사람들은 이런 종류의 발전을 선호한다.

다른 종류의 발전은 오늘날 주도적인 것이다. 경제성장은 노동이 가장 효율적인 방식으로 조직될 때 가장 빠르게 이루어지기 때문에 여기에서는 농경과 공장의 생산물을 산업화하는 것이 목표가 된다. 이런 관점에 의하면 농촌 인구의 많은 부분은 농경 기계와 화석 에너지로 대체되어야 하고 남는 노동력은 공장 노동자로 전환되어야 한다. 하지만 이런 인구의 대규모 이동이 가져오는 인간관계의 파괴는 거의 고려되지 않으며, 이로 인한 거대한 산업 도시들의 빈민가 공동체들이 전통적인 공동체들보다 훨씬 열악하다는 것도 고려하지 않는다. 유일한 관심은 더 많은 재화와 서비스가 생산되고 소비되는 데만 있다. 생명계의 파괴와 자원의 고갈, 그리고 이런 정책들로 인한 광범위한 오염에 대해서도 별로 주의를 기울이지 않는다. 철저한 경험론자들은 경제지상주의를 지구와 그 안의 모든 생명들에게 재앙으로 이해한다.

10장

미국의 세상 변혁적인 기독교

1. 전 지구적으로 전통들을 세속화하기

나는 앞 장들의 많은 부분에서 세속주의적인 운동들과 그 조직체들에 대해 부정적인 평가를 내렸다. 그 이유는 이런 운동들과 조직체들이 세계가 직면하고 있는 위기에 제대로 응답하도록 인도해 주기를 원하는 사람들의 기대에 부응하지 못하고 계속 실패하고 있기 때문이다. 그런데 이런 실패는 개별적인 조직체들 각각의 약점 때문은 아니다. 하나씩만 생각해보면 그 중 많은 것들은 도움이 된다. 하지만 세속주의는 재앙이다.

세속주의의 대안으로 가장 눈에 띄는 것은 종교이다. 세속주의가 발흥하여 과학과 철학, 그리고 대학과 경제의 모든 부분을 주도하게 되었음에도 종교는 여전히 인간사에서 중요한 역할을 하고 있다. 그렇다면 종교가 희망이 될 수 있을까? 슬프게도 그렇지 못하다. 오늘날 주로 사용되는 의미로 보면 더 많이 종교적이 될수록 사람들은 자신들의 믿음과 관행의 우월성을 더 많이 주장하며 그들의 제도들과 공동체들의 성장에만 주로 헌신한다. 심지어 그들 전통들의 창시자들이 비폭력을 말했음에도 불구하고 그들은 이런 목적들을 달성하기 위해 때로 폭력을 사용할 준비가 되어 있다.

종교성은 상황이 엄청나게 바뀌었음에도 불구하고 기존의 도덕규범들과 문화적 실천들을 그냥 고수하려는 인간의 깊은 열망과 연관되어 있으며, 이때 고수되는 전통들의 대부분은 인간중심적이다. 하지만 오늘날 인류를 위한 희망은 생명계(biosphere)와 우리가 깊이 연관되어 있다는 아주 다른 감각을 발전시킬 수 있느냐 여부에 달려 있다. 이런 종교전통들은 가부장적이다. 하지만 가부장제는 사회를 자기파괴적인 방향으로 이끌어 가고 있다. 많은 종교적 믿음들은 문제가 전 지구적인 상황에 있음에도 사람들을 내면에 몰입하게 만들며, 하나님의 인도하심 가운데 책임적으로 행동해야 할 때 신적 개입(divine intervention)으로 문제들이 다 해결될 것이라는 약속만 제공한다.

하지만 보통 종교들이라고 불리는 위대한 길들 속에는 다른 요소들이 들어 있다. 고대 인도의 현인들은 사람의 몸과 마음의 움직임을 잘 파악했고 구체적인 연습과 훈련을 통하여 인간의 심리적, 정신적, 영적인 조건을 향상시킬 수 있음을 보여주었다. 고대 중국은 올바른 사회 구성과 개인의 인격적 성숙을 함께 도모할 수 있는 길에 대해 말했으며 문화와 자연의 올바른 관계에 대해서도 아주 심원한 지혜를 보여준다.

고대 그리스인들은 탐구 방법과 사상 검증 방식을 발전시켰다. 그들은 정치 철학, 윤리, 과학, 수학을 만들어냈고 인류 역사에서 유래가 없을 정도로 무엇이 진실로 존재하는지에 대한 깊은 지성적인 질문들을 던졌다. 고대 히브리인들은 그들 자신과 역사를 하나님 앞에서 검토했고 그 결과들을 다양하고 중요한 여러 방식으로 표현했다. 그들은 사건들의 의미들을 발견했고 그들이 이해한 하나님의 뜻과 인간사에 실제로 일어나는 사건들을 비교했으며, 이로 인해 그저 정치와 경제가 주도하고 있는 것 같은 세상에서 어떻게 하나님이 원하시는 삶을 살아갈 수 있는지에 대해 말할 수 있었다.

이런 모든 전통들 속에 있는 지혜는 사람들의 종교성을 교정하고 도전했다. 비록 전통적인 길들을 세대에서 세대로 전수해온 제도들과 문화들 속에는 종교성이 많이 들어 있으나, 이 사실조차도 지혜를 가르쳤던 사람들을 존경하도록 이끌어갔다. 결국 이런 지혜는 영향력을 가지면서 전통의 한 부분이 되었으며 종교적 성향들과 상당한 긴장 가운데 공존하게 되었다.

때로 지혜의 요소들은 종교 안에 너무 깊이 함몰되어 진정으로 해방하고 힘을 주는 방식으로 기능하지 못하기도 했다. 하지만 새로운 지도자들이 이 모든 전통들 속에서 계속해서 나타나 이전의 지혜를 구별하고 강조하면서 그것을 세상을 변혁하는 방식, 곧 세속화하는 방식으로 사용했다. 이런 사람들은 분명코 세속주의자가 아니다. 그들은 오랫동안 인간 경험의 한 부분이었던 것을 비판적이며 합리적으로 불러내고 발전시킨다. 그들은 즉각적인 경험이나 이성적 추론에 근거해서만 지혜를 구성하려고 하지 않는다.

이 책은 세속화하는 기독교의 잠재 능력을 믿고 확신한다. 하지만 세속화하는 기독교인은 이와 비슷한 과정들이 일어나고 있는 다른 위대한 길들에 대해서도 고맙게 여긴다. 이처럼 전통을 세속화하는 예를 20세기에 찾아본다면 가장 인상적인 것으로 간디(Gandhi, 1869-1948)의 사상과 삶을 말할 수 있을 것이다. 그는 힌두교를 세속화했지만 힌두교 밖의 사상가들의 영향, 특히 예수의 영향을 받아들이는 데 결코 부끄러워하지 않았다. 세속화하는 기독교인 역시 이렇게 한다. 스리랑카의 불교 지도자 아리야라트네(A. T. Ariyaratne, 1931-)는 간디의 영향을 받아들여 불교 공동체의 세속화하는 잠재능력을 표현하고 있다. 한 전통이 세속화되면 다른 전통의 세속화에도 큰 도움을 줄 수 있다.

한 전통을 세속화하는 것은 그것이 인간과 인간 사회의 진정한 문제들과 씨름하여 창조적으로 치유하도록 하는 것을 의미한다. 이렇게 하기 위해서는 먼저 전통들 속의 지혜를 종교성이 유발한 왜곡으로부터 해방시켜야 한다. 이런 왜곡들은 오늘날 정말 필요한 것에 관심을 쏟지 못하게 만들며, 비판적으로 새롭게 검토해야 하는 전통들 속의 요소들을 그냥 고수하게 한다.

하지만 전통을 세속화하는 것은 그 모든 종교적 실천들과 신념들을 그냥 버리는 것을 의미하지는 않는다. 간디에게 힌두교의 실천과 신념들은 중요했다. 그는 이것들을 수억 명의 인도인들과 공유했기에 군사적 혁명 없이도 그들이 인도의 독립에 참여하게 했다. 전통들을 세속화하는 사람들은 그들 자신의 종교적 측면들과 함께 이런 전통들을 진지하게 취급한다.

이런 세속화 과정에 참여하는 사람들 역시 완벽하지 않기 때문에 비판의 대상이 될 필요가 있다. 간디 역시 종교적 숭배의 대상이 되자 그것은 세속화의 계속되는 과정을 억압하게 되었다. 존경하고 따르는 것은 좋지만 무비판적이 되어서는 안 된다. 가장 위대한 세속주의자들도 우리 보통 사람들처럼 약점이 있다. 하지만 그들은 자신들의 전통들에 의해 추동되어서 열정과 확신을 가지고 실제 세계 속에서 모두가 행복하게 살 수 있다고 생각한 것을 향해 헌신적으로 나아간 사람들이다.

2. 세속화하는 기독교인들

서구의 세속주의자들의 입장에서는 세속화하는 힌두교인들이나 불교인들을 받아들이는 것이 세속화하는 기독교인들을 받아들이는 것보다 쉬울 것이다. 기독교를 기독교적 종교나 그로 인한 기독교에 대한 극히 부정적인 관점과 동일시함으로 인해 서구의 많은 세속주의자들은 세속화하는 기독교인들의 훌륭한 행동들을 기독교에서 기인하기 보다는 세속적 영향 속에 이루어진 것이라고 보려고 한다. 때로 이런 판단이 옳은 경우도 있다. 어떤 기독교인들은 그들의 신앙에서가 아니라 계몽주의의 직접적인 영향 가운데 선한 일을 행하기도 했다. 하지만 그들의 신앙 때문에 이런 행동을 하는 사람들도 많이 있다.

가령 마틴 루터 킹(Martin Luther King, Jr., 1929-1968) 목사를 생각해 보자. 그는 간디의 탁월한 제자였다. 간디가 힌두교 전통에 깊이 뿌리 박고 있으면서도 예수의 가르침에 큰 영향을 받았듯이, 킹 목사 역시 기독교 전통에 뿌리박고 있으면서도 간디를 공부했고 그로부터 많은 좋은 것을 배웠다. 그는 수백만의 미국의 흑인들과 나누었던 기독교 신앙으로 인하여 정의를 향한 비폭력 운동에 헌신하는 수많은 사람들에게 힘을 줄 수 있었다. 더 나아가 그는 자신의 기독교 신앙으로 인하여 억압당하는 많은 흑인들의 삶의 수준을 향상시키는 정도를 넘어서 미국인 전체, 특히 가난한 사람들의 복지를 만들어 내는 운동을 이끌 수 있었다. 그는 기독교 신앙으로 인하여 베트남 전쟁에 반대하는 것이 흑인 민권운동을 약화시킬 것이라는 조언에도 불구하고 베트남 참전 반대를 분명하게 표현했다. 그는 유럽과 미국의 공동체들과의 연관을 계속 유지하기 위해 미국의 건국 문서들에 깊이 새겨져 있는 계몽주의적 원리들에 호소했지만 그가 선택했던 주된 원리들은 모두 성경적 신앙에 충실하고자 한 결과였다.

넬슨 만델라(Nelson Mandela, 1918-2013)에게서도 세속화하는 기독교인의 또 다른 성취의 예를 볼 수 있다. 그의 영과 확신은 남아프리카 공화국이 비폭력적인 방식으로 새롭게 되는 것을 가능하게 했다. 이 점에서는 드 클러크(F. W. de Klerk, 1936-)[1] 역시 공헌한 바가 있다. 또한 카이로스 문서(the Kairos document)[2]를 작성한 세속화하는 기독교인들과 개혁교회 세계연맹(the World Alliance of Reformed Churches)[3]이 인종분리를 지지하던 남아프리카 공화국의 백인 깔뱅주의 교회를

---

1) 역자주: 클러크는 남아프리카공화국의 백인 대통령으로 인종차별정책(아파르트헤이트)을 철폐하고 넬슨 만델라를 석방함으로써 이 나라의 민주화에 공헌했고 그 공로로 뒤에 넬슨 만델라와 함께 노벨 평화상을 공동으로 수상했다.
2) 역자주: 카이로스 문서는 남아프리카 공화국의 흑인 신학자들이 그 나라의 인종차별을 하나님 앞에 죄 된 것이라고 선언하고 비판한 문서이다. 1985년 7월 21일 발표된 이 문서는 전체 5장으로 되어 있고 인종차별주의, 자본주의, 전체주의를 정당화하는 국가 신학과 그것을 암묵적으로 수용하는 교회 신학을 강한 어조로 비판하면서 예언자적 신학이 필요함을 말했고 남아프리카 공화국뿐 아니라 전 세계적으로 큰 논란을 불러 일으켰다.
3) 역자주: WARC는 세계 200여 개혁교회들의 연맹 조직. 개혁교회의 단합을 강화하고, 개혁주의 전통을 지속적으로 재해석하며 평화와 정의, 인권, 환경 보존, 공동체 통합, 종교간 대화를 위해 일하는 것을 목표로 하고 있다. 1875년 유럽과 북미의 21개 장로교회들이 모여 장로 제도를 채택하고 있는 세계 개혁교회들의 연맹을 수립함으로 시작되었다. 1891년 런던에서 제1회 국제 총회를 개최했고 1948년에는 본부를 영국 에든버러에서 스위스 제네바로 옮겼다. 1970년 케냐 나이로비에서 장로교회와 회중교회가 합쳐 개혁교회 세계연맹을 결성했다. 1982년 캐나다 오타와에서 열린 제21회 총회에서 남아프리카공화국의 인종분리 정책을 하나님 앞에서 죄된 것으로 규정하고, 이를 정당화하려는 신학적 시도를 이단으로 선언했다. 1989년에는 서울에서 총회를 열기도 했다. 2010년 6월 개혁교회 전통을 표방해온 또 하나의 세계기구인 개혁주의 에큐메니칼 협의회와 통합해 세계 개혁교회 커뮤니언(The World Communion of Reformed Churches, WCRC)을 창설했다. 커뮤니언은 로마 카톨릭 교회와 동방 정교회 다음으로 세계에서 세 번째로 큰 기독교 단체로서 전 세계 108개국에서 230개 개신교회와 8000만 명 이상의 기독교인들이 포함되어 있다.

그 협의회에서 축출한 것이 남아프리카 공화국의 변화를 이끌어 내는 데 중요한 역할을 했다.

미국의 대통령을 역임했던 지미 카터(Jimmy Carter, 1924-) 역시 그의 세속화하는 기독교 신앙으로 인해 대통령직을 수행하는 힘과 방향을 얻었다. 그가 대통령으로 있던 동안 그는 이스라엘과 이집트 사이에 평화를 가져오는 데 큰 공헌을 했는데 이런 성취는 그의 신앙이 반영된 결과였다. 어떤 점에서 그는 크게 성공하지 못한 대통령일 수 있다. 하지만 대통령 퇴임 후 그가 한 일은 전 세계적으로 존경받고 있다.

도요히코 가가와(賀川 豊彦, Toyohiko Kagawa, 1888-1960)는 청년 시절에 세속화하는 기독교 신앙을 받아들였고 그 신앙이 부르는 대로 일본을 변화시키는 데 일생을 바쳤다. 그는 노동자들의 삶을 향상시키려는 노력 가운데 계속해서 투옥당했다. 하지만 그는 일본 노동조합을 결성하는 데 성공했고 일본 사회당의 설립자로 여겨지고 있다. 그는 모든 남자들이 투표권을 행사할 수 있도록 했고 뒤에는 여성들의 참정권을 위해서 노력했다. 그는 학교와 병원들을 세웠고 평화운동에 깊이 헌신했으며 일본군국주의에 반대했다. 그는 중국에 대한 일본군국주의의 승리가 한창이던 1940년에 중국을 향해 일본 침략을 사과한 죄로 체포되었다. 그는 일본의 도시들에 원자탄을 떨어뜨린 미국의 행위를 비판했고, 이로 인해 일본을 점령한 관리들은 그를 의심스러운 눈으로 보았다.

세속화하는 기독교인들이 공적인 영역에서 행한 일들 외에도 많은 사람들이 특정한 영역들에서 주요한 공헌을 했다. 미국에서 가장 많이 착취를 당한 사람들은 농장노동자들이다. 세사르 차베스(Cesar Chavez, 1927-1993)는 세속화하는 로마 카톨릭 기독교인으로서 그들의 존엄성과 인권을 위해 투쟁했다. 그는 돌로레스 휴오레타(Dolores Huerta,

1930-)와 함께 농장노동자 연합을 결정하고 인도했다. 그는 킹 목사에 비해 훨씬 성공하지 못했지만 농장노동자들에 대한 착취 실태를 미국 대중들이 깨닫도록 했고 이 점에서 중요한 승리를 거두었다. 그의 정신이 이 운동을 계속하도록 했던 것이다.

도로시 데이(Dorothy Day, 1897-1980)는 지금도 전 세계에 걸쳐 그녀의 헌신을 계속 보이고 있는 카톨릭 노동운동의 설립자였다. 그녀는 교회 밖의 억압당하는 사람들에게 깊은 열정을 보였다는 점에서 앞에 언급한 사람들과 다소 달랐다. 그녀는 이런 열정을 교회로 가지고 들어왔고 그것을 카톨릭의 사회적 가르침과 통합했다. 킹 목사와 차베스처럼 그녀는 비폭력적인 저항운동에 헌신했고 오늘날에는 성녀로 간주되고 있다.

1942년에 침례교 목사인 클라렌스 조단(Clarence Jordan, 1912-1969)은 오직 신약성경의 삶의 원리대로만 살고자 하는 코이노니아 농장(Koinonia Farms)이라 불린 공동체를 조지아 주 남쪽에 세웠다. 이 공동체는 당시의 인종차별적 문화에 대한 증언으로서 여러 인종이 모여 함께 살았고, 인간관계에서 폭력을 사용하는 데 반대하여 평화주의를 선택했다. 그것은 또한 사회가 압도적으로 사유재산을 추구하는 데 저항하여 그 구성원들 사이에 모든 자원을 공유하는 공산주의를 채택했다. 조단이 시작한 운동의 한 결과는 집 없는 사람들을 위해 집을 지어주는 해비타트 운동(Habitat for Humanity)으로 나타났다.

프랑크 라우바흐(Frank Laubach, 1884-1970)는 필리핀의 개신교 선교사였다. 아주 영적인 사람이었던 그는 영향력 있는 상당히 신비주의적인 경건 서적들을 저술했다. 그는 문맹자들을 가르치는 방법을 개발함으로써 국제적인 명성과 영향력을 얻었다. 그는 읽기를 배운 사람들이 그렇지 못한 사람들을 가르치는 책임을 지도록 했다. 이 방법을 통하여 적어도 육백만 명의 사람들이 글을 읽고 쓸 수 있게 되었다.

이러한 예는 스포츠 세계에서도 찾을 수 있다. 스포츠에서는 오랫동안 흑백 분리가 유지되었다. 브랜치 리키(Branch Rickey, 1881-1965)는 감리교의 사회 변화 가르침에 감화를 받아 인종분리정책에 반대하였다. 오하이오 웨슬리안 대학의 야구 코치였던 때, 그는 미국 남부지역에서 경기할 때 흑인 선수들을 선수 명단에 넣지 않는 관례에 저항했다. 뒷날 그가 다저스 팀의 회장이 되었을 때 그는 메이저 리그에서 군중들의 야유를 견뎌낼 담력을 가진 흑인 선수를 찾았다. 감리교회의 도움을 통해 그는 흑인 선수인 재키 로빈슨(Jackie Robinson)을 발견했고, 그 이후 스포츠 세계에서의 인종분리는 사라지게 되었다.

많은 세상변혁적인 기독교 활동가들이 공적으로 알려졌지만 동시에 남모르는 곳에서 그런 일을 한 수많은 사람들이 있다. 그런 사람들 중 몇 명을 열거한 것은 내가 그저 추상적인 가능성들이나 이상적인 인물들에 대해 말하는 것이 아니며, 또한 이런 운동이 결코 하찮은 것이 아님을 명확히 보여주기 위해서이다. 비록 지난 몇 십 년 동안 현저하게 눈에 뜨이는 것은 기독교의 종교적인 모습들이었지만 세속화하는 기독교의 형태는 여전히 남아 있다. 기독교의 길은 여전히 수백만의 사람들에게 영감을 주어, 인류의 공동선을 이루는 노력을 하게 만들며 더 나아가 지구 전체를 위하여 일하도록 하고 있다.

3. 세속화하는 교회들의 등장과 쇠퇴

계몽주의는 그 의미상 노예제도에 반대하지만, 이런 계몽주의적 이상은 실제적인 행동으로 나타나지는 않았다. 미국 건국의 아버지들은 계몽주의의 깊은 영향을 받았고 이런 이상들을 그들의 문서를 통해 표현했다. 하지만 노예 소유주들은 노예들을 해방하지 않았다. 그 모두는 그들이 더 중요한 목표들이라고 생각한 것들을 위해 노예문제를 적당히 타협했다. 미 헌법은 이상들을 확언하면서도 현상유지와 적당히 타협했다. 계몽주의적 믿음은 그 자체로는 의미 있는 노예해방운동을 유발하지 않았다.

하지만 경건한 복음주의자 윌리엄 윌버포스(William Wilberforce, 1759-1833)의 노력으로 인하여 영국의 노예무역은 종결되었다. 미국의 경우에는 퀘이커 교도였던 존 울만(John Woolman, 1720-1772)이 이 운동에 깊이 헌신했고 계몽주의의 후예들 중 그처럼 열정적으로 여기에 참여한 사람은 아무도 없다. 그가 퀘이커 교도들에게 미친 영향이 없었다면, 흑인 도망자들을 위한 지하 수송 열차(Underground Railway)는 결코 존재하지 못했을 것이다.

노예 문제로 미국은 분열됐고, 기독교인들은 국가적 분열과 현상유지 사이에서 논쟁했다. 교회 안의 논쟁들은 일반 대중의 경우보다 훨씬 강렬했다. 한편으로는 성경이 노예제도를 용인하고 있다는 점에서 이를 종교적으로 옹호하는 사람들이 있었다. 다른 한쪽에는 강력한 노예 반대운동이 있었다. 후자에 속한 사람들은 세속화하는 기독교에 근거하여 신약성경이 노예제도를 용인하기는 하지만, 19세기 미국의 노예제도의 실상은 기독교 신앙 양심으로 결코 받아들일 수 없는 것이라고 주장했다. 남북전쟁으로 나라 전체가 갈리기 이전에 이미 주요 교단들은 이 문제로 분리되어 있었다.

기독교인들은 또한 초기 산업혁명 시대의 동부와 중서부 도시들의 노동 착취 문제에 민감하게 반응했다. 물론 그 정도는 경제적으로나 사회적으로 견딜만한 것이며, 교회가 할 일은 착취당하는 노동자들에게 복음을 전하고 그들의 어려움을 줄여줄 자선 행위를 하는 것으로 충분하다고 생각하는 기독교인들도 많았다. 하지만 다른 사람들은 극단적인 착취를 끝내려면 사회 전체의 변화가 이루어져야 한다고 생각했다. 그들은 순전히 개인주의적이고 종교적으로 이해된 구원은 성경의 깊은 의미를 놓치고 있는 것이라고 주장했다. 그들은 예언자들이 사회 전체의 구원을 가져오는 정의를 외쳤고, 예수는 하나님의 민주적 사회인 하나님의 나라를 선포했음에 주목했다. 당시의 지도적 설교자들은 복음의 사회적 의미를 이해하고 예수의 이름으로 정의로운 사회를 만들기 위해 노력할 것을 회중들에게 호소했다.

이런 새로운 형태의 기독교 메시지 형태는 **사회복음**(Social Gospel)이라고 불렸다. 그것은 위대한 길을 세속화한 가장 명확하며 성공한 예 중의 하나이다. 1890년대부터 2차 세계대전까지 주류 개신교회 지도자들 대부분이 사회복음 운동을 받아들였고, 이 점에서 전체 교단들의 세속화가 이루어졌다고 할 수 있다. 어떤 사람들은 이 운동이 루즈벨트 대통령의 뉴딜정책을 이끌어 낸 동인의 하나라고 말하기도 한다.

어떤 사람들은 그 이후에 전개된 상황을 보면서 교회가 세속화에 참여할수록 그 메시지는 긴박성을 잃어버리고 그것이 유발하는 반응 역시 미지근하게 된다고 말하기도 한다. 하지만 사회복음 운동 기간에는 이런 긴박성이 계속 유지되었다. 이때는 전 세계를 기독교화할 수 있으며 모든 곳에 건강과 성공, 평화와 정의를 가져와야 한다는 확신과 열정이 가득했다. 이 기간 동안 수천 명의 가장 똑똑한 미국 젊은이들이 선교 현장에 지원했다.

하지만 사회복음 운동은 너무 단순했고 많은 면에서 잘못된 면이 있었다. 이 점에서 세속화론자들도 다른 사람들과 마찬가지로 실수할 수밖에 없는 사람들이다. 그들은 온 세계에 평화와 정의를 가져올 수 있는 가능성을 너무 낙관적으로 보았다. 그들은 정의에 대한 호소가 심각한 저항에 부딪치게 될 것이라는 점을 이해하지 못했다. 어쩌면 가장 중요한 것은 그들이 자신들의 삶 속에 있는 죄의 권세를 충분히 이해하지 못했다는 점에 있을 것이다.

사회복음 운동의 지도자 가운데 한 사람인 라인홀드 니버(Reinhold Niebuhr, 1892-1971)는 한때는 그 이상주의에 붙잡혀서 강력한 평화주의를 견지했다. 하지만 1930년대의 역사적 상황을 겪으면서 그는 기독교인들이 실제적인 힘을 가지고 있을 필요를 느끼게 되었다. 결국 그는 이 운동의 신학과 그 결과로 인한 정치적 분석과 행동의 천박함을 지적하는, 사회복음 운동에 대한 가장 강력한 비판자가 되었다. 그의 목적은 세속화하는 기독교를 이탈시키려는 것이 아니라 더 풍요롭고 깊게 하려는 데 있었다. 하지만 그의 분석들로 인하여 특정 문제들에 대해 열정적으로 헌신하는 것은 더 어렵게 되었다.

제1차 세계대전과 2차 세계대전 사이에 미국의 교회들은 여전히 세계의 안녕을 이루고자 하는 열정을 가지고 있었으며, 이런 열정은 2차 대전 이후 더 이상의 전쟁이 일어나지 않게 할 뿐 아니라 전 세계적인 정의를 진작시키는 전후 질서를 만드는 데 헌신하는 것으로 표현되었다. 교회들은 루즈벨트 대통령이 주창한 네 가지 자유에의 호소를 강력히 지지했다. 또한 그것은 이전에 국제연맹(League of Nations)의 결성을 방해했던 미국의 고립주의 노선이 다시 일어나 유엔의 결성이 방해받지 않도록 분위기를 조성했다.

하지만 슬프게도 주류 교회의 분위기는 2차 대전이 끝난 다음 급격하게 바뀌었다. 뉴딜정책이 이루어지고, 노동조합들이 자기들의 권익을 위해 싸울 힘을 갖게 되며, 유엔이 결성되고, 유럽경제 공동체가 이루어지고, 미국이 패전국들에게 후한 경제 원조를 하게 되고, 유럽

제국들이 해체되면서, 사람들은 사회복음 운동의 목표들이 거의 이루어졌다고 생각했다. 물론 소련과의 냉전과 원자폭탄 같은 긴급한 새로운 문제들이 생겨났지만, 그것들은 교회가 구태여 신경을 쓰지 않아도 될 것 같아 보였다.

그러는 가운데 전쟁터에서 돌아온 사람들은 정상적인 가정과 정상적인 삶을 살고 싶어 했고 그런 삶에는 교회 출석이 포함되었다. 이로 인해 교인들의 수가 늘었고 교회 재정이 넉넉해졌다. 하지만 새로운 교인들은 국내와 국제문제를 이해하고 그 문제들의 해결에 참여할 지침을 받기보다 가족과 공동체 생활을 더 잘할 수 있는 지침을 원했다.

1950년대에 교회의 새로운 번영으로 인해서 설교자들이 신학이나 정치 문제에서 보수적이 된 것은 아니었다. 그러나 그것은 그들에게 만족감을 주었다. 그들이 이제 우군으로 선택한 세속 학문은 **심리요법**(psychotherapy)이었다. 이제 개인 상담과 가족 상담이 목회자의 중심적인 과업이 되었다. 설교의 내용도 **심리학적인** 것이 되어 갔다.

이런 변화는 세속적인 것에서 벗어난 것은 아니다. 그것은 세속화를 다른 방향으로 한 것으로 이해할 수 있다. 하지만 사회복음으로부터의 차별화는 그것보다 더 깊었다. 사회복음 운동이 그 자체를 예언자 운동과 예수의 메시지와 직접 연관되어 있는 것을 회복한 것으로 이해하고 있었다는 점에서 성경에 깊이 뿌리를 내리고 있었던 반면에 심리학적 복음(psychological gospel)은 당시 문화에 부합하는 심리학적인 사상들을 먼저 선택한 다음에야 성경을 고려했다. 교인들이 느끼는 필요에 응답하려는 가운데 그것은 전통을 세속화하기보다 당대의 문화에 더 동화하는 성향을 보였다. 물론 자유주의 개신교회의 많은 부분들이 동화하려 한 문화는 세속화하는 기독교의 영향 속에 형성된 것이기 때문에 그것을 반드시 세속주의적인 것이라고 할 수는 없다. 인간의 온전함(wholeness)에 대한 이해는 가치중립적이기보다 대개의 경우 기독교적 관점으로 수용할 수 있는 것이었다. 하지만 복음의 요청과 관점으로 문화와 맞서는 부분이 거의 없었던 것도 사실이다.

기독교적인 길의 지혜에 대한 관심과 그로 인한 문화 비판이 쇠퇴한 것에 대해 많은 사람들이 비판적으로 응답했다. 그 중 일부에서 우리는 세속화하는 기독교의 전형적 모습을 볼 수 있다. 많은 교회 지도자들이 교회의 가르침이 점점 천박해져가고 있음에 대해 우려를 표했다. 하지만 1960년대까지는 교회의 번영으로 인한 만족감이 널리 퍼져 있었다.

하지만 교회의 만족감은 두 가지 사건들로 인해 흔들리게 되었다. 하나는 흑인민권 운동이고 다른 하나는 베트남 반전 운동이다. 앞의 사건은 주로 1955년 버밍햄에서의 버스 승차거부 운동으로 대중들의 상상력을 붙잡았다. 마틴 루터 킹 목사는 이 투쟁 가운데 전국적 인물이 되었다. 킹 목사 이전에 백인교회들이 인종문제에 대해 말을 하지 않았다고 하는 것은 지나친 표현일 것이다. 하지만 지금에 와서 되돌아보면 이 문제에 대해서는 별다른 관심을 갖지 않았다. 인종문제는 사회복음 운동에서 주변부적인 것이었으며, 당시 교회는 철저히 흑백 인종이 분리되어 있었다. 많은 백인 기독교인들은 흑인들이 부당하게 대우받고 있음을 알고 있었지만 이 문제는 그저 무시하고 있었다. 흑인들에게는 그저 참으라는 말만 했다. 만일 그저 버스 승차 거부 운동으로만 끝났다면, 대부분의 백인 기독교인들은 이 문제 때문에 혼란에 빠지지 않고 그냥 그대로 넘어 갔을 것이다.

킹 목사의 천재성은 인종분리 문제를 공론화시키면서도 그것을 기독교인의 양심 문제와 연관시켜 다룬 데서 찾아볼 수 있다. 그의 전략은 놀랄 정도로 성공했다. 1960년대는 인종문제가 미국에서 가장 중요한 공적인 문제가 되었다. 많은 백인 기독교인들은 킹 목사와 함께 행진하고자 했으며 여러 방법으로 그를 지원했다. 교회 지도자들은 인종차별에 대해 강한 반대 선언을 했다. 교회는 그들 내부의 인종차별을 다루어야 했고 그 가장 분명한 표현인 인종분리 정책을 검토해야 했다. 몇 년의 시간이 흐르는 동안 교회들은 성경적인 의미에서의 회개 곧 의견이나 태도뿐 아니라 구조와 행동에서의 변화도 시도했다. 분명히 아직도 교회 안에 인종차별은 있지만 노골적인 인종차별은 거부되고 있으며, 이런 사례가 지적될 때마다 이를 해결하기 위한 즉각적이고 진지한 노력이 계속되고 있다.

개신교회의 자만심을 깨뜨린 다른 주요한 사건은 베트남 전쟁, 좀 더 정확히 말하면 1964년경에 일어난 베트남 전쟁 반대 시위였다. 청년들은 베트남전에 징집되기 위해 등록을 해야 했기 때문에 이 전쟁에 관심을 가질 수밖에 없었다. 그들 중 많은 사람들이 이 전쟁은 잘못이라고 생각했다. 이것이 잘못된 전쟁이라는 개인적 확신과 징병을 피하려는 개인적인 관심으로 인하여 교회 전체는 갈등에 말려 들어갔다. 대부분의 회중들은 전쟁 옹호자들과 반대자들 사이의 대립으로 교회가 갈라질 것을 두려워하여 이 문제를 다루는 것은 피하려고 했다. 이로 인하여 교회와 실제 세계 사이의 연관성(relevance)이 약해졌다. 1940년대와 50년대에 교회를 가득 채웠던 사람들 중 상당수가 결국 교회를 떠나기 시작했다.

이 문제는 대학 캠퍼스에서 가장 강력하게 제기되었다. 많은 대학들에는 여러 교회들을 대변하는 목사들이 상주해 있었다. 그들의 일은 그들의 교단들로부터 나온 학생들과 함께 일하는 것이었다. 그들은 보통 교회의 더 세속화된 부분을 대변하고 있었으며, 학생들이 대학에서 배우는 내용과 기독교의 메시지를 상호 연관시키는 기회를 가지고자 했다. 그들 대부분이 전쟁 반대 입장에 가까웠다. 많은 대학에서 그들은 분노한 학생들과 좌절해 있던 행정 당국자들 사이의 중재 역할을 했고, 때로는 위험한 상황들을 무마시켰다.

흑인 민권 운동과 전쟁 반대 운동으로 인해 자기비판의 파도가 미국을 덮었다. 1960년대 이전에 대부분의 백인들은 미국이 기본적으로 덕스러운 나라이며 평화와 정의 편에 서 있는 나라라고 생각했다. 미국인의 집단정신에서 볼 때, 미국은 유럽의 열강들과 달리 제국주의와 식민 지배를 거부하는 나라였다.

하지만 1960년대 말이 되면서 수백만의 미국인들이 그들의 나라를 다르게 보기 시작했다. 그들은 미국을 흑인 노예들의 시각뿐 아니라 미국의 원주민들 그리고 라틴 아메리카 사람들의 시각으로 보게 되었다. 일단 눈이 떠지자 미국인들은 아시아 이민자들, 더 나아가 아일랜드 이민자와 새로 정착하는 다른 유럽의 이민자들에 대한 뿌리 깊은 인종차별을 보게 되었다. 또한 그들은 미국이 제국주의적 세력이며 특히 라틴 아메리카에서 그러함을 알게 되었다. 그들은 미국 역사 전체를 부자가 거의 항상 승리자가 된 계급투쟁의 역사로 보게 되었다.

이런 새로운 이해로 인해 기독교 역시 미국인과 미국 정부의 범죄에 연관되어 있음을 보게 되었다. **기독교인**이란 말은 전에는 분명히 어떤 좋은 것을 뜻했으나 이제는 모호한 의미를 갖게 되었다. 물론 이런 새로운 자기비판은 종교적인 기독교인들에게는 깊은 분노와 적대감을 유발했다. 결국 자신들의 나라를 비판하는 것은 애국적이지 못하다고 생각하는 사람들과, 참된 애국심은 좋은 면뿐 아니라 범죄들도 있는 그대로 평가하는 것이라고 믿는 사람들 사이의 분리가 나라 전체와 교회에서 일어났다.

1960년대와 초기 1970년대의 혼란이 지나가자, 세속화하려는 교회들은 더 작아지고 약해졌다. 이전의 교인들은 교회가 정의와 평화 문제에 진정한 지도력을 발휘하지 못함으로 인해 소외되었다. 어떤 사람들은 교회의 심리지향적인 메시지가 당시의 진정한 필요와는 아무 연관이 없어 보인다는 이유로 교회를 떠났다. 어떤 사람들은 논쟁으로 분열된 공동체의 한 부분으로 있고 싶지 않아서 교회를 떠났다. 교회 다니는 것이 좋은 일이라는 사회적 압력 때문에 나온 사람들은 그 압력이 사라지게 되면서 교회를 떠났다. 어떤 사람들은 교회가 지성 사회를 점차 지배하게 된 세속주의에 대한 분명한 대안을 제공해주지 못함으로 인해 교회를 떠났다.

떠난 사람들 중의 일부는 세속주의적 세계의 한 부분이 되었다. 어떤 사람들은 동양 영성에서 기인한 실천들을 통하여 깊은 개인적 필요들을 충족시키고자 했다. 어떤 사람들은 더 전통적이고 종교적인 형태의 기독교로 돌아갔다.

한때 주류였던 교회들은 이제 옛 노선의 교회(old-line churches)가 되었다. 그들은 대부분의 대학 캠퍼스에 영향을 미칠 힘을 더 이상 갖지 못하게 되었다. 한편으로 그들은 종교적 우파에게 방송 전파를 양도해 버렸고, 이런 상실은 특히 젊은 사람들에게 더 많은 영향을 미쳤다. 지금 와서 이런 흐름이 역전될 전망은 별로 없어 보인다.

4. 옛 노선 교회들에서 계속되고 있는 세속화

이런 쇠퇴에 대한 이야기는 사실이다. 그러나 그것이 전부는 아니다. 이처럼 쇠퇴해 가는 중에도 옛 노선 교회들은 세속화 과정을 계속해왔다. 비록 교인 수는 줄고 자원들은 사라지고 있지만 그들은 계속해서 그들의 종교성의 죄들을 직면하며 회개하고 있다. 쇠퇴에 대한 우울한 이야기가 있지만 신실한 믿음의 이야기도 함께 있다.

1960년대 말에 미국인들이 깨닫게 된 악 중의 하나는 무엇보다 먼저 교회의 발등에 떨어져야 마땅한 악이었다. 사람들은 유태인들이 나치의 손아래 끔찍한 고통을 당했음을 알고 있었기에 이스라엘에 유대인 국가가 세워지는 것을 지지했다. 그런데 미국의 기독교인들은 처음에는 나치만 비난했다. 하지만 시간이 지남에 따라 세속화하는 기독교인들은 나치가 한 행위들 대부분이 기독교인들이 옹호해 왔고 이따금씩 실행에 옮기기도 했던 일이었음을 깨닫게 되었다. 로이 에카르트 (Roy Eckardt, *Elder and Younger Brothers*, Scribner, 1967)와 로즈마리 류터 (Rosemary Ruether, *Faith and Fratricide*, Seabury, 1974) 같은 학자들은 교리와 행위에서 기독교인들의 부끄러운 역사를 있는 그대로 드러내었다. 그리스도 교회는 일찍부터 반유대주의를 가르쳤고 이런 가르침은 그리스도론과 긴밀히 연관되어 있음을 알게 되었다.

적어도 표준적인 기독교 신학은 하나님이 교회와 맺은 새 언약이 이스라엘과 맺은 옛 언약을 대신했다는 **대치설**(supersessionism)을 말해왔다. 따라서 유대인들이 여전히 하나님과 언약 관계에 있기를 원한다면 그들은 교회에 들어와야 하고 그럴 때만 정죄를 피할 수 있다고 가르쳤다.

세속적인 기독교인들은 이런 기본적인 가르침 때문에 기독교인들이 지난 세기 동안 유대인들을 가혹하게 대했음을 아주 뼈아프게 느꼈다. 이런 생각이 결국 유대인 대학살의 근거가 되었음을 깨달으면서 그들은 어떤 대가를 치루더라도 이런 부분이 기독교 교리에서 사라져야 한다고 생각했다. 인종차별에 대한 회개는 기독교적 가르침을 제대로 따르지 못했음을 깨닫는 것으로 가능하지만, 유대인들에 대한 잘못을 바꾸는 것은 기독교의 근본적인 가르침을 바꿀 때 가능하기 때문이다. 어쨌든 세속화하는 교회들은 이 문제를 진지하게 다루었고 상당한 정도로 스스로를 변화시켜왔다.

기독교인들이 가진 반유대주의(anti-Judaism) 문제는 분명 눈에 확연히 보이는 고유하고 중요한 문제이지만 세속화하는 기독교인들은 기독교가 다른 종교 전통들보다 우월하다는 주장 역시 폭넓게 다루었다. 그들은 모든 종교 공동체들이 자신들의 길과 사상이 최고라고 생각하고 있음을 보았다. 아마도 그것들은 각각 자기 공동체에서는 어떤 식으로든 최선의 길일 것이다. 하지만 다른 공동체들에게 접근하는 더 나은 입장은 다원론적인(pluralistic) 것이다. 그 각각은 그 자체로 존중받으면서 그 모두에게 자신을 열고 배울 수 있다. 또한 우리 편에서는 우리의 전통에서 고유한 가치가 있다고 생각하는 것을 제공할 수 있다. 아무튼 이런 저런 모습으로 세속화하는 기독교인들은 다른 전통들에 접근하는 방식에서 다원주의적이 되었다. 이것은 교회의 가르침을 재형성하면서 세속화를 이루는 또 하나의 발걸음이 되었다.

1960년대에 **해방신학들**(liberation theologies)이라는 이름을 갖게 된 세 가지 신학적 운동들이 태어났다. 그 운동들은 모두 새로운 회개를 요청했다. 이전의 우리는 법적, 제도적 인종분리를 끝내고 흑인들의 시민권을 보장하면 기독교인다운 행동을 다한 것이라고 생각했다. 하지만 흑인들은 백인들이 그 물려받은 신학 때문에 수 세기 동안 인종차별적인 사회에서 그것을 깨닫지도 못하고 살아왔음을 정확히 지적해 주었다. 이 신학은 너무나 유럽 중심적(Eurocentric)이어서 다른 인종 사람들의 현존을 보지 못하게 만들었고 그들 역시 우리와 똑같이 중요한 사람임을 깨닫지 못하게 했다. 그런 신학은 사회 속의 고통과 억압의 현실을 발견하기보다 가장 최근의 학문적 발견을 다루는 것이 더 중요하다고 생각하는 대학 교수들에 의해 이루어져왔다. 이 문제의 해결은 사회복음을 새롭게 하는 것으로는 충분하지 않다. 사회복음은 노동조합을 지지했지만 이 조합은 아무런 생각도 없이 흑인들을 배제해 왔기 때문이다. 교회는 가장 억눌리는 사람들의 목소리를 듣고 그들의 투쟁에 참여하는 가운데 새로운 신학을 형성할 필요가 있었다.

라틴 아메리카에서는 이전부터 내려온 신학들과 교회의 실천을 비판하는 비슷한 운동이 전개되고 있었다. 라틴 아메리카 사회는 오랫동안 엄청난 계층 간 불평들이 존재했다. 많은 신부들이 가난한 사람들을 목양하고 있었음에도 불구하고, 교회의 지도층들은 자신을 주로 상층부와 동일시했다. 그 가운데 교회의 사상가들이 마르크스주의 사회학(Marxist sociology)을 통해 사회의 계층들을 분석했고, 그 가운데 교회의 가르침들이 그들의 사회적 지위에 의해 형성되었음을 보여주었다. 전통적 신학과 성경의 메시지를 비교했을 때 그 차이는 고통스러울 정도로 엄청났다. 신학은 억눌리는 자들의 관점에서 다시 쓰여져야 했고 교회는 억눌리는 사람들을 해방하는 역할을 사회 속에서 감당해야 했다. 이로 인해 미국의 경우보다 훨씬 많이, 라틴 아메리카의 신학은 해방적인 운동들을 구체적으로 지원하는 실제 사회적 투쟁에 참여했다. 이로 인해 해방신학은 마르크스의 계급 분석의 영향을 받았기는 하지만 기독교적인 내용을 우선하면서 공산주의와 자신을 구별했음에도 불구하고 공산주의자라는 비난을 받았다.

미국의 경우 그 어떤 해방신학들보다 훨씬 더 광범위하게 전통적인 기독교 교리를 비판한 것은 여성주의 신학(feminist theology)이었다. 그것은 성경이 남성적 시각으로 기록되었고 가부장 제도를 옹호하고 있음을 지적했다. 그것은 하나님을 남성으로 여기면서 섬기는 것을 확언한다. 그런데 하나님이 남성으로 여겨지게 되면, 남성이 여성을 지배할 권한을 갖게 된다. 일상 언어는 남성과 여성 모두를 남성적인 용어로 가리키는 가운데 여성들을 눈에 뜨이지 않는 존재로 만들어 버린다.

가부장적 이론은 가부장적 실천을 통해 드러난다. 오직 남자들만이 종교 지도자가 될 수 있다. 여성들은 결혼하기 전까지는 그들의 아버지의 소유이며, 결혼 후에는 남편의 소유로 여겨졌다. 때로 목회자들은 여성들이 언어적 폭력이나 신체적 폭력에 시달리고 있음에도 그들의 남편에게 복종하라고 가르쳤다.

많은 여성주의 신학자들이 기독교를 구제불능의 가부장 체제라고 보아서 교회를 떠났다. 하지만 어떤 사람들은 남아서 광범위한 회개의 과정을 이끌었다. 오늘날 여성들은 대부분의 옛 노선 개신교 교회들 속에서 주요한 지도력을 행사하고 있다. 찬송가 속의 성차별적 가사는 성포용적 언어로 바뀌었다. 성경 본문들 역시 양성을 다 포함하는 단어들로 새롭게 번역되었다. 물론 가부장제도는 교회에서 다 사라지지는 않았다. 하지만 변화는 급격하고 광범위하게 일어나고 있다.

여성주의 운동은 성 혁명(sexual revolution)과 복잡한 형태로 연관되어 있었다. 성 문제는 일찍부터 교회에 광범위한 영향을 미쳐왔다. 기독교 역사의 초기부터 성은 부정적으로 여겨졌다. 서방교회에서는 성 아우구스티누스의 가르침이 이런 성향을 강화시켰다.

교회는 아주 빠르게 자신들이 잘못된 생각을 하고 있었음을 깨달았다. 성경은 성을 창조질서의 한 부분으로 당연시한다. 물론 성이 때로 죄를 짓는 계기가 되지만, 성경은 죄의 문제를 논할 때 성에 초점을 맞추지 않는다. 이 점에서 교회는 회개해야 했고 실제로 그렇게 했다.

교회는 성적인 감정과 육체관계를 통한 그 표현이 정상적이고 건강한 것이라는 인식을 갖고 있지만, 이런 인식이 이 문제에 대한 교회의 윤리적 가르침을 결정하지는 않는다. 이 문제에 대한 응답은 아주 다양하게 나타났다. 한쪽 극단에서는 공식적으로는 성에 대한 부정적인 태도를 갖지 않으나 여전히 이 문제에 있어서는 이전의 윤리적인 가르침을 그대로 고수하는 보수적인 교회들이 있다. 반면 더 세속화하는 개신교 교단들의 경우에는 성 윤리에 대한 혼란과 불확실성이 있기는 하지만 적어도 과거에 가지고 있던 죄책감을 유발하는 가르침은 사라졌다.

하지만 문제가 여전히 해결되지 않고 남아 있는 성의 영역이 있다. 오늘날은 동성애(homosexuality) 문제가 기독교인들이 성과 그 육체적 표현이 원래 선한 것이라는 생각을 충분히 받아들이고 있는가를 테스트하는 시금석이 되어 있다. 이성애적 감정의 다양한 여러 형태들에 대해서는 아주 관대한 사람들이 동성애적 감정 표현에 대해서는 아주 완강하게 반대한다. 다른 한편 동성애에 대한 부정적인 태도를 이전의 교회가 가지고 있었던 성 일반에 대한 부정적 태도와 같은 징후의 것으로 보는 세속화하는 교회들도 있다. 이들은 동성애적 행동에 대한 정죄를 불공정하고 잘못된 것으로 보고 있다. 이 문제는 여전히 교회를 분열시키고 있다.

5. 세속화하는 교회들의 약속과 문제들

나는 우리 시대의 가장 중요한 문제가 무엇인지를 말하는 것으로 이 책을 시작했다. 그 심각성은 더 이상 과장할 수가 없다. 최근에 출판되지 않은 한 강좌에서 오스트레일리아의 스윈번 대학교의 아란 게어(Arran Gare)는 우리가 직면하고 있는 환경 문제들 중의 하나만 잘못되어도 미래가 어떻게 될 것인지를 아주 명확하게 지적했다.

2009년 2월 28일에 〈새 과학자 *New Scientists*〉지에 실은 그의 기고문에서 가이아 빈스(Gaia Vince)는 지구 온도가 지금보다 섭씨 4도 오르면 중국 대부분과 미국, 아프리카, 남아메리카, 그리고 오스트레일리아는 사람이 살 수 없는 곳이 될 것이라고 말한다. 프레드 피어스(Fred Pierce)는 같은 잡지 3월 28일자에서 기후변화로 인해 인간이 환경에 미치는 영향이 설혹 크게 줄어든다 해도 동토층이 녹아내림으로써 생기는 엄청난 양의 메탄과 이산화탄소로 인해 지구온난화는 계속될 것임을 지적한다.

우리는 정녕 끔찍한 재난들을 향해 가고 있다. 지구가 이런 운명을 피하려고 한다면 대규모의 회개 곧 삶의 방향의 역전이 일어나야 한다. 지금까지 사회가 걸어온 단계들은 걱정스럽게도 필요한 변화에 한참 미치지 못한다. 사람들이 지구와 새로운 방식으로 관계를 맺어야 한다는 점을 이해하지 못하면, 인류는 이런 변화를 가져오지 못할 것이다. 지난 몇 백 년 동안 실제로 이루어진 변화는 세속주의를 향한 변화였고, 우리는 그 주된 표현들을 과학, 경제, 철학, 그리고 고등교육에서 볼 수 있다. 이런 변화들에는 좋은 점보다 나쁜 점이 더 많다.

이 장은 옛 길들(the old Ways), 특히 기독교가 더 많은 약속을 제공할 수 있는지를 질문한다. 그 질문은 곧 그것들 속에 있는 고대의 지혜가 그것을 속박하고 있는 종교로부터 풀려날 수 있는가 하는 점이다. 여기에서 그 답은 더 긍정적이다. 근래의 도전들에 대한 기독교의 상당 부분의 응답은 이 지혜가 여전히 **종교가 가진 죽은 손**(the dead hand of religion)을 극복할 힘을 가지고 있음을 보여준다. 이런 힘을 갖고 있다는 사실은 격려가 된다.

이 책의 초점은 인류를 **근본적이며 철저한 회개**로 이끌고 인도할 수 있는 것들이 무엇인지를 포착하는 데 있는데, 그런 철저한 회개로 이끌 수 있는 것을 찾지 못한다면, 인류문명은 이미 완전히 결정이 난 것처럼 보인다. 종교인들이나 세속주의자들에게서는 희망할 것이 거의 없다. 그렇다면 세속화하는 기독교인은 도움이 될 수 있을까?

1960년대의 마지막은 인류와 자연세계의 관계에 대한 이해가 극적으로 바뀐 때이다. 사람들은 자기들이 당연하게 여겼던 생명보전시스템이 사실은 깨어지기 쉬운 연약한 것임을 깨닫게 되었다. 자연에 대한 인간의 압박을 줄이는 것보다 더 긴급한 것은 없을 것이다. 대규모적인 **인간의 떼죽음**이라는 이 문제에 비교하면, 해결해야 하는 다른 문제들은 비교적 사소한 문제들이다.

세속화하는 교회들, 즉 세상의 변혁을 위해 신앙 전통을 재구성하는 교회들은 인간과 지구와의 관계에 대한 이원론적이며 인간중심적인 관점으로 인해 사람들이 실제 일어나고 있는 것이 무엇인지 보지 못했고 파괴적인 생활 방식과 경제 시스템을 갖게 되었음을 깨달았다. 그들은 이런 근대주의적 세계관을 받아들임으로 인해 성경에 충실하지 못하게 되었음을 인식했다. 그들은 인류는 통일된 생명 시스템의 한 부분(part of the unified life system)이며, **인류가 특별히 위험한 부분**이기 때문에 그 전체에 대해 특별한 책임이 있음을 확언했다.

이 문제에 대한 교회 지도력의 기록은 좋다. 1975년 나이로비에서 열린 세계교회협의회(WCC) 총회는 그 목표를 "공정하고 참여적인 사회"에서 "공정하고 참여적이며 지속가능한 사회(a just, participatory, and sustainable society)"로 바꾸었다. 그 뒤 세계 각처에서 지속가능성이란 개념에 대한 회의가 열렸다. 하지만 초점은 인류와 그 자연 환경 전체의 지속 문제에 있었다. WCC의 다음 총회인 밴쿠버 총회에서 그 구호는 여전히 인간중심적인 "지속가능한 사회"에서 "창조질서의 보전(the integrity of creation)"으로 바뀌었고 이 구호의 의미를 토론하는 많은 회의들이 개최되었다. 오늘날은 기후변화 문제가 더 중요한 문제로 다루어지고 있다. 로마 교황청과 콘스탄티노플의 정교회를 비롯한 많은 회원 교단들이 탁월한 선언서들을 발표했고 놀라운 지도력을 발휘했다. 복음적 교회들은 더 많이 나뉘어졌으나, 그 중 일부는 탁월한 선언서들을 발표했다.4)

이런 문서들은 행동을 위한 견고한 기초를 제공하고 있다. 하지만 인종차별이나 가부장제도, 반유대주의 등에 대한 회개는 상당히 많은 실제 행동의 변화를 가져 왔지만, 지구의 환경 위기에 대한 언어적 응답은 그러지 못하고 있다. 이 문제들에 대해 공동체적인 지도력을 보이거나 필요한 생활방식의 변화들을 보여주는 교단들은 거의 없다. 이 주제는 여전히 주변부적인 것으로 남아 있다.

세속화하는 기독교가 세계를 구원하기 위해 할 수 있는 잠재적인 공헌을 현실화 하는 데는 세 가지 장애물이 있다. 첫째, 다른 도전들을 성공적으로 다루어온 개신교 공동체의 많은 부분들이 여전히 동성애 문제에 매달리고 있다. 이전에 세속화하는 교단들 안의 종교적인 힘들은 그들의 언덕에 구멍을 파고는 더 이상의 진보를 가로 막고 있다.

---

4) 역자주: 미국의 복음주의적인 교회 지도자들은 몇 년 동안 기후과학자들과 협의를 거쳐 2006년에 "Climate Change: An Evangelical Call to Action"을 발표하고, 릭 워렌을 비롯하여 복음주의 신학교 학장들을 포함해서 86명이 서명했다. 이것은 복음주의자들이 공화당과 결별한 첫 번째 사건이었다. 이 성명서는 1) 기후변화에 대한 인간의 책임성, 2) 기후변화로 인해 가난한 사람들이 가장 큰 피해를 입는다는 사실, 3) 기후변화로 인한 지구 파괴는 하나님 자신에 대한 공격이며, 예수 그리스도 자신인 가장 작은 자들을 보호할 책임이 있으며, 인간에게 맡겨진 청지기 직분을 실패한 것이라는 사실, 4) 이미 경험하고 있는 기후변화는 우리의 다음 세대들에게 큰 영향을 미칠 것이기 때문에 장기적인 안목을 갖고 이산화탄소 총량규제와 거래제, 에너지 효율성 제고, 재생 에너지로 시급히 전환할 필요가 있음을 역설했다.

이처럼 동성애 문제에 사로 잡혀 있는 교단들이 전 지구적인 위기를 제대로 다룰 수 있으리라고 기대하기는 어렵다.

이런 장애물은 분명히 눈에 보이는 것이다. 하지만 그것은 작은 문제이다. 몇 교단들은 이미 돌파하고 있다. 유니테리안-보편주의자 교회(Unitarian-Universalists)와 퀘이커 교회(Quakers)가 그 첫 번째이다. 성공회(Episcopal Church)와 그리스도 연합 교회(the United Church of Christ)가 그 다음을 이었다. 이 글을 쓰고 있는 동안 가장 큰 루터파 교회인 ELCA가 돌파했다. 비록 연합장로교회(United Presbyterians)와 연합감리교회(United Methodists)가 교단들로서는 이 이슈에서 뒤쳐져 있지만 그들 중 세속화하는 구성원들은 교회주변 조직체들을 통해 일하고 있다. 때로는 이런 종류의 장애물을 극복하기 위해 노력하고 있는 교단들은 다른 도전들을 위한 에너지를 활성화할 수 있다.

두 번째로, 가장 깊이 회개했고 세속화를 시도했던 이전의 주류 교단들이 교인수의 감소와 자원의 결핍이란 상실을 가장 많이 경험하고 있다. 이런 경향들이 역전될 가능성은 거의 없고 그로 인해 이런 교회들의 사기도 아주 떨어져 있다.

사기는 대단히 중요하다. 사기가 충천하다면 비록 통계수치는 계속 낮아져도 교단들은 인류가 직면한 도전들에 효과적으로 응답할 것이다. 교인수의 감소를 슬퍼하면서 그것을 역전시키는 데만 집중하면 사기는 더 떨어질 수밖에 없다. 하지만 사기를 진작시키는 다른 방법이 있다. 사람들은 자신들이 동일시하는 집단들이 좋은 평판을 갖고 좋은 일을 성취해 가기를 바란다. 사람들은 악을 증진시키는 공동체에 참여하는 것을 비도덕적인 것으로 여긴다. 하지만 회개의 과정은 이제 거의 완결되었기에 어떤 교단들은 앞으로 나아갈 수 있다. 일련의 어려운 시련들을 성공적으로 해결해온 공동체에 속해 있다는 생각은 그

구성원들에게 다른 도전들에도 제대로 응답할 수 있다는 확신을 줄 수 있다. 전 지구적 위기로 인한 도전에 응답한다는 것은 새로운 사람들을 이끌어 들일 수 있고 따라서 사기를 진작시킬 수 있는 것이다.

6. 세속주의와의 분리

세속화하는 교회가 인류가 직면하고 있는 위험에 진지하게 응답하는 것을 방해하는 세 번째 장애물에 대해서는 이 책에서 계속 말해왔다. 많은 지도적인 개신교 세속화론자(세상의 변혁을 위해 신앙 전통을 재구성하는 신앙인)들은 세속주의가 가져오는 부정적인 결과들을 잘 모르고 있었다. 그들은 기독교를 그 세속주의적인 주변 환경에 동조시켜왔고 세속주의적인 기관들을 옹호했다.

이 책에서 나는 기독교 공동체가 **세속화하는 것**(secularizing)과 **세속주의적인** 문화(secularist culture)에 동조하는 것 사이를 반드시 구별해야 함을 주장했다. 교회가 현재의 문제와 연관성(relevance)을 가지고 있으려면 세속화는 반드시 해야 한다. 그런데 그것은 주류 문화에 동조하는 것이 아니다. 하지만 이 점이 쉽게 보이는 것은 아니다. 세속화하는 사람들은 그들 시대의 주도적인 사상가들의 인도와 지도를 찾는다. 그들은 최고의 과학자들에게서 과학을 배우고, 최고의 철학자들에게서 철학을 배우고, 최고의 경제학자들에게서 경제를 배우기를 원한다. 그들은 연구 대학교들이 대변하는 엄청난 지식의 양 앞에서 상당한 경외감을 느낀다. 그들은 그들이 전해 받은 교회의 가르침들을 현재의 최선의 지식과 비교하면서 수정하기를 원한다.

지난 수십 년 동안, 어쩌면 수백 년 동안 이런 모든 영역들에서 받아들여진 사상은 환원주의적(reductionist)이고 유물론적(materialist)이었다. 그것은 사람이 각자 자신의 이익을 추구하는 것이 인간 행동의 가장 합리적 동기라고 생각하도록 만들었다. 따라서 세속화하는 기독교가 이런 세계관에 기독교적 가르침을 맞추려고 한다면 그것은 교회의 지혜에 근본적인 파멸을 가져올 것이다.

세속주의적 전문가들만 쳐다보기 때문에 생긴 근본적인 결과들의 하나는 사람들이 포괄적인 사고(overarching thinking)를 하려는 노력을 포기하게 되었다는 점이다. 신학은 앞에 논의했던 도전들을 둘러싼 이슈들과 연관되어 있다. 신학은 교회를 그 파괴적 역할로 이끌었던 사상들과 가르침들을 성공적으로 노출하고 근절했다. 하지만 세속화하는 교회에서 신학은 기독교인들이 하나님에 대해서, 예수 그리스도에 대해서, 성령에 대해서, 구원에 대해서 명확하고 확신 있게 생각하도록 돕는 일을 멈추었다. 이처럼 핵심적인 주제들에 대해 확신하며 믿을만한 확언을 하지 못할 때 세속화하는 기독교는 거의 미래를 가질 수 없다. 어떤 가르침들이 해로운지, 그리고 그것들을 어떻게 바꿀 것인지를 아는 것만으로는 충분하지 않다. 사람들은 긍정적인 지혜 역시 나눌 수 있어야 한다.

세속주의적 권위를 수용함으로써 생긴 사실상 가장 심각한 결과는 경제지상주의와 그로 인한 모든 결과들을 거부하거나 반대할 수 없게 되었다는 점이다. 세속화하는 기독교인들이 가난하고 억눌리는 사람들에 대해 보이는 깊은 관심을 생각해 볼 때, 그들이 경제 시스템의 남용에 대한 비판을 제대로 하지 않는다는 점이 이상스럽다. 경제지상주의의 파괴적인 결과들 대부분은 그 이론적인 확언으로부터 나온다. 이것들은 성격상 초자연주의적인 기독교이든 세속화하는 기독교이든 간에 기독교의 대부분의 형태와 정반대된다. 기독교인들이 왜 이를 말없이 받아들이기만 하는지에 대해서는 설명을 해야 한다.

대부분의 기독교 역사에서 탐심은 심각한 죄로 여겨졌다. 가장 존경받았던 사람들은 성인들이었는데 그들 대부분은 청빈의 서약을 했다. 하지만 새로운 경제이론에서는 한 사람의 소득을 극대화하고 부를 증진시키는 것은 합리적인 것으로 여겨지며 경제지상주의 아래에서는 그런 일을 가장 잘한 사람이 사회의 모범으로서 칭송을 받는다. 그리고 이런 차이는 생산 시스템이 변화되었다는 점 때문에 정당화되어 왔다.

수천 년 동안 공동체 속의 물품과 서비스의 양은 거기에 들어간 노동의 양과 정비례하였다. 한 사람이 사용할 수 있는 양은 비교적 일정했다. 한 개인이나 집단의 소득이 늘어난다면 그 늘어난 부분은 다른 사람들의 것을 취한 것이었다. 교회의 목표는 공동체의 부를 적절하게 분배하는 데 있었다. 이 말이 모든 사람이 똑같은 정도를 받아야 한다는 말은 아니지만 모든 사람이 나름의 정당한 대우를 받아야 함을 뜻했다. 탐욕은 이런 한계들을 받아들이기를 거부하는 것이고 따라서 아주 심각한 죄였다.

18세기 영국에서 발전한 산업 시스템은 이런 상황을 갑자기 바꾸어버렸다. 그것은 한 명의 노동자가 생산할 수 있는 양을 크게 증가시켰다. 이 일은 각각의 노동자가 같은 일을 반복적으로 하도록 노동을 조직화하고, 또한 손으로 하던 일을 석탄에 기반을 둔 기계를 사용함으로써 가능하게 되었다.

노동자 한 사람의 생산력이 증가함에 따라 공동체 전체의 부도 증가했다. 전에는 소수만 이용할 수 있었던 것을 이제는 많은 사람들이 이용하게 되었다. 극단적인 가난은 줄어들었다.

기독교인들은 오랜 세월 동안 **자발적인** 가난을 영적인 자유를 가져오는 것으로 칭송했다. 하지만 비자발적인 궁핍이 좋은 것이라고는 결코 말하지 않았다. 따라서 풍요함을 약속하는 생산 시스템이 도입될 때 기독교인들은 반대하지 않았다. 그런데 이런 시스템은 사업가들이 이윤을 얻으려는 희망 속에 위험을 감수할 준비가 되어 있고 사업을 조직화하는 데 가장 효율적인 방법들로 경영을 해나갈 때 가장 잘 작동했다. 이로 인해 전에는 탐심으로 알려진 이윤에 대한 추구가 새로운 경제 질서에는 꼭 필요한 것이 되었다. 전통적인 기독교 윤리는 반생산적인 것처럼 보였다. 기독교인들은 탐심에 대해 부정적으로 말하는 것을 그만두거나, 그것이 일상적인 경제적인 의사 결정과 무관한 것으로 여기게 되었다.

이자에 대한 생각에도 이와 비슷한 변화가 일어났다. 대부분의 종교 전통들은 돈을 빌려주고 이자를 받는 것에 대해 얼굴을 찌푸렸다. 그것은 부자가 가난한 사람의 재산을 뺏어가는 주된 방법으로 여겨졌다. 가난한 농부가 몸이 아파서 그의 땅을 경작할 수 없게 되면 그는 먹고 살기 위해 돈을 빌릴 수밖에 없다. 빌린 돈을 갚을 수 있게 되어도 이자가 덧붙여지면 그렇게 할 수가 없다. 결국 그는 땅을 빼앗기고 그의 자유 역시 빼앗기게 된다. 그래서 레위기는 희년에는 빚으로 인한 노예들이 풀려나고 땅도 원주인에게 돌아가게 하라고 명한다.5)

---

5) 역자주: 울리히 두크로와 프란츠 힌켈라메르트는 *Transcending Greedy Money: Interreligious Solidarity for Just Relations*(2012)에서 인류문명의 차축시대(the axial age)에 대해 새로운 해석을 내놓고 있다. 기원전 8세기부터 2세기 사이에 이스라엘, 페르시아, 그리스, 인도, 중국에서 각각 새로운 영적 종교들이 생겨난 이유는 야스퍼스나 카렌 암스트롱이 주장한 것처럼 처음으로 전차부대를 갖춘 제국들의 잔인한 폭력성 때문이 아니라, 이자와 담보 제도의 확립 때문에 여러 원인들로 인해 빚을 갚지 못한 농민들이 대거 노예로 전락하게 되고, 사람들이 매우 탐욕적이며 계산적이 됨으로써 전통적인 공동체의 서로 돕는 유대관계가 깨어진 것에 대한 포괄적 대안으로 나타난 것이 새로운 고등종교들이라는 주장이다. 오늘날처럼 금융자본주의가 지배하는 탈취경제(산업자본주의

그 누구도 이런 문제를 피할 길을 찾아내지 못했다. 하지만 빚과 이자를 거두는 일에 대한 부정적인 태도가 기독교 세계에 영향을 미쳤다. 기독교인의 죄책감을 줄이기 위하여 돈을 빌려주는 업은 유대인들에게 맡겨졌다. 성경은 유대인들끼리 돈 놀이를 하는 것은 금하지만 그러나 그들은 기독교인들에게는 빌려줄 수 있었다.

산업혁명과 함께 상황이 바뀌었다. 공장을 짓기 위해서는 돈이 필요했다. 충분한 이자를 지급하기만 하면 돈을 빌려줄 사람들은 널려 있었다. 사업가들은 원금에다가 이자를 합쳐서 갚으면서도 여전히 돈을 벌 수 있었다. 빚과 이자는 경제 시스템에서 근본적인 것이 되었다. "결코 채권자도, 채무자도 되지 말라"(햄릿, 1장 장면 3)라고 윌리엄 셰익스피어가 말했을 때, 그는 이전의 가치들을 반영하고 있다. 하지만 사업의 세계는 정반대 방향으로 굴러갔다. 교회는 그것에 저항할 입장에 서 있지 않았다.

물론 어떤 기독교인들은 저항했다. 그들은 자신들의 신앙으로 볼 때 생산 수단은 개인 아닌 공공의 것이 되어야 한다고 주장했다. 사회주의 시스템에서는 생산이 노동자들에 대한 경쟁적인 약탈을 요구하지 않을 것이며 탐욕이라는 동기가 중요한 역할을 할 필요가 없을 것이다. 또한 빚과 이자의 지불이 경제를 주도할 필요가 없을 것이다.

전통적인 기독교 윤리의 세 번째 모습은 근검절약에 대한 옹호이다. 기독교인들은 열심히 일한 후 적게 쓰고 많이 나누라고 배운다. 새로운 경제 시스템은 이런 노동윤리의 덕을 보았다. 근검절약의 정신

에서처럼 착취경제가 아니다) 구조와 극심한 경제적 불평등 속에서 시급하게 회복할 종교적 지혜들은 이처럼 모든 종교들에게 공통적이라는 입장이다. 그러나 많은 목회자들이 이처럼 삶의 근본적인 경제적 구조 문제를 외면하거나 종교의 본질 문제로 의식하지 못하는 이유는 이 책에서 지적하는 "영적인 파산"의 결과 때문일 것이다.

으로 인해 새로운 사업에 필요한 자본을 축적하게 되었다. 하지만 이 시스템은 그것이 만들어내는 물품들을 사고 싶어 하는 사람들이 많이 있을 때만 작동했다. 이로 인해 그것은 근검절약보다 소비주의를 격려했다. 시스템이 이것을 요구하고 있기에, 기독교인들은 근검절약을 선포하는 것을 그만두어야 했다.

기독교 공동체들은 대부분 이 문제를 경제윤리 영역에서 한 걸음 물러나는 것으로써 해결했다. 이것이 교회가 공적인 문제들에 참여하기보다 널리 뒤로 물러나게 된 첫 번째 주된 발걸음이었다. 19세기의 대부분의 기간 동안 개신교회들은 개인적 도덕과 영성, 그리고 가족 문제에 집중했다. 사회복음 운동 역시 대부분의 경우 근본적인 경제 시스템이나 그것을 지원하고 있는 이론들을 비판하지 않았다.

레이건이 대통령으로 있는 동안 경제의 세계화 프로그램이 시작되었고 거기에 대한 저항은 거의 없었다. 하지만 그로 인해 개발도상국이 겪은 끔찍한 결과들을 결코 간과해서는 안 된다. 2004년에 세계개혁교회연맹(the World Alliance of Reformed Churches)의 아크라 선언(Accra Declaration)은 경제지상주의의 이론적인 토대를 직접 공격했다. 그것은 "사람들의 고통과 창조의 나머지 부분에 가해진 손상 사이의 극적인 유사성"에 주목했다. 그것은 "생명에 대한 대규모 위협을 초래한 뿌리는 무엇보다 먼저 불공정한 경제 시스템의 산물이다… 경제 시스템은 생사가 걸린 문제이다"라고 올바르게 지적했다. 그것은 "신자유주의적 경제의 세계화"를 범인으로 지목했다. 그것은 이런 시스템에 대한 거부를 단지 논의할 가치가 있는 사회윤리 사상이 아니라 신앙의 문제로 다루었다. 그것은 실제적인 행위와 이론적인 검토의 문을 열었다.

미국의 경우 금융 시스템이 거의 붕괴되고 그 지도자들이 의회를 지나치게 오만하게 대함으로써 경제이론에 대한 의문들이 교회와 여러 곳에서 머리를 들게 되었다. 사실상 금융계의 핵심 인사들도 그들의 가정대로 일이 진행되지 않았음을 인정했다. 연방준비이사회(FRB) 의장을 역임한 알란 그린스펀(Alan Greenspan)은 2008년의 10월 의회 조사 위원회(Congressional Oversight Committee)에서 "돈을 빌려주는 기관들이 주주들의 권한을 보호해주리라고 보았던 우리들은 (특별히 저는) 믿을 수 없는 엄청난 충격 상태에 빠져 있습니다"라고 고백했다.

전통적인 기독교의 가르침은 오늘날 새로운 의미를 갖게 되었다. 미국의 소비주의는 지구의 자원을 고갈시키고, 엄청난 공해를 야기시킨키고 있다. 지구보전론자들이 근검절약의 길로 되돌아가는 데 앞장서고 있다. 미국 정부가 경제 원리들을 따르고 은행들을 시장 원리의 부드러운 자비에 맡기기만 했다면, 빚에 근거해 있는 금융 시스템은 붕괴되어 버렸을 것이다. 오늘날 자기 이익의 많은 부분은 비생산적인 방식으로 표현되고 있다. 우리는 실물경제를 빚과 엄청난 금융 경제 위에 세우는 것이 과연 바람직한 것인지 질문할 수 있게 되었다. 전통들 안에서 비판적으로 다시 사용할 수 있는 요소들은 보다 이전의 경제지상주의를 다시 세워보려는 노력들과 경합할 수 있다.

우리는 이제 다른 종류의 경제와 금융 시스템을 꿈꾸도록 요청받고 있다. 이제 정부는 연방 준비은행(Federal Reserve)이 은행들에게 진 빚을 갚기보다 그 곳에서 일하는 사람들의 필요를 채워주기 위해 돈을 펑펑 찍어내는 권한을 더 이상 행사하지 않도록 해야 할 것이다. 어쩌면 땅값이 오름으로 생긴 불로소득에만 세금을 매기자는 헨리 조지(Henry George)의 제언을 다시 한 번 고려해 볼 수 있을 것이다.

아마도 전 지구적 경제 시스템은 여러 개의 지역 경제 시스템들로 대체될 수 있을 것이며, 그 각각의 경제 시스템들은 각자 필요한 것을 생산하고 나머지는 교역을 통해 충당할 수 있을 것이다. 이렇게 할 때

전 지구적 시장에 필요한 거대한 운송 시스템이 야기하는 환경에 대한 부정적인 압박을 줄일 수 있을 것이다. 우리가 성장이란 신을 더 이상 섬기지 않게 된다면 부자들의 선택권은 좀 줄어들겠지만 그것은 재난이라고 할 수는 없을 것이다. 지역에서 생산된 음식을 먹는 것에는 이로운 점이 많이 있다. 땅과의 개인적 연관성을 회복하는 것이 옷장에 더 많은 옷을 넣어두는 것보다 인간적으로 더 풍요한 삶이다.

세속화하는 기독교인들이 근대의 세속주의적인 대학이 기본적인 이론과 정책을 제공해줄 것을 바라고만 있다면, 그들이 절망적인 세상에 줄 수 있는 것은 거의 없을 것이다. 교회의 가르침을 대학의 가르침에 부합되도록 한다면, 교회의 지혜는 더 표현되기 어려울 것이다. 그 비전과 지혜를 회복하는 첫 번째 발걸음은 세속주의는 이제 자기 길을 다 달려가 버렸고, 세속주의를 구현하는 제도들과 운동들은 이제 과거에 속해 있으며, 새로운 기본적 비전이 이제 태어나고 있음을 인식하는 데 있다. 이 새로운 비전은 근대 세계를 지배했던 환원주의, 유물주의, 감각주의, 인간중심주의, 가부장제도, 그리고 이원론을 거부한다.

내가 앞의 장들에서 다루었던 새로운 철학, 과학, 그리고 사회에 대한 이해는 바위에 새겨진 것처럼 고착된 것은 아니다. 학문 세계와 국제 관계를 지배하고 있는 세속주의와 달리, 이런 새로운 사고방식들은 고대의 지혜로부터 배우고자 한다. 이런 사람들은 영국의 경험론자들이 감각자료들(sensa)에 집중했던 만큼 윤리적이며 신비적인 경험의 모든 측면에 관심을 보인다. 그들은 유대인, 회교인, 기독교인 뿐 아니라 힌두교인, 불교인, 도교인, 유교인도 모두 환영한다. 그들은 이런 모든 전통에서 온 사람들 중 특히 서로를 받아들이는 사람들을 환영한다. 그들은 이 모든 전통들이 여전히 우리의 더 오래된 고대의 조상들의 지혜의 어떤 부분들로 보완되어야 하며 특히 아직 남아 있는 토착적인 공동체들의 공헌이 필요함을 알고 있다.

세속화하는 기독교인들이 이런 새로운 담론의 공동체에 마음을 열게 된다면, 그들은 활력과 에너지와 영감을 얻게 될 것이다. 그들 자신의 전통에 대한 이해와 그들 자신의 확신들은 계속해서 변용될 수 있을 것이다. 그들은 이런 사상들의 그 어떤 것도 모든 사상이 동의할 수 있는 방식으로 고정시키려고 하지 않을 것이다. 하지만 그들은 그들이 구성할 수 있는 최고의 비전을 따라 살려고 할 것이며, 그들이 가는 곳마다 그것을 테스트하려 할 것이다. 그들은 자신들이 말해야 하는 것이 우리 시대의 가장 심각한 위기들을 치료할 수 있게 연관되어 있음을 발견하게 될 것이다.

더 나아가 이제 막 태어나려고 하는 철학적 비전의 새로운 자연주의(new naturalism)는 아직은 전 지구적인 생태 위기에 관심을 가지고 있지는 않으나, 효율적인 응답을 가능하게 하는 관점을 제시할 수 있다. 세속화하는 기독교인들이 지구를 구하려는 그들의 열정과 새로운 철학을 통합할 수 있다면, 사고와 행동에서의 효과적인 지도력을 발휘할 수 있을 것이다. 그때 세계는 그것이 지금 움직여 가고 있는 최악의 공포로부터 구원받을 수 있을 것이다.

7. 세속화하는 기독교가 제공하는 것

인류는 고대의 문화적, 종교적 전통들을 세속화해 왔으며 그 세속화된 형태들이 제공하는 것에는 긍정적인 것들이 많이 중첩된다. 대체적으로 보아 모든 문화들 속에 축적되어 온 지혜는 상식을 많이 알려주고 또 지지한다. 그것은 인류가 그 한 부분으로 살고 있는 통일된 세계의 그림을 그려준다. 자연은 완전히 현실적이며 적어도 그 일부분은 살아 있다. 인간 생명은 다른 생명들과 연장선상에 있으면서 또한 그것들과 구별되며 특별한 중요성을 가진다. 가치와 중요성에 대한 질문들은 사건들과 자연세계가 이해되는 방식과 서로 교차한다. 사실과 가치는 그렇게 날카롭게 분리되지 않는다. 도덕적 판단들은 합당하게 정당화된다. 좋은 삶과 나쁜 삶이 있으며, 지혜를 찾는 이유는 더 나은 길들을 발견하기 위함이다.

전체적으로 보아 이런 비전이, 근대과학이나 근대의 주된 철학들로부터 배울 수 있는 실재에 대한 기본적 관점보다 훨씬 더 믿을 수 있고 유용한 인도자이다. 근대 과학과 철학은 주요한 길들의 종교화된 형태들을 거부했다. 인류의 주요한 길들이 종교화되면서 이런 상식적 요소들과 함께 **자기 우월성, 미신, 초자연주의, 타계성, 종교 지도자들의 과도한 권력 사용, 그리고 때로 비합리적이거나 심지어 사악한 행동을 요청하는 완고한 도덕규범들**을 내포하게 되었기 때문이다. 그 속에는 민감하고 사려 깊은 사람들이 거부하고 싶은 것들이 많이 들어 있었다.

이런 거부는 두 가지 형태로 나타났다. 하나는 **전통을 세속화하는** (secularizing of the tradition) 형태이다. 이것은 그리스와 이스라엘에서 나타났고 현재까지 계속되어왔다. 다른 하나는 **세속주의**(secularism)로서 전통을 거부하고 사고의 새로운 기초를 찾고자 했다. 이것이 더 성공적이 될수록 이것은 인류와 지구에 도움을 주지 못하게 되었다.

이제 이 시점에서 각각의 위대한 전통들의 세속화된 모습들이 오늘날 우리의 위기에 필요한 어떤 응답과 공헌을 할 수 있을지를 지적할 수 있을 것이다. 하지만 나는 지금 기독교 신학자로서 세속화하는 기독교가 할 수 있는 공헌에 대해서만 쓰고자 한다. 나는 결론적으로 이런 공헌들을 오늘날의 위기와 바로 연관시켜서 서술하고자 한다.

만일 우리가 어떤 대가를 치러서라도 집단적으로 우리 자신들의 비정상적인 행위로부터 해방되고 전 지구적 위기에 적절하게 응답하기를 원한다면, **먼저 지구 전체와 그 안에 사는 모든 사람들**에 대한 열정적인 관심을 가져야 한다. 세속화하는 기독교 전통은 한 분 하나님이 창조주와 구속주로 세계 전체와 관계를 맺으심을 확언한다. 그 전통은 이 하나님께 헌신하고 이 하나님과 함께 세계의 구원을 위해 일할 것을 요청한다. 특별히 예수님이 잘 보여주신 것처럼, 그것은 세계를 친구와 원수로 나눈 다음 전자를 좋아하고 후자를 적대시하는 성향에 대해 반대한다. 예수님은 하나님의 돌보심이 모든 곳에 미침을 강조한다. 그는 우리가 우리를 미워하고 해치는 원수까지 사랑해야 함을 가장 강력한 어조로 말씀하신다. 우리가 세상을 어떻게 구원할 수 있을까 생각하는 중에 예수를 심각하게 받아들인다면, 우리는 특정한 정책들이 우리의 친구들과 원수들에게 어떤 혜택과 손실을 가져올지에 대해 계산해서는 안 된다. 하나님은 모든 사람을 똑같이 돌보신다. 우리는 – 우리의 집단만을 위해서가 아니라 하나님의 피조 세계 전체를 위해 – 하나님과 더불어 일하도록 부르심을 받았다.

인간 사회 전체가 우리 머리 위에 있는 재난을 해소하는 방식으로 행동하려면, 그들의 지식과 이해로써 우리를 파멸로 인도했던 그런 사람들이 계속 지도력을 가지게 해서는 안 된다. 이제는 **대 역전**(a great reversal)이 필요하다. 이제는 오랫동안 멸시 받아온 미국의 원주민인 인디언들의 사상들을 진지하게 고려해야 한다. 또한 가장 힘이 약한 사람들에게 미치는 결과가 어떠한지에 따라서 정책들을 평가해야 하고 또한 그런 사람들의 말을 진지하게 경청해야 한다.

예수의 메시지의 중심에는 바로 이런 종류의 역전이 들어 있다. 그는 학자들과 종교 지도자들 이전에 아이들과 거리의 여인들이 하나님의 민주적 나라에 참여할 것이라고 말했다. 로마제국에서 성공한 사람들은 현상유지(status quo)를 어떻게 할 수 있을까란 차원에서 생각했다. 하지만 하나님의 민주 사회는 완전히 다른 원리들에 기초해 있다. 아메리카 제국에서 성공한 사람들 역시 현상유지를 어떻게 할 수 있을까에 대해 생각한다. 하지만 세상이 구원받기 위해서는 우리는 완전히 다른 원리들에 기초한 정책들을 발전시켜야 한다.

우리가 새로운 문화를 창조하고 서로 서로, 또한 지구와 관계 맺는 새로운 방법들을 만들려고 한다면, 우리는 과거에 형성되었고 현재 종교적으로 승인되고 있는 어떤 일련의 규칙들이나 원리들을 단순히 진정한 도덕으로 생각하는 데서 해방되어야 한다. 이런 규칙들이 모두 나쁜 것은 아니고 그 중 많은 것들이 새로운 상황에서 긍정적인 역할을 할 수 있다. 하지만 그들은 다른 맥락에서 발전된 것들이기 때문에 도덕이 그저 이런 규칙들을 그저 답습하는 것으로만 여겨질 때 그것들은 지금 가장 결정적으로 필요한 것들을 보지 못하게 할 수 있다.

세속주의는 주어진 규칙들을 그저 답습하는 데서 그 추종자들을 해방했음을 자랑스럽게 여긴다. 그것은 한 사람의 도덕은 각자 선택할 수 있다고 가르친다. 하지만 오늘날 우리에게 정말 필요한 것은 도덕적 심성을 강화시키는 것이지 마비시키는 것이 아니다. 더 많은 사람들이 세계의 구원을 위해 일해야 하겠다는 도덕적인 긴급성을 느끼게 하는 것이 중요하다.

예수의 메시지는 도덕에 대한 율법주의적 이해로부터 우리를 해방시켜서 세계를 위한 하나님의 목적을 실현시키는 삶을 사는 것이 정녕 중요하다는 의식을 강화한다. 모두의 선을 위한 우리의 노력은 의무가 아닌 사랑에 의해 이루어져야 한다. 그것은 규칙들의 답습이 아니라 필요에 응답하는 것이 되어야 한다. 바울은 예수의 메시지의 이런 모습을 풍요롭게 강화한다.

우리는 그 자체로 확신을 주는 메시지를 필요로 한다. 하지만 메시지는 그 메신저에 의해 확신하는 힘을 갖는다. 예수라는 인물은 단지 교회만이 아니라 인류의 상상력 속에서 독특한 위치를 차지하고 있다. 예수는 그 자신의 삶을 통해 메시지를 진정으로 믿는 것이 어떠한 것임을 보여주었다. 예수의 이런 이미지는 역사 비평적 연구에 의해 약화되기보다 더 강화되었다.[6]

우리가 우리의 유산을 세속화하는 가운데서 예수의 비전 중에서 특히 강력하게 조명되는 부분은 세상의 구원을 위해 엄청나게 중요하다. 그것 없이는 지구는 자기파멸의 길을 계속 갈 것이다. 하지만 모든 사람이 예수의 비전을 받아들이도록 하는 것이 그 자체로 세계를 구원함을 뜻하지는 않는다. 예수를 따르는 사람들 모두가 지구의 운명에 관심을 가지고 있는 것은 결코 아니다. 그들의 관심은 언제나 더 좁은 필요들에 집중되어 있었다.

따라서 두 가지가 더 필요하다. 첫째, 기독교인들은 계속해서 지구론자들의 도전을 받는 가운데 **지구의 상황이 그들의 사고와 행동과 헌신에서 최우선 순위**(the highest priority in their thought, action, and commitment) **에 있어야 함**을 계속 기억할 필요가 있다. 비록 기독교인들은 심정적으로 그들의 이웃의 즉각적인 필요에 더 마음을 쓰기 쉽지만 역시 더 큰 맥락에서의 우선순위를 인식할 수 있다. 마틴 루터 킹 목사는 교회의 양심 앞에 진리를 새롭게 드러냄으로써 교회의 우선순위를 영속적으

---

[6] 역자주: 전통적인 초자연적 기독론에서처럼 하나님이 어떻게 예수 안에서 성육신했는가(위로부터의 기독론) 하는 물음 대신에, "최후 심판자"라는 금관을 쓰기 이전의 예수는 어떻게 하나님을 성육신했는가(아래로부터의 기독론) 하는 물음에 대해 칼 융의 개성화 이론과 원형 이론을 통해 탁월하게 해명한 책은 월터 윙크, 한성수 역, 『참사람: 예수와 사람의 아들 수수께끼』(2014)이다.

로 바꾸어낼 수 있었다. 기독교인 지구론자들은 이런 일이 다시 일어날 수 있도록 만들 수 있다.[7)]

둘째, 기독교인들은 사랑과 선의에 의해 촉발된 행동주의만으로는 충분하지 않음을 깨달아야 한다. 예수께서 말씀하셨듯이 우리는 순결할 뿐 아니라 뱀처럼 지혜롭기도 해야 한다. 자유주의 개신교인들과 세속화하는 사람들은 곧잘 선한 일을 너무 무계획적으로 이곳저곳에서 행한다. 이런 일들은 존경할만한 일이지만 사려 깊고 종합적인 계획 속에 이런 일들을 하지 않는다면 그런 행동들은 그저 현상유지만을 하려는 사람들의 더 잘 조직화된 노력을 이겨낼 수 없을 것이다. 해방운동의 지도자들은 **깊은 성찰의 필요성**을 이해했다. 그들은 자신들의 메시지에 대해 저항하는 사람들의 생각보다 앞서 있었다. 지구주의자인 기독교인들은 여기에서도 성공할 수 있다.

세속화하는 기독교인들은 엄청난 도전 앞에 서 있다. 그들은 이제 막 응답하기 시작했을 뿐이다. 하지만 정상이라 할 만한 것을 찾기 어려운 세상에서는 모든 불꽃이 피워낼 가치가 있다. 작은 불꽃 하나라도 세상을 구원하는 불기둥이 될 수 있는 것이다.

[7)] 역자주: 생태계 파괴 문제와 대멸종 문제를 우리 자신의 문제로 받아들이기 위해서는 '자기'(self)를 개별적 자기와 가족 안의 자기, 공동체적 자기와 생태적 자기(ecological self)로 확장시켜야 한다는 것이 불교 생태철학자로서 40년 이상 반핵운동과 생태운동 세미나를 전 세계적으로 이끌어온 조아나 메이시의 주장이다. Joanna Macy, *Active Hope* (2012); 『산처럼 생각하라』를 보라. 틱낫한 스님은 "지구는 가장 아름다운 보살"이라고 말한다. 위대한 성인들을 키워냈을 뿐만 아니라 가장 더러운 것들을 받아들여 정화시키기 때문이다. Thich Nhat Hanh, *Love Letter to the Earth* (2013)을 보라. 불교의 이런 萬物同根 의식이나 不二 전통은 삼라만상이 "한 피붙이"라는 생태주의의 근본을 이룬다. 유대-기독교의 "한 분 하나님"(신 6:4) 신앙 역시 만물의 형제자매 됨과 상호의존성의 원천이다. 기독교 윤리학자 래리 라스무쎈은 우리의 몸과 정신을 이루는 모든 것이 지구에서 왔다는 점에서, 지구는 우리의 "뼈 중의 뼈이며 살 중의 살"이라고 설명한다. Larry Rasmussen, *Earth-Honoring Faith* (2013), p. 85.